轨道交通车辆

空调系统与智能检测

胡益雄　黄文杰　成新明　胡洛　编著

AIR CONDITIONING SYSTEM AND INTELLIGENT DETECTION
FOR RAIL TRANSIT VEHICLES

中南大学出版社
www.csupress.com.cn
·长沙·

序 言 ◀◀◀ Preface

自从 20 世纪 90 年代初起，我国铁路空调客车进入检修期。空调客车的车顶单元式空调机组也随之出现检修需求。当时，空调客车检修是全新课题，空调客车运用部门的检修模式、检修标准、检修工艺及设备等，都几乎从零开始。顺应铁路发展的需要，原长沙铁道学院(现中南大学)凭借在铁路高校最早成立制冷空调专业和较强的研究实力，相应的科研团队率先从空调机组工作原理和测试技术入手展开系统的应用研究，为空调客车检修提供了不少的解决方案。围绕空调机组检修测试进行的应用研究，形成了一定的特色。

总结多年研究空调客车空调机组检修测试工作，主要有以下方面。

第一，提出并实践了一种适应于运用检修的空调机组性能测试模式。早期主要依据国家标准及原铁道部行业标准进行空调机组性能测试装置的设计，阶段性解决测试装置的供应问题。但是，简单套用新造空调机组型式试验标准的设计不适合铁路客车空调机组定期检修测试应用。因此，结合国家标准、行业标准和现场实际情况，经过系统研究，提出了封闭式结构的空调机组性能测试装置。经过现场的多年应用检验，证明可行，已成为这一应用领域的主流装备。

第二，提出并实践了空调机组智能测试技术，为客车空调机组的在线运行测试、线下检修测试提供了新的手段。针对客车单元式空调机组，建立了各型机组的全性能模型和数据库，突破了标准测试工况的约束，简化了测试装置，提高了测试效率。

第三，研究了空调机组的工况智能控制技术。使空调机组性能测试装备在完成测试的同时，能保证较高的测试效率，满足检修生产需要。

第四，研究了一种新的用温度、相对湿度布点测量空气焓值的方法。这种方法更适用于车辆空调检修测试。

第五，研究了空调机组测试过程中利用废热、自然冷量散热进行工况控制的节能技术，并取得了相应的研究成果，获得了国家发明专利。

第六，研究了客车运行状态下空调机组的动态性能、机组与车辆的动态匹配。

第七，研究了受限空间内空调机组电气安全监测技术及健康管理方法，得到了一些初步研究成果。

此外，空调机组检修涉及的清洗、烘干、整机与部件性能测试等技术研究一直在进行，但至今仍有许多问题没有解决。本书虽然持续聚焦整机性能检测技术研究，但越是研究深入，越是觉得研究不足。比如测试过程的能耗降低、测试验收标准完善、多种结构的空调兼容测试等问题，还没有解决。

2000 年以后，城市轨道交通进入快速发展期。对于城市轨道交通空调而言，同样面临上述技术问题。在这一领域，研究团队也进行了持续性的工作。

本书以轨道车辆大视野，对当前干线铁路和城市轨道交通车辆空调主流技术进行了系统研究总结。试图全面、系统说明轨道交通车辆空调原理、结构，为研究与工程技术人员提供参考。

编撰本书的目的，是对研究的成果进行总结，以期为类似的应用研究提供借鉴和参考。除引用的参考文献外，全书主要内容系研究团队的研究成果。中南大学胡益雄统筹了本书结构，并编写了第 1 章、第 5 章、第 7 章、第 9 章，参与编写了第 2 章、第 8 章、第 10 章。中车南京浦镇车辆有限公司黄文杰编写了第 3 章、第 4 章，参与编写了第 2 章、第 8 章。胡洛编写了第 9 章，参与编写了第 8 章、第 10 章。中南大学成新明参与编写了第 5 章、第 8 章。中车南京浦镇车辆有限公司试验中心巩延庆参与了第 8 章编写及项目工作。中南大学周春华对全书内容进行了仔细校对，提出了不少好的建议。研究生冯钦娥参与了本书部分图表绘制和计算分析。

由于学识水平和时间有限，书中难免有谬误存在，敬请读者指出并斧正。

编著者

2023 年 6 月于中南大学

目 录 ◀◀◀ Contents

第 1 章
绪　论

　　目前，轨道交通车辆已涵盖干线铁路车辆(包括普速铁路客车、高铁)、城市轨道交通车辆、城际列车等。以大交通视野，将干线铁路车辆和城市轨道交通车辆统称为"轨道交通车辆"。

　　以客运为目的的轨道交通车辆都必须配置空调机组，以提供舒适的乘坐环境。这类车辆统称为"空调客车"，如图 1-1 所示。夏季，车辆空调机组按照制冷模式运行，为车厢提供冷量，消除车内乘员、照明及设备等的余热量，将车厢内温湿度控制在人体舒适的水平。冬季，车辆空调机组按照制热模式运行(寒冷区域还需在空调风道或车厢内增加辅助制热装置)，为车厢提供热量，弥补车内的失热量，将车厢内温度控制在人体舒适的水平，以保证旅客的身体健康，减少旅途中的疲劳。

图 1-1　安装了单元式空调机组的普速铁路空调客车

1.1　干线铁路空调客车的发展

　　工业发达国家在 20 世纪 30 年代开始使用空调客车，20 世纪 50 年代后开始普及。

改革开放前，我国干线铁路车辆技术发展相对缓慢，22型系列铁路客车为主流车型，且均无空调，只是在坐席或卧铺上方安装 DC48V 供电的铁路专用摇头风扇。

我国干线铁路空调客车的研制大体经历了如下历程。

20 世纪 50 年代，我国开始自行设计、制造空调客车。1958 年四方机车车辆厂设计了第一列空调客车，填补了我国空调客车制造业的空白。1966 年生产了我国唯一一列空调客车。

20 世纪 70 年代末，相继由四方机车车辆厂、长春客车车辆厂、浦镇客车车辆厂等设计制造了"广九"空调客车和 25.5 米干线空调客车。这个时期，空调客车主要是采用分装式空调装置，压缩机采用开启式活塞压缩机或者半封闭式活塞压缩机。同时，我国开始进口单元式空调机组，压缩机采用全封闭式压缩机。随后，铁路主机厂及配套空调制造厂根据进口单元式空调机组特点，并结合我国实际情况，进行仿制改进，先后生产制造了 CK20、LCK20、LCK25、LCK35、KLD-29、KLD-40 等型号的单元式空调机组。

1980 年，我国从原德意志民主共和国(前东德)进口了 372 辆 24 型铁路客车，拉开了空调铁路客车应用的序幕。从原德意志民主共和国进口的 24 型空调客车，采用的是 MAB-Ⅱ型空调机组及开启式压缩机。

1989 年，我国利用日元贷款生产了 168 辆 25A 新型空调客车(集中供电空调客车)。20 世纪 90 年代后，又生产了 25G 型、25K 型空调客车及广深准高速 25Z 型空调客车。陆续替换掉老旧的 22 型客车，使 25 型客车成为我国 20 世纪末的主型铁路空调客车。

20 世纪 90 年代后期，我国铁路客车空调步入飞速发展时期。随后，车顶单元式空调机组的产量也逐年增加。到 20 世纪末，全路每年至少有 16000 台空调机组在运用。其中 KLD29 型和 KLD40 型空调机组数量最多，约占 90%以上，其余为 KLDY40 型、KLDP40 型。经过多年运用和不断改进，车顶单元式空调机组逐步成为我国干线铁路空调机组的主要形式。

2007 年 4 月，我国实施了铁路第六次大提速，部分干线铁路运营时速达 200 km 和 250 km，所有车辆均为带压力波保护的和谐号系列空调动车组。第六次大提速获得成功后，我国又先后开发了和谐号 CRH380 型系列化高速动车组、复兴号 CR400F 型(时速 350 km 中国标准动车组)和 CR300F 型(时速 250 km 中国标准动车组)动力分散高速动车组、CR200J 型(时速 160 km 动力集中电动车组)动力集中电动车组(简称 CR200J 型动集)。截至 2021 年，全国铁路客车拥有量为 7.6 万辆。其中，动车组 3918 标准组 31340 辆。

1.2 城市轨道交通的发展

在城市轨道交通方面，1969 年 10 月 1 日，第一条地铁在北京通车，标志着我国城市现代轨道交通发展的开端。1995 年以后，上海、广州都拥有了轨道交通线路和运营车辆。其中，上海、广州的轨道交通车辆基本都配置了空调机组。但截至 2000 年，只有北京、天津、上海、广州 4 个城市开通地铁，总运营里程 100 多千米。

2000 年后，我国城市轨道交通建设进入快车道。城市轨道交通具有运行站间距离短、加减速度大、线路曲线半径小、坡度大、客流量大、乘客上下车频繁等特点。2010 年后,城市轨道交通制式从单一的地铁发展到多元制式,包括地铁、中低速磁浮车、跨座式单轨车、悬挂式单轨车、有轨电车、带自动导向系统的胶轮车等。

截至 2022 年底,我国有 55 个城市开通了 308 条轨道交通运营线路。运营线路总长度达 10287.45 km,其中,地铁运营线路长度达 8008.17 km,其余为其他制式城轨运营线路。城轨累计配属车辆 10425 列,车辆总数超过 5 万辆。我国城轨交通以地铁为主,地铁车辆分为 A 型和 B 型。A 型车车体基本长度为 21.88 m,车辆长度(车钩连接面间距离)为 22.8 m,车辆基本宽度为 3 m。B 型车车体基本长度为 19 m,车辆长度(车钩连接面间距离)为 19.52 m,车辆基本宽度为 2.8 m。A、B 型带司机室的头车为了流线造型车辆长度会根据需要适当加长。

城轨交通车辆客室和司机室均配置了空调系统。该空调系统由新风、送风、废排、空气冷却、空气加热(岭南地区不设)、自动控制等部分组成。空调系统把经过处理的空气以一定的方式送入车厢内,从而使车厢内空气的温度、湿度、气流速度及洁净度能够保持在一定范围内。在夏季提供冷量,降温除湿;在冬季提供热量,提升车厢内温度。

为了满足用户的使用要求,现代城轨交通车辆空调机组采用了许多新的技术。例如,变频技术、热泵技术和除菌技术等在城轨车辆中使用较普遍。而这些技术在干线铁路车辆空调中由于使用条件的不同较少采用。

1.3 车辆空调的应用环境及技术特点

1.3.1 车辆空调的应用环境特点

车辆空调的应用环境具有以下特点。

①车辆处于运动状态。空调机组也随着车辆运动,空调机组从外部环境抽吸的新风量受到车辆运行速度的影响。同样,空调机组冷凝风机风量也受到车辆运行速度的影响,导致空调机组与外部环境散热也受到车辆运行速度的影响。

②车辆空调行驶气候环境跨度大。空调机组性能受到多因素和多变参数的影响,直接导致车内环境变化。要维持舒适的车厢环境,对空调机组硬件的控制特性要求提高。

③在运动条件下,空调机组接触更多的外部环境空气,受到污染的程度比地面固定条件工作的空调机组要严重很多。

④运行中的车辆及空调机组处于振动状态。导致空调机组故障概率增加。这就是车辆空调机组为什么要进行定期检修的主要原因。

上述应用环境特点,对空调测试技术提出了新的、更高的要求。空调测试需求不仅体现在空调机组性能测试,同时还体现在空调车厢温湿度场、速度场测试;不仅体现在空调机组的静态性能测试,还体现在空调机组的动态性能测试。本书后续对相关内容将进行详述。

1.3.2　车辆空调的技术特点

如前所述，车辆空调技术及其研究与空调客车的发展密不可分。总体来说，车辆空调技术具有明显的技术移植应用特点。车辆是移动装备，长期处于振动环境。安装空间局限、电源品质不佳、人员聚集度大等特点决定了车辆空调技术需要解决移植应用的专门问题。

第一，车辆空调技术的设计方面：①主要采用压缩式制冷循环原理，压缩机均采用全封闭式制冷压缩机。制冷量大于 10 kW 的客车空调机组一般具有两套容量及结构相同的制冷系统。②空调机组的制冷系统布局按照沿车辆轴线对称布置，以达到质量平衡分布。空调机组的中轴线与车辆中轴线重合，空调机组的结构沿其中轴线对称布置。③制冷剂为中低温工质，长期使用 R22。后续被替代为 R407C 等环保工质。④空调机组都使用回风、新风混合的一次回风空调处理模式。新风量约占送风量的 30%。在干线铁路应用的空调机组很少调节风量。城市轨道交通车辆应用的空调机组越来越多地配置电动调节风阀，进行风量调节。⑤多采用单元式整体机壳，集成安装空调机组的制冷系统部件、传感器、调节阀等。⑥地铁车辆通常会采用新型除菌过滤系统应对病菌在乘客中交叉传播。⑦空调控制系统要满足本地控制和网络管理，要兼顾控制和故障处理。从安全角度，进行电气系统状态监控、故障诊断及预处理设计也有迫切的需求。

第二，车辆空调技术的制造方面：①采用铜钎焊或铜银焊，防止振动导致的活动接头处制冷剂泄漏。②大多采用 SUS304 材料的外壳防锈。机壳由顶盖、底座两大部分组成。顶盖多为圆弧面，与车辆顶部圆弧结构相适应。

第三，车辆空调技术的运用方面：①车厢温度多采用分级控制，如"强冷""半冷""全暖""半暖"等。这种分级控制的车厢温度控制精度不高，难免出现车厢过冷、过热的情况。②空调能耗较高。一直以来，车辆空调主要是为车厢乘客提供舒适的温湿度环境，而忽略了达到该目标的能耗。目前，车辆空调能耗高的问题日益受到关注。在空调运用方面，降低空调能耗的关键是根据冷（热）量实际需求采用动态调节技术。例如，变风量调节、压缩机排量调节、热泵采暖等。对于新风量而言，可根据载客量的多少调节新风量，以降低新风负荷，实现节能。

第四，车辆空调技术的维保方面：①空调机组检修主要涉及清洗、油漆喷涂、烘干、测试等工艺过程。②空调机组清洗包括整机和部件。需清洗的部件有风机、加热器、过滤装置等。空调机组外形尺寸大、部件多、结构复杂、清洗面不规则，因此，整机清洗技术复杂、难度大。相应的技术和装备需要专门研究。③空调机组烘干是针对水清洗及油漆喷涂后壳体表面快速干燥需求进行的。空调机组整机烘干也是一项独特的技术需求，多采用热风烘干技术，但烘干温度和湿度控制等技术和装备需要专门研究。④测试是检修中不可缺少的重要环节，是保证检修质量的关键因素。车辆空调测试主要特点是要解决测试准确度与测试效率的矛盾。这就决定了不能简单套用其他用途空调测试标准或装置。⑤维保信息的网络化管理包括作业人员信息管理、作业任务信息管理、更换配件信息管理、测试数据管理等。这是空调维保技术信息化的发展要求。

1.4 专著的主要内容

①系统介绍了轨道交通车辆空调系统、空调机组工作原理及结构。本书按照干线铁路车辆空调、城市轨道交通车辆空调两方面对此进行系统的介绍。试图为从事轨道交通车辆空调系统的运维和检修人员提供参考。

②较为系统地介绍了空调新技术在轨道交通车辆中的应用。例如对轨道交通车辆新型热泵型空调、变频空调的介绍，弥补了同类书籍的不足。相比于定频空调，新型热泵型空调、变频空调具有更优越的温度控制性能和良好的节能效果。这些新型空调机组在城市轨道交通车辆中的应用越来越普及。

③系统研究了车辆空调机组的检修技术，包括检修测试模式及新方法。在这些方面，本书重点介绍了研究团队的相关研究。

④系统介绍了车辆空调机组动态性能及匹配研究。

⑤系统介绍了空调车厢三维温度场测试技术研究。

⑥系统介绍了车辆空调机组控制系统的故障检测技术。

⑦介绍了车辆空调机组健康管理的初步研究。

第2章

空调客车单元式空调机组

随着我国经济的发展以及人们生活水平的提高，目前，我国干线铁路客车配置了空调机组。

我国幅员辽阔，气象条件相差很大，铁路车辆在全国干线上运行时，一天可能横跨多个温度带。特别是在春秋季节，我国南北温差更大。干线铁路空调客车需适应这种复杂的运行环境。

铁路客车空调机组有单元式和分体式两种结构形式。单元式空调机组将蒸发单元、压缩机及其组件、冷凝单元、电加热器、空气净化装置及新回风调节装置等集成在一个箱体内，如图2-1所示。单元式空调机组按照安装方式又分为顶置式安装和嵌入式安装两大类。分体式空调机组将蒸发单元、电加热器、空气净化装置及新回风调节装置等集成在一个箱体内构成蒸发通风单元，通常布置于车辆顶部；将压缩机及其组件、冷凝单元集成在另一个箱体内构成压缩冷凝单元，通常布置于车体底架下。蒸发通风单元和压缩冷凝单元通过制冷管路相连通。

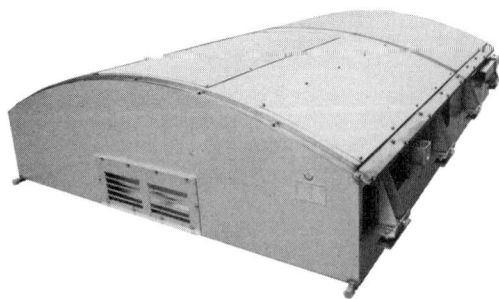

(a) 顶置（车顶）单元式空调机组　　　　　　　(b) 嵌入（车下）单元式空调机组

图2-1　单元式空调机组的外形及结构

2.1　客车空调机组组成

　　除特别说明外，本书主要介绍空调客车的顶置单元式空调机组，这种机组在空调客车上使用最普遍。

　　单元式空调机组主要由制冷系统、电热式采暖系统（或新风预热）、新回风调节装置、空气净化装置和冷凝水收集排放装置组成。其中制冷系统是空调机组最核心的部分。它包括空调压缩机、蒸发风机、蒸发器、冷凝风机、冷凝器、节流装置、储液罐、干燥过滤器、旁通阀、高低压力保护元件、压力波保护装置（仅高速动车组配置）和制冷管路配件等组件，如图 2-2、图 2-3 所示。

　　空调机组工作时可将定量的车外新鲜空气和车内再循环空气混合，经净化、冷却或加热、杀菌（可选配）、除湿等处理，以一定的流速和静压力送入车内送风道。

　　相比低速动车组而言，高速动车组空调机组主要增加了压力波保护装置。

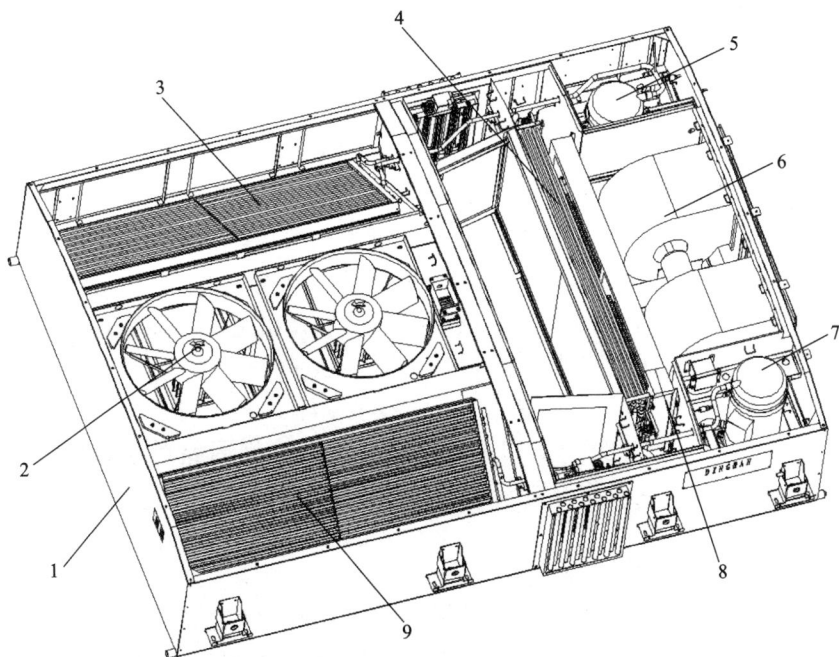

1—机组壳体；2—冷凝风机；3—冷凝器（二）；4—蒸发器；5—压缩机（二）；
6—蒸发风机；7—压缩机（一）；8—电加热器；9—冷凝器（一）。

图 2-2　车顶单元式空调机组内部设备布置

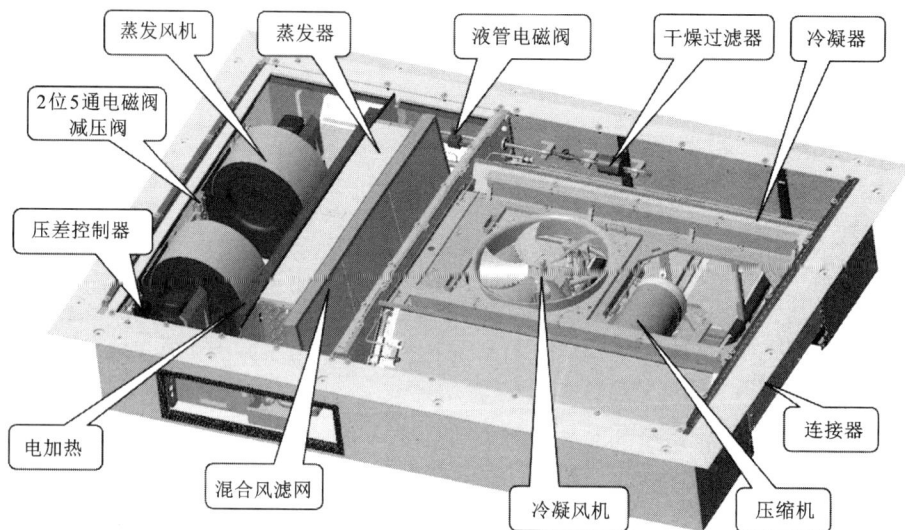

图 2-3　嵌入单元式空调机组内部设备布置

2.2　客车空调机组技术参数

普速铁路客车 25G 型、25T 型系列客车空调机组型号主要有五种,分别为 KLD-29 型、KLD-35 型、KLD-40 型、KLD-45 型和 KLD-09 型。复兴号 CR200J 型动集"直形"车沿用 25T 型车客车客室空调机组,新增 KLD-06 型司机室空调机组。复兴号 CR200J 型动集"鼓形"车在"直形"车基础上优化空调机组外形,新增 KLD-53 型空调机组,并优化其余型号部件。

空调机组主回路为 AC380 V ± 10%、50 Hz ± 5%;控制回路为 DC110 V(DC77 V ~ 137.5 V)和 DC24 V(仅 CR200J 型动集司机室空调机组使用)。

客车空调机组的主要技术参数有额定制冷工况制冷量、通风量(高速/低速)、功率、能效比等。客车空调机组额定制冷量优先系列为 5.0、9.0、22.0、29.0、35.0、40.0、45.0。客车空调机组型号中以额定制冷量标记容量大小。额定制冷工况下客车空调机组 1 级能效比≥2.7,4 级能效比≥2.1。顶置单元式空调机组受结构的影响,其能效比低于民用空调机组的能效比。

主要型号的空调机组的技术参数见表 2-1~表 2-5。

表 2-1　25G 型客车空调机组技术参数

型号		KLD-09/02-E KLD-09/02GD-E	KLD-29/06-E KLD-29/06GD-E	KLD-35/06-E KLD-35/06GD-E	KLD-40/09-E KLD-40/09GD-E
适用车型		行李车	硬座车	软卧车	餐车及硬卧车
制冷量/kW		9	29	35	40
总风量/ (m³·h⁻¹)	高速/ 低速	1600/1000	4500/3000	4500/3000	6000/4000
新风量/ (m³·h⁻¹)	高速/ 低速	160/120	1500/1000	1100/750	2000/1300
机外静压/Pa		80±10	180±20	250±15	205±20
制冷剂		R407C			
功率/kW		约 4.8	约 14.5	约 15.5	约 18.8
质量/kg		约 400	约 700	约 750	约 850
外形尺寸(长×宽×高)/ (mm×mm×mm)		1450×2100×490	2100×2100×650		2800×2100×650
电热功率/kW		2.1	6(3+3)		9(4.5+4.5)
构架材质		SUS304			

注：机组型号标记规则参见标准《铁道客车空调机组暂行技术条件》(TJ/CL 429—2014)。

表 2-2　25T 型客车空调机组技术参数

型号			KLD-29/09TD-E	KLD-35/06TD-E	KLD-45/09TD-E	KLD-09/02TD-E
适用车型			硬座车	软卧车	餐车及硬卧车	行李车
制冷量/kW			29	35	45	9
总风量/ (m³·h⁻¹)	高速/低速		4500/3000	4500/3000	6000/4000	1600/1000
新风量/ (m³·h⁻¹)	夏季	≥35 ℃	900	600	1000	160
		<35 ℃	1350	900	1500	
	冬季	>0 ℃	900	600	1000	120
		≤0 ℃且 >-15 ℃	600	400	670	
		≤-15 ℃	400	260	400	
机外静压/Pa			180±20	250±15	205±20	80±10
制冷剂			R407C			
功率/kW			约 14.6	约 16.5	约 20.2	约 4.8
质量/kg			约 750	约 750	约 850	约 400

续表 2-2

型号	KLD-29/09TD-E	KLD-35/06TD-E	KLD-45/09TD-E	KLD-09/02TD-E
外型尺寸(长×宽×高)/ (mm×mm×mm)	2100×2100×650		2800×2100×650	1450×2100×490
电热功率/kW	9(4.5+4.5)	6(3+3)	9(4.5+4.5)	2.1
构架材质	SUS304			

表 2-3　复兴号 CR200J 型动集(直车体)电动车组空调机组技术参数

型号		KLD-29/09D-E	KLD-45/09D-E	KLD-35/09D-E	KLD-06/06D-E
适用车型		硬座车	餐车及硬卧车	软卧车	司机室
额定制冷量/kW		29	45	35	6
总风量/ (m³·h⁻¹)	高速/低速	4500/3000	6000/4000	4500/3000	800/500
新风量/ (m³·h⁻¹)	夏季 ≥35℃	900	1000	600	60
	夏季 <35℃	1350	1500	900	
	冬季 >0℃	900	1000	600	
	冬季 ≤0℃且>-15℃	600	670	400	
	冬季 ≤-15℃	400	400	260	
机外静压/Pa		180±20	205±20	250±20	≥320
制冷剂		R407C			
输入功率/kW		约14.6	约20.2	约16.5	约2.7
外形尺寸(长×宽×高)/ (mm×mm×mm)		2100×2100×650	2800×2100×650	2100×2100×650	1500×850×450
质量/kg		约750	约850	约750	约200
电热功率/kW		9(4.5+4.5)	9(4.5+4.5)	9(4.5+4.5)	6(2.0+4.0)
构架材质		SUS304			

表 2-4　复兴号 CR200J 型动集(鼓形)电动车组空调机组技术参数

型号		KLD-53/12DG-E	KLD-45/09DG-E	KLD-35/09DG-E	KLD-06/06D-E
适用车型		硬座车	餐车及硬卧车	软卧车	司机室
额定制冷量/kW		53	45	35	6
总风量/ (m³·h⁻¹)	高速/低速	6500/4200	5500/3600	4500/3000	800/500

续表 2-4

型号			KLD-53/12DG-E	KLD-45/09DG-E	KLD-35/09DG-E	KLD-06/06D-E
新风量/ (m³·h⁻¹)	夏季	≥35 ℃	1470	1000	600	60
		<35 ℃	1960	1500	900	
	冬季	>0 ℃	1470	1000	600	
		≤0 ℃且 >-15 ℃	1200	670	400	
		≤-15 ℃	980	400	260	
机外静压/Pa			205±20	205±20	250±20	≥320
制冷剂			R407C			
输入功率/kW			约 23.5	约 20.2	约 16.5	约 2.7
外形尺寸(长×宽×高)/ (mm×mm×mm)			2900×2100×650	2800×2100×585	2450×2100×550	1500×850×450
质量/kg			约 925	约 850	约 735	约 200
电热功率/kW			12(6+6)	9(4.5+4.5)	9(4.5+4.5)	6(2+4)
构架材质			SUS304			

表 2-5　复兴号 CR300F 空调机组技术参数

型号		KLD-45/30-BZ-E-250-1	KLD-5/5-BZ-E-250-1
制冷量/kW		40	5
总风量/(m³·h⁻¹)	高速/低速	4800/3500	900
新风量/ (m³·h⁻¹)	>40 ℃	900	60
	≤40 ℃且>26 ℃	1350	
	≤26 ℃且>-5 ℃	1800	
	≤-5 ℃且>-20 ℃	1350	
机外静压/Pa		≥250	≥235
制冷剂		R407C	
制冷输入功率/kW		约 25	约 3.3
质量/kg		≤850	≤260
外形尺寸(长×宽×高)/(mm×mm×mm)		2800×1800×540	1220×970×517
电热功率/kW		30(15+15)	5
构架材质		铝合金	

注：复兴号 CR400F 型动车组客室空调机组与 CR300F 型动车组客室空调一致。

2.3 客车空调机组工作原理

2.3.1 制冷原理

车顶单元式空调机组制冷系统由压缩机、冷凝器、干燥过滤器、节流装置(毛细管或膨胀阀)、蒸发器和气液分离器等主要部件通过管道连接形成封闭系统,其工作原理如图 2-4 所示。空调机组包含两套制冷系统,独立工作,共用一套蒸发器,其中的盘管被分隔成两套独立的循环管路。

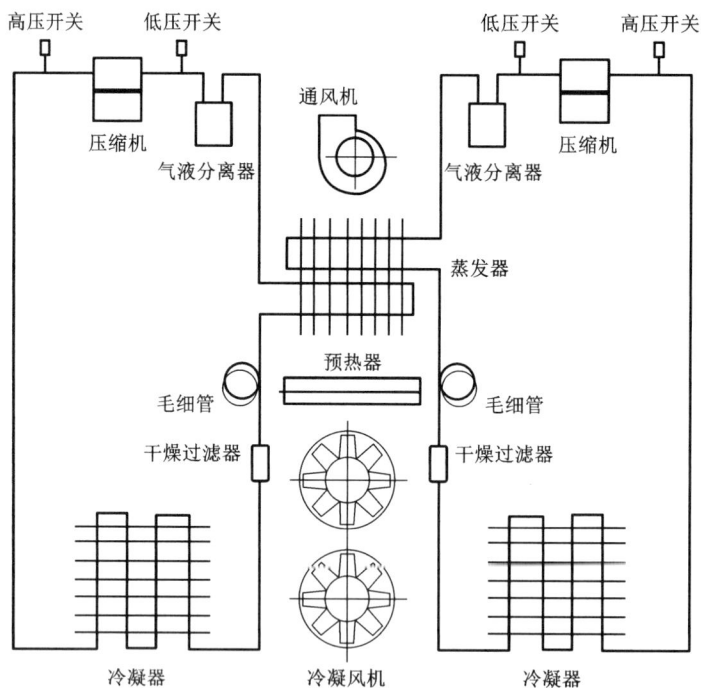

图 2-4 车顶单元式空调机组工作原理

车顶单元式空调机组制冷原理采用蒸汽压缩式制冷。空调机组制冷循环压焓图如图 2-5 所示。制冷压缩机将制冷工质压缩成高温高压的过热蒸汽(状态点 2)进入冷凝器。在冷凝器中,高温高压的过热蒸汽经外界空气的强制冷却,冷凝成高压液体(状态点 3)。进入节流装置后,降压成低温低压的液态为

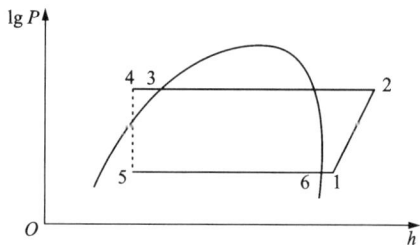

图 2-5 空调机组制冷循环压焓图

主气液共存状态(状态点 5)。经分液器进入蒸发器,吸收流经蒸发器外侧的空气热量,蒸发成为低压蒸汽(状态点 6)。再经过气液分离器分离出未气化的液态制冷工质,压缩机吸入气态制冷工质(状态点 1),完成一个制冷循环。压缩机持续工作,达到连续制冷的效果。

2.3.2　空气处理过程原理

在空调机组制冷系统完成循环的同时,空调机组的蒸发器完成送风的空气处理过程。在空调机组蒸发风机的作用下,抽吸两股空气:①通过回风口将车内具有热湿负荷的空气吸入空调机组。这部分来自车内的空气就是循环空气。②通过新风口的车外空气,即新风。车内循环空气与新风口吸入的车外新风在机组内的混合腔中混合。混合空气流经蒸发器冷却降温后,由通风机(也称蒸发风机)经机组出风口送入车内送风道。同时,混合空气中过饱和水蒸气在蒸发器翅片表面上析出,起到空调除湿作用。析出的冷凝水全部汇集到蒸发器下部的集水盘中,然后通过车上的冷凝水收集排放装置引到车下。

该空气处理过程为一次回风空调系统。其夏季空气处理过程焓湿图如图 2-6 所示。夏季空气过程中,蒸发器向被处理空气提供冷量,使被处理空气(新风 W 与回风 R 的混合空气 C)降焓减湿(至机器露点 L),同时温度降低。送入车厢内的冷空气吸收车厢内热湿负荷后温度升高,焓增大(送风 O→R)。随后,被抽进空调机组进行循环处理。在冬季,电热型空调机组通过电加热器加热送风空气(混合空气 C′→O′),提高客室温度。仅使用电加热的空调机组冬季空气处理过程焓湿图如图 2-7 所示。

在热泵型空调机组中,冬季可用压缩机进行制热,完成逆卡诺循环。这种加热效率较高,目前逐步在城市轨道车辆上推广应用,但干线铁路车辆应用得极少。

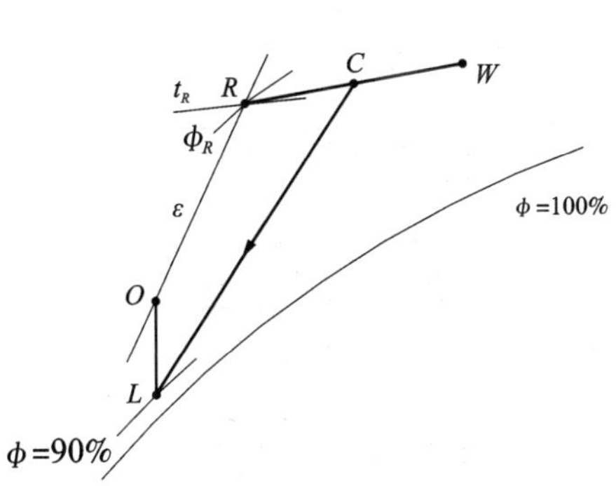

图 2-6　夏季空气处理过程焓湿图 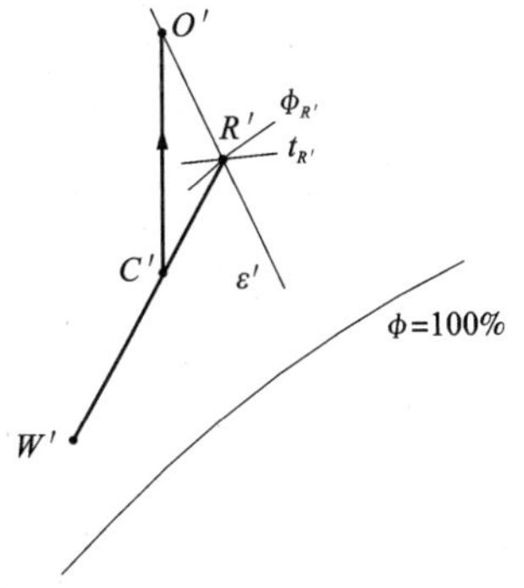　　图 2-7　冬季空气处理过程焓湿图

2.4　定频单冷型空调机组

定频单冷型空调机组的制冷原理及空气处理过程可参见 2.3.1 和 2.3.2 的论述。
干线铁路空调机组的制冷基本上都采用定频单冷模式。空调机组内一般都配有电热型加热器，其主要用于冬季时预热车外进入的新鲜空气。目前，城市轨道车辆中定频单冷型空调机组保有量较高。广州、深圳、厦门等南方地区一般不配置预热新风的电热型加热器。冬季温度稍低一些的长三角地区通常会配置电热型加热器，预热新风和补偿车辆失热。北方较冷的地区，不仅在空调机组内配有电热型加热器，而且在车厢内还要配置另外的辅助加热装置。

根据需要，轨道车辆空调机组还会在此基础上增加部分器件，以扩充相应功能。比如为了防止车外气压波动对车内的影响，时速 200 km 以上的干线动车组和高铁就必须增设压力波保护阀。由于地铁隧道横截面积小，列车频繁经过隧道通风口或进出隧道，当列车速度达到 120 km/h 时也须设压力波保护阀。由于地铁车辆非金属材料的广泛使用，挥发性气体释放增多，车厢内大量乘客的高度聚集，易于细菌和病毒传播，越来越多的空调机组内配置了空气净化器。

2.4.1　压缩机

铁路客车空调机组一般采用全封闭涡旋式压缩机，根据其安装方式的不同，可分为立式和卧式。立式压缩机适用在高度空间较大的空调机组，而卧式压缩机适用在高度空间较小的空调机组。

干线铁路客车较多采用立式压缩机。卧式压缩机应用相对较少，目前仅在复兴号 CR400F 型、CR300F 型动车组中应用。城轨车辆由于空间的限制，空调机组的高度小，因此基本上采用卧式压缩机。立式和卧式压缩机内部结构分别如图 2-8 和图 2-9 所示。

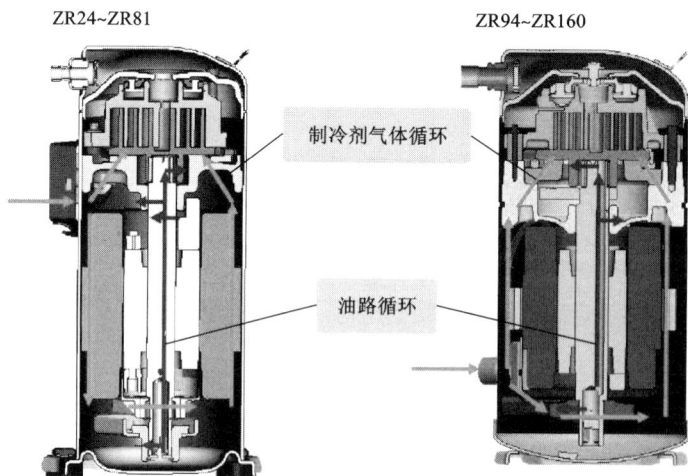

图 2-8　立式压缩机内部结构

涡旋式压缩机是回转式压缩机的一种，主要由两个涡旋盘相错 180°对置而成，其中一个是固定涡旋盘，另一个是旋转涡旋盘。它们在轴向的几条直线上接触（在横截面上则为几个点接触），从而形成一系列月牙形容积。旋转涡旋盘由一个偏心距很小的曲柄轴驱动。

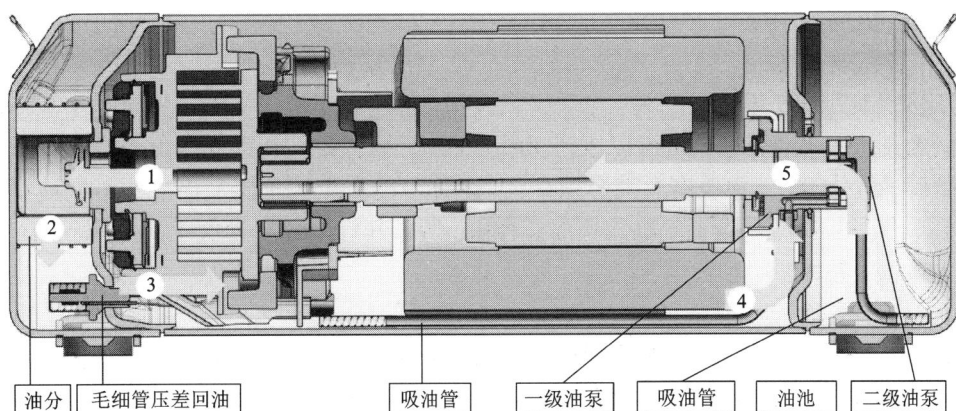

| 油分 | 毛细管压差回油 | | 吸油管 | 一级油泵 | 吸油管 | 油池 | 二级油泵 |

图 2-9　卧式压缩机内部结构

在旋转涡旋盘以固定涡旋盘为旋转中心做无自转的回转平动(两者间的接触线在运行过程始终沿涡旋曲面移动)时,外圈月牙形空间(相当于吸气口)便会不断从外圈向中心移动。制冷剂气体被逐渐推向中心空间(相当于排气口),其容积不断缩小而被压缩。

　　涡旋压缩机的工作过程如图 2-10 所示。吸气口设置在固定涡旋盘外侧面,由于曲柄的转动(顺时针),气体由边缘吸入,并被封闭在月牙形容积内,随着接触线沿涡旋面向中心推进,月牙形容积逐渐缩小而压缩气体。而高压气体则通过固定涡旋盘上的轴向中心孔排出。图 2-10(a)表示正好吸入结束的位置;图 2-10(b)表示出了涡旋外围为吸气过程,中间为压缩过程,中线处为排气过程;图 2-10(c)、图 2-10(d)表示连续而同时进行吸入和压缩过程。在曲柄轴的每一转中,都形成一个新的吸气容积。所以,上述过程不断重复,完成循环。

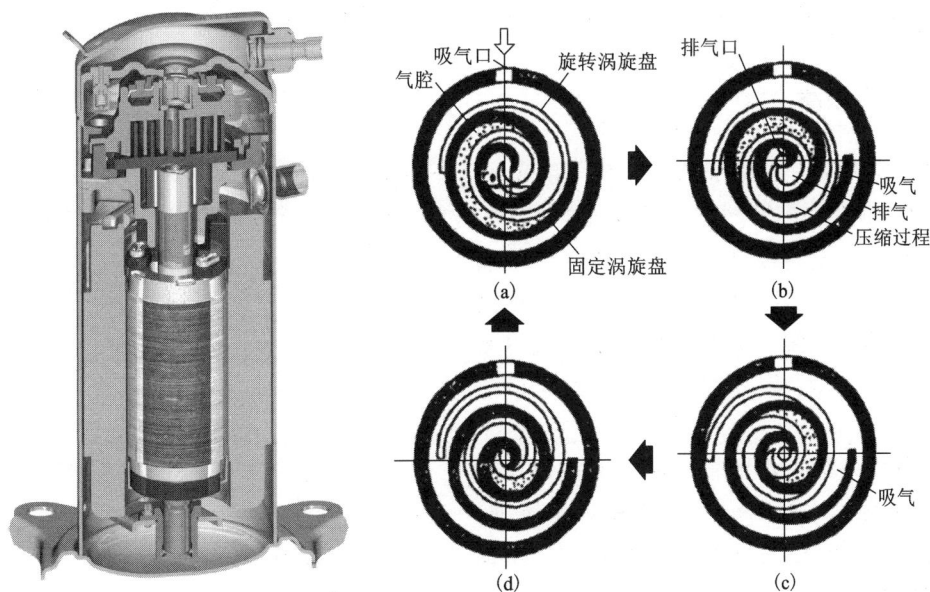

图 2-10　涡旋压缩机工作过程

涡旋式压缩机具有以下优点：

（1）容积效率高

因为涡旋压缩机没有吸气阀，也无余隙容积，所以吸入的气体能被完全排出。一般来说，涡旋式压缩机的容积效率可以达到 90%～98%。而往复式压缩机，由于有吸气阀的阻力，阻碍了气体吸入，以及有余隙容积存在，气体不能完全被排出。而这些不能被排出的气体在吸气过程膨胀占据了气缸的一部分容积，所以其容积效率远低于涡旋式压缩机，一般只有 65%～75%。

（2）工作平稳

涡旋式压缩机工作时，多个不同相位的工作循环在同时进行，前一个工作循环的波峰与后一个循环的波谷相叠合，所以总的负载变化很小，压缩机工作非常平稳。

（3）噪声低，振动小

压缩机的噪声主要来源于吸、排气阀的机械撞击和气流脉动。涡旋式压缩机不像往复式压缩机，它没有吸气阀，所以消除了由于吸气阀引起的噪声。另外，由于涡旋式压缩机的运动部件做圆周运动，而且运动半径很小，惯性力很容易被平衡掉，所以振动非常小。

（4）零部件少、可靠性高

涡旋压缩机的关键零部件数量仅为传统活塞式压缩机的 10% 左右。涡旋结构与性能卓越的材料使压缩机最高工作转速达到 10000 r/min，而主要部件涡旋盘的相对运动速度只有 0.4~0.8 m/s，磨损很少，可靠性大为提高。

涡旋式压缩机具有以下缺点：

①其运动机件表面多呈曲面形状，这些曲面的加工及其检验均较复杂，制造须高精度的加工设备及精确的调心装配技术，因此制造成本较高。

②其运动机件之间或运动机件与固定机件之间，常以保持一定的运动间隙来达到密封，气体通过间隙势必引起泄漏，这就限制了回转式压缩机难以达到较大的压缩比。

2.4.2 换热器

空调机组换热器分为蒸发器和冷凝器。制冷剂在蒸发器铜管内循环时，由于其蒸发吸热，铝片和铜管即被冷却，在此处循环的空气也被冷却，然后被蒸发风机吹入车厢。每个制冷回路有 1 套冷凝器，高温高压气体从压缩机出来后，到达冷凝器。由于该气体温度大大高于环境气温，所携带的热量通过冷凝器散发到空气中，靠冷凝风机增强这个散热效果。

换热器一般采用铜管铝翅片或铜管铜翅片。铜管铜翅片相比铜管铝翅片更耐腐蚀，但重量相对较大。换热器外形结构，如图 2-11 所示。

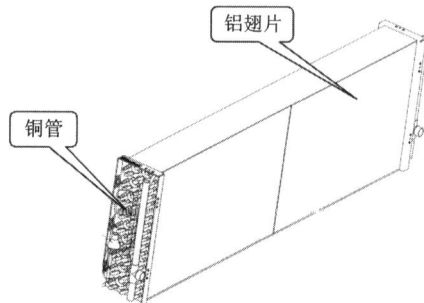

图 2-11　换热器外形结构图

2.4.3　节流装置

节流装置是控制空调制冷系统的供液量和节流降压的元件。铁路客车节流装置有毛细管和膨胀阀。

（1）毛细管

毛细管即在制冷管路中采用的小内径
(0.6~2.0 mm)并有一定长度(0.6~2.5 m)的
紫铜管。毛细管作为节流降压元件，连接在冷
凝器与蒸发器之间。毛细管外形结构如图
2-12 所示。利用通道面积小的毛细管阻力，
使高压液态制冷剂成为低压的气液混合状态。
制冷剂在减压的同时温度也将下降。

毛细管节流的优点是结构简单，价格低
廉，无运动部件，不易产生泄漏，没有节流机
构进、出口接管的问题，而且在压缩机停机后，
冷凝器与蒸发器内的压力可较快地自动达到平
衡，减轻启动时电动机的负载。

图 2-12　毛细管外形结构

毛细管节流的主要缺点是其供液量不能随着工况变动而调节。采用毛细管节流的制
冷装置，当蒸发压力下降时，容易引起压缩机的湿冲程，当蒸发压力上升时，容易出现蒸
发器供液不足的情况。因此，毛细管节流宜用于蒸发温度变化范围不大、负荷比较稳定的
场合。且通常在系统中配有气液分离器，以防止压缩机湿冲程。同时，气液分离器还起到
储液作用，无须专门配置储液器。毛细管的供液能力主要取决于毛细管入口处制冷剂的状
态(压力和温度)以及毛细管的几何尺寸(长度和内径)。

25G 型、25T 型系列客车和复兴号 CR200J 型动集动车组和谐号 CRH2 动车组均采用
毛细管节流。

（2）膨胀阀

膨胀阀主要有热力膨胀阀和电子膨胀阀。电
子膨胀阀通常用在变频空调机组。

热力膨胀阀是一种能自动调节供液量的节流
降压机构。它是利用蒸发器出口处制冷剂蒸汽的
过热度来调节制冷剂流量。由于膨胀阀具有自动
调节制冷剂流量的功能，因此，在采用热力膨胀
阀节流的系统中，通常配有储热器。热力膨胀阀
外形结构如图 2-13 所示。

热力膨胀阀根据其膜片下方所感受压力不
同，可分为内平衡式和外平衡式两种，内平衡式
感受到的是蒸发器入口的压力，而外平衡式则感

图 2-13　热力膨胀阀外形结构

受蒸发器出口压力。

①内平衡式热力膨胀阀

内平衡式热力膨胀阀的结构及调节原理如图 2-14 所示，主要由感温包、毛细管、膜片、顶杆、阀座、阀针及调节机构等组成。膨胀阀安装在蒸发器的进口管上，感温包包扎在蒸发器的出口处。感温包、毛细管及膜盒(膜片上方空腔)构成的密闭空间称感温系统。在感温系统中充注低沸点液体，该系统感受制冷剂离开蒸发器的温度，与该温度相对应的感温系统中蒸气的饱和压力经毛细管传至膜片上方，使膜片受向下的推力 p_1。膜片下方承受两个向上的力：一个是经过阀孔节流后制冷剂的压力 p_0，通过推杆与阀体间的空隙传递到膜片下方；另一个是阀针下面弹簧的弹力 p_2，通过推杆作用在膜的下方。膜片在这三个力作用下保持平衡(重力相对这些力很小，可忽略不计)，即

$$p_1 = p_0 + p_2 \tag{2-1}$$

当蒸发器的供液量相对蒸发器的热负荷来说显得较少时，蒸发器出口处制冷剂蒸汽的过热度增大，因而使感温包中蒸汽温度升高，压力 p_1 增大。由于 $p_1 > (p_0 + p_2)$，使膜片向下弯曲，并通过推杆压缩阀针下面的弹簧使阀针下移，阀孔开大，供液量增加；反之，当供液量较多时，蒸发器出口处制冷剂蒸汽过热度减小，感温系统中的压力 p_1 降低，$p_1 < (p_0 + p_2)$，阀针上移，将阀孔关小，供液量随之减小。

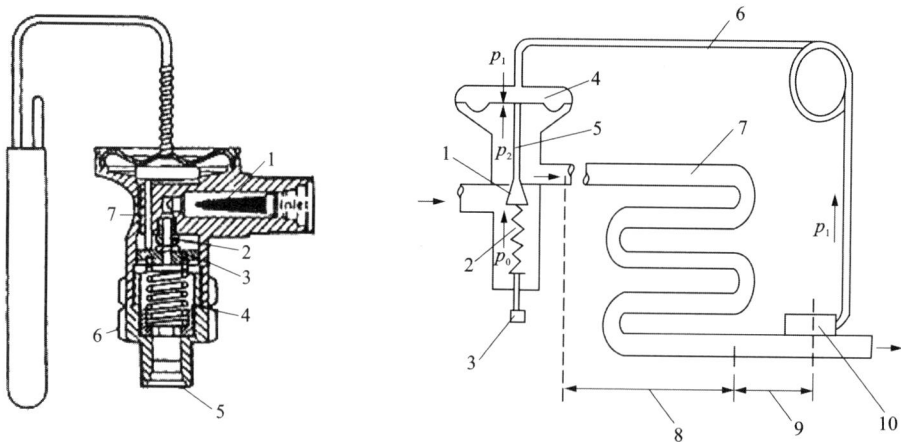

(a)内平衡式热力膨胀阀结构
1—滤网；2—孔口；3—阀座；4—过热弹簧；
5—出口；6—调整螺母；7—内平衡管。

(b)内平衡式热力膨胀阀调节原理
1—针阀；2—过热弹簧；3—调整螺钉；4—膜片；5—推杆；
6—毛细管；7—蒸发器；8—湿蒸气部分；9—过热蒸气部分；
10—感温包。

图 2-14　内平衡式热力膨胀阀的结构及调节原理

②外平衡式热力膨胀阀

外平衡式热力膨胀阀(图 2-15)的结构与内平衡式热力膨胀阀的结构基本相同，不同之处是前者的膜下方不与供入蒸发器的制冷剂相通，而是设有一个空腔，用平衡管与蒸发器出口连通。因此，它的膜片下方不再承受蒸发器进口处制冷剂压力，而是蒸发器出口处制冷剂的压力。外平衡式热力膨胀阀在膜片上下均来自蒸发器出口，对制冷剂流量的调节更精确。所以当蒸发器冷却盘较长，阻力损失较大，特别是低温情况下，应采用外平衡式

热力膨胀阀。

复兴号 CR300F 型、CR400F 型动车组采用外平衡式热力膨胀阀。和谐号 CRH1 型、CRH3 型和 CRH5 型动车空调机组节流装置也采用外平衡式膨胀阀。

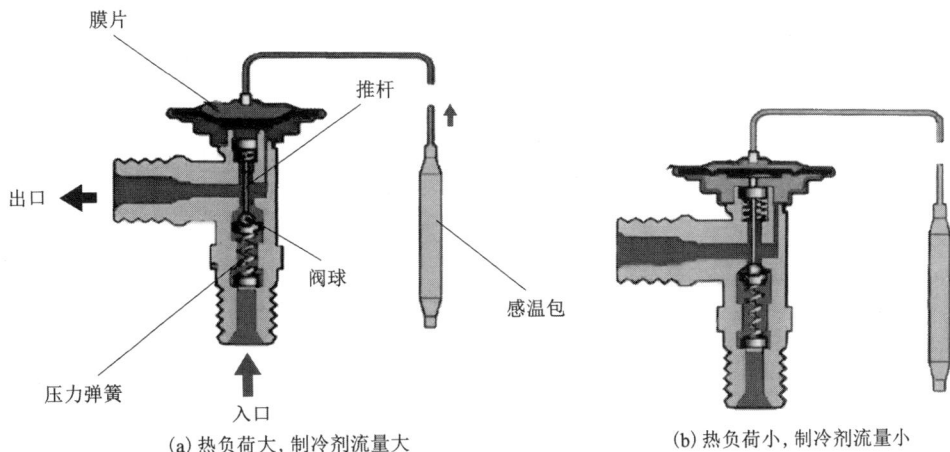

(a) 热负荷大，制冷剂流量大   (b) 热负荷小，制冷剂流量小

图 2-15　外平衡式热力膨胀阀

2.4.4　管路配件

空调制冷系统管路配件包含干燥过滤器、气液分离器、高低压开关、旁通电磁阀、单向阀和视液镜(部分机型配置)等。

(1)干燥过滤器

干燥过滤器安装在冷凝器出口处的液管上，用于过滤制冷剂中的残余杂质，并吸取制冷剂中残留的水分和酸，以防止冰堵、铜锈产生以及油和制冷剂分解而引起压缩机马达烧坏；同时过滤杂质和微粒，从而降低压缩机的磨损，延长压缩机使用寿命。

干燥过滤器主要由壳体、滤网、干燥剂、进出液管接头组成，其结构如图 2-16 所示。外壳为无缝钢管，在进口端内装有 2~3 层网孔为 0.1~0.2 mm 的铜丝网，两端有端盖用螺纹与壳体连接，再用锡焊焊接，以防泄漏。端盖外端焊有管接头，以便于管路连接。在过滤网与壳体中间装有干燥剂。常用干燥剂有硅胶、活性氧化铝及分子筛等。单元式空调机组中采用干燥过滤器为两端焊接的整体式。而分体式空调机组的干燥器和过滤器分别独立安装。

(2)气液分离器

气液分离器的作用是用来分离蒸发器出口的蒸汽中的液体，从而保证压缩机为干压缩。对于毛细管节流的制冷装置，由于制冷剂流量不能自动调节，当负荷减小时，蒸发器中制冷剂有可能不能完全蒸发，如果制冷压缩机吸入了带有液滴的制冷剂蒸汽，就有可能产生液击而使阀片、活塞、连杆等损坏。因此，为了避免压缩机吸入液体制冷剂，制冷压缩机的回气管上可装气液分离器，对制冷剂蒸汽中的液体分离储存。气液分离器的结构如图 2-17 所示。

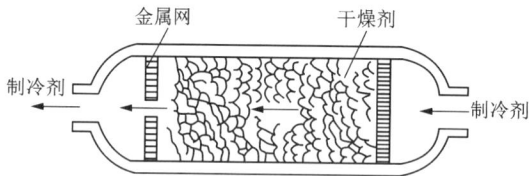

图 2-16 干燥过滤器结构

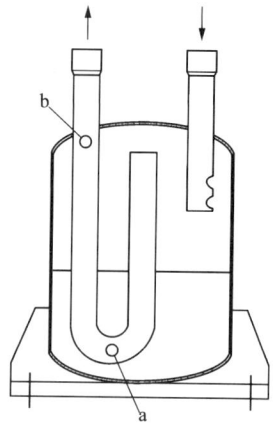

图 2-17 气液分离器结构示意图

气液分离器的工作原理：从蒸发器来的制冷剂蒸汽由进气管进入分离器后，由于气流突然转向和减速，把液滴分离出来留在容器底部，而气体则从气管被压缩吸入。在 U 形管的底部开有一个小孔 a，能使一定量的冷冻机油随着吸入气体一起返回压缩机。b 孔为均压孔，可防止压缩机停机时由于蒸发器侧压力上升，使气液分离器中的液体通过 a 孔流向压缩机。

（3）高低压开关

高低压开关是用于系统压力保护的器件。当系统压力过高或过低时开关动作，使空调机组停机。低压开关为触点常闭型开关，一般设置在压缩机吸入口，主要目的是保护压缩机不会在缺少制冷剂的情况下空转，以免压缩机因缺乏润滑油而遭到破坏。同时也起到低温环境保护作用，以免过低的环境温度下使制冷系统工作时造成蒸发器表面结冰增加不必要的能耗。低压开关外形和内部结构如图 2-18 所示。高压开关为触点常开型开关，一般安装在压缩机出口和冷凝器入口处。当压力开关内接管压力过高时，内部的触点分离；当高压降低超过恢复值时，内部的膜片在压力作用下使其与触点闭合。高压开关外形和内部结构如图 2-19 所示。

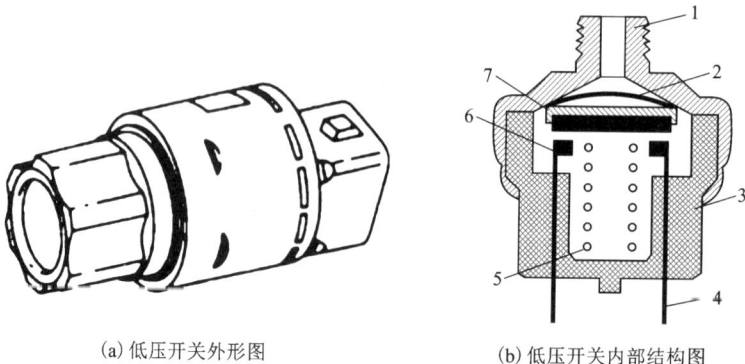

（a）低压开关外形图　　（b）低压开关内部结构图

1—接头；2—膜片；3—外壳；4—接线柱；5—弹簧；6—固定触点；7—活动触点。

图 2-18　低压开关结构示意图

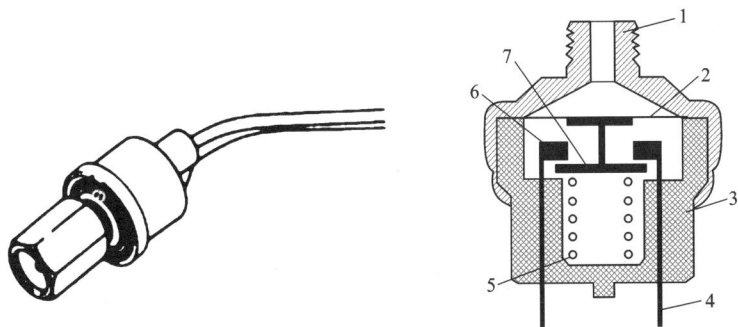

(a) 高压开关外形图　　　　　　　(b) 高压开关内部结构图

1—接头；2—膜片；3—外壳；4—接线柱；5—弹簧；6—固定触点；7—活动触点。

图 2-19　高压开关结构示意图

(4) 旁通电磁阀

旁通电磁阀为电磁阀的一种，连接在排气管和吸气管之间。根据空调机组工作模式实现打开或关闭，用于卸载及高温时旁通。旁通电磁阀外形结构如图 2-20 所示。

(5) 单向阀

单向阀用在压缩机排气口管路，在压缩机停止时，防止冷凝器中的液态制冷剂倒流回压缩机。单向阀外形结构如图 2-21 所示。

图 2-20　旁通电磁阀外形结构

图 2-21　单向阀外形结构

(6) 视液镜

每个系统液管管路上设置视液镜，用于指示制冷系统中液体管路的制冷剂状况和含水量，通过湿度指示的颜色变化分辨制冷剂中的含水量。当视液镜颜色显示为绿色时，表示制冷系统中不含水；当视液镜显示为黄色时，表示制冷系统中含水，则制冷系统需要重新抽真空或更换干燥过滤器，直到颜色显示为绿色。视液镜外形结构如图 2-22 所示。部分车型空调机组未设置视液镜。

图 2-22　视液镜外形结构

（7）空气预热器

空气预热器采用电加热器，它由电热元件和框架组成，如图2-23所示。在使用时与通风机实现电气联锁，与制冷机电气互锁。电热元件一般分为两组。通过空调温度自动控制其一组工作、两组工作或停止工作。

为了防止电加热器在缺风时工作而导致表面温度过高，设置二级保护。一级温度保护为自动复位型，温度高于某个数值时断开，待温度低于某个数值后，自动复位。二级温度保护为不可自动恢复型，动作后须手动恢复。

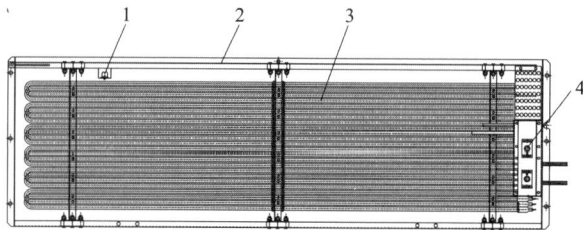

1—温度保护开关；2—框架；3—电热管；4—二级温度保护开关。

图2-23　电加热器外形结构

（8）风机

风机按照使用功能分为蒸发风机和冷凝风机。

①蒸发风机。

蒸发风机分为多叶片离心风机和背向离心式风机。多叶片离心风机，外形结构如图2-24所示。蒸发风机可以强化冷媒在蒸发器中的蒸发过程，并将经蒸发器冷却降温或经电加热器加热升温的空气送入客室内。

蒸发风机在定频系统中有高速和低速两种模式。制冷模式下，通风机高速运行；空气预热器制热模式下，通风机低速运行。

②冷凝风机。

冷凝风机为轴流式风机，外形结构如图2-25所示。冷凝风机用于强化冷媒在冷凝器中的凝结放热过程。冷凝风机在定频系统中通常为单速风机。

图2-24　多叶片离心风机外形结构

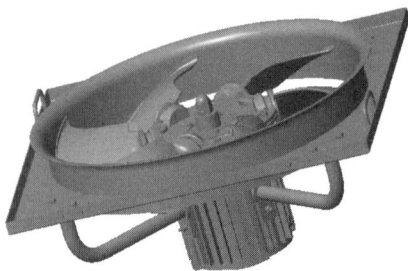

图2-25　冷凝风机外形结构

（9）空气净化器

空气净化器（如图 2-26 所示）一般设置在空调机组回风区域，也可设置在送风区域，用于处理车厢内对人体有害的物质，主动净化消杀和分解细颗粒物（PM$_{2.5}$），细菌、病毒等微生物以及甲醛、苯、TVOC（总挥发性有机化合物）等气体污染物。目前，空气净化器的品种繁多，处理有害物质的方式有低温等离子技术、光等离子技术和高压静电技术等。不同技术各有其侧重点，不一而足。下面以低温等离子技术为例介绍空气净化器的基本原理。低温等离子空气净化器原理如图 2-27 所示。

当外加电压达到气体的放电电压时，气体被击穿，产生包括电子、各种离子、原子和自由基在内的混合体（低温等离子体）。在等离子场形成过程中，电子从电场中获得能量。这些获得能

图 2-26　空气净化器

量的分子被激发或发生电离形成活性基团，当颗粒物分子获得的能量大于其分子键能的结合能时，颗粒物分子键断裂，直接分解成单质原子或由单一原子构成的无害气体分子。等离子体中的大量电子会与颗粒物发生非弹性碰撞并黏附其表面从而使其荷电，在电场作用下，颗粒物被作为负极的电极板吸附，达到净化空气的作用。等离子体在形成过程中产生的高能高速电子和离子，会直接破坏微生物的基因物质。同时，等离子体中的活性氧离子、高能自由基团等成分易与细菌、霉菌及芽孢、病毒中蛋白质和核酸物质发生氧化反应而变性，杀灭微生物。等离子体中的高能电子可瞬时打断有机危害物气体分子的化学键，使其分解成单质原子或无害分子。有机危害物气体分子在等离子体中的激发态粒子和氧自由基、氢氧自由基等作用下被氧化分解成无害产物。

图 2-27　低温等离子空气净化器原理

2.5 变频单冷型空调机组

对于地铁车辆来说，冷热负荷不仅会随着季节变化，一天中还存在早晚高峰、中午和晚上低峰的"潮汐客流"而引起的负荷波动。车辆所需热负荷降低时，定频空调机组通过启停压缩机台数或通过旁通制冷剂来进行调节控制。频繁地启动压缩机或旁通制冷剂不仅浪费能量，而且车厢内的温度波动幅度也会加大，降低乘客的舒适度。随着电力电子技术的进步，更加节能和舒适的变频单冷型空调和变频热泵型空调机组在地铁车辆上得到推广使用。变频空调机组工作时压缩机始终不停，只通过控制变频器电源的输出电压和频率，调节变频压缩机电机的转速，改变压缩机的排气量来对车厢提供即时所需制冷量。与传统空调相比，采用变频空调机组的车辆车厢内温度波动幅度小，全年综合节能不低于10%。

2.5.1 变频单冷型空调制冷原理

变频单冷型空调机组制冷原理与定频单冷型空调机组制冷原理基本相同，变频单冷型空调机组制冷原理如图2-28所示。在制冷原理图上的不同之处是变频空调机组制冷环路取消了旁通电磁阀和配套的旁通支管路。在系统部件的不同点是将定频压缩机换成了变频压缩机，配套增加了变频控制单元，节流采用电子膨胀阀替代传统的毛细管或热力膨胀阀。

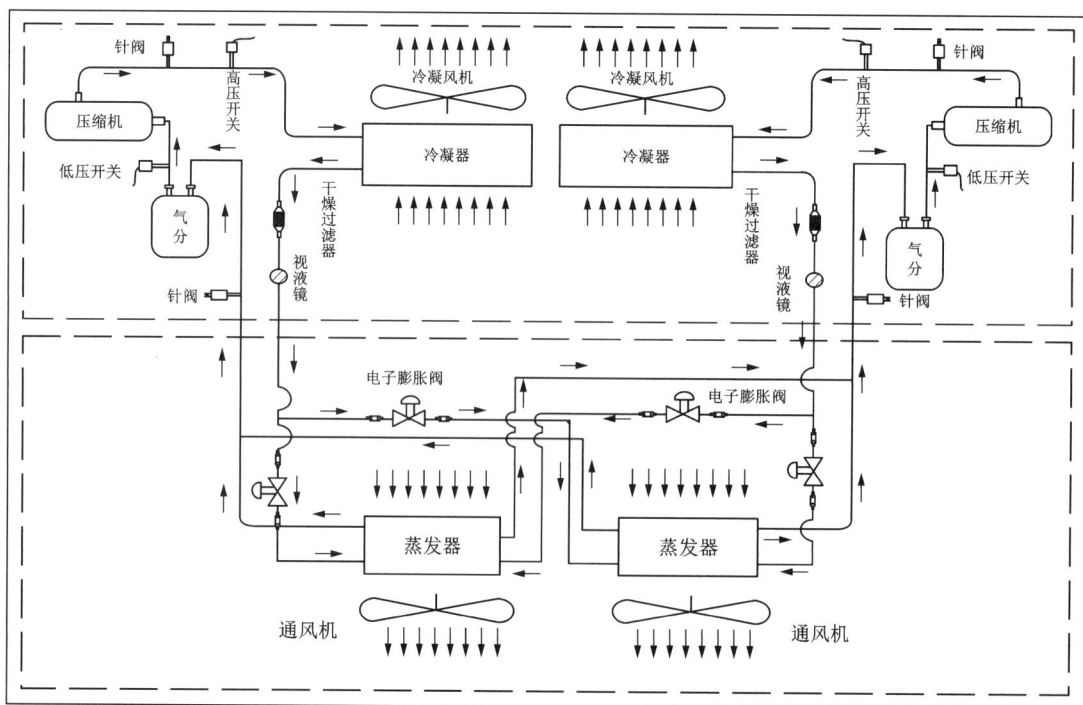

图 2-28 变频单冷型空调机组制冷原理

2.5.2 变频型空调机组关键部件

2.5.2.1 变频压缩机

变频压缩机的机械部件和工作原理与定频压缩机完全相同。主要不同点有两方面：一是变频压缩机内部的冷却油路设计，以适应压缩机转速降低后的冷却效果；二是提高了变频压缩机驱动电机的绝缘性能，使变频压缩机适合在更大的转速范围内正常工作。

2.5.2.2 变频控制单元

变频控制单元(图 2-29)通常集成在空调机组回风腔内，可以利用机组的回风对设备进行冷却。采用模块化设计，将 EMI 滤波器、整流桥、直流电抗器、预充电模块、电容板、变频器等模块集成在一个独立箱体内，每台机组配置两个变频控制单元，分别为两台压缩机各自提供一组 VVVF(变频变压)电源。通过改变工作电源的电压和频率来控制压缩机内的变频电机的转速，实现对压缩机制冷剂流量的精确调节。

变频控制单元工作时，首先通过 EMI 滤波器对来自列车辅助逆变器的 AC380 V/50 Hz 三相交流电进行滤波，去除高频纹波，然后通过整流桥将交流电整流成直流电，再经过电流电抗器的滤波和支撑电容的稳压，给变频器模块提供一个稳定的恒压源。空调控制器根据车厢冷量需求，计算出实时所需压缩机工作频率，并发送给变频控制单元，然后变频器模块对相应压缩机输出所需的 VVVF 电源，实现压缩机的变频控制。

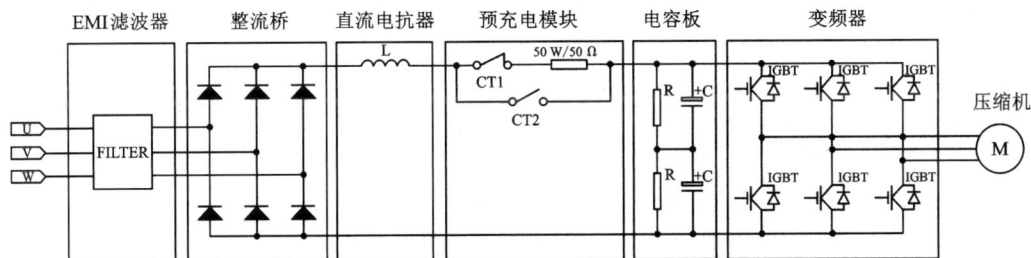

图 2-29 变频控制单元

2.5.2.3 电子膨胀阀

电子膨胀阀通过微型计算机和蒸发器出口参数对制冷剂流量进行控制，以使系统处于最佳运行状态。电子膨胀阀有电磁式和电动式两种形式。轨道车辆空调机组一般采用电动式，它具有反应快、适应范围大的特点。

电动式电子膨胀阀由阀体和线圈两部分构成，其结构如图 2-30 所示。阀体上有进、出两根连接管，用于与空调机组管路相接。线圈(件号 2)装配在阀体套管外侧，相当于电机的定子，阀体内有永磁铁制成的电机磁转子(件号 3)，这样就构成了一台小型的脉冲型步进电机。电机磁转子转动时通过导动片(件号 4)带动芯轴螺杆(件号 5)在螺母座(件号

6)上旋转,转换成上下平动,然后带动阀针(件号9)上下运动,通过控制阀针(件号9)与阀座芯(件号11)间的间隙改变流通面积,从而控制制冷剂的流量。

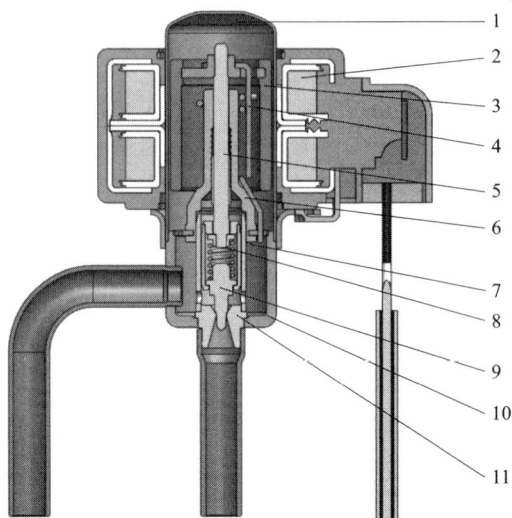

1—套管;2—线圈;3—磁转子;4—导动片;5—芯轴螺杆;6—螺母座;
7—导向套;8—转子弹簧;9—阀针;10—阀座;11—阀座芯。

图 2-30 电子膨胀阀结构

空调机组工作时,控制器将实时采集蒸发器出口或排气口的蒸汽温度信号或蒸发器出口的压力信号,根据测得的压力信号或温度信号,通过逻辑计算向线圈(件号2)输出脉冲信号指令,使电子膨胀阀脉冲步进电机在磁力矩作用下产生左旋或右旋运动。

电动式电子膨胀阀大多采用四相步进电机技术,由单极性直流电源供电。只须按不同的时序组合给步进电机各相绕组通电就可实现转动方向控制。其工作原理如图 2-31 所示。

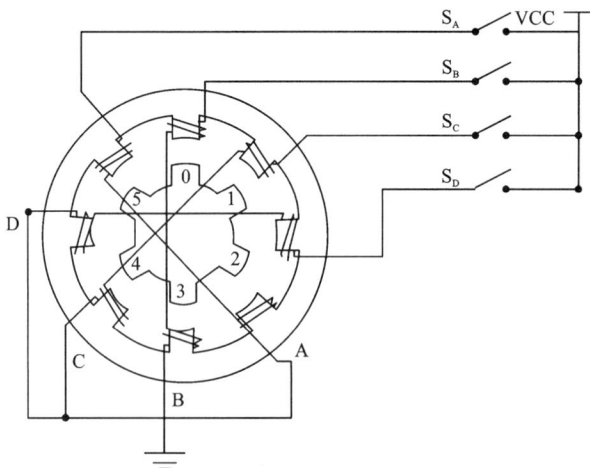

图 2-31 电子膨胀阀四相步进电机步进示意图

启动时,开关 S_B 接通电源,S_A、S_C、S_D 断开,B 相磁极和转子 0、3 号齿对齐,转子 1、4 号齿和 C、D 相绕组磁极产生错齿,2、5 号齿和 D、A 相绕组磁极产生错齿。当开关 S_C 接通电源,S_B、S_A、S_D 断开时,在 C 相绕组磁力线和 1、4 号齿之间磁力线的作用下转子转动,1、4 号齿和 C 相绕组的磁极对齐,此时 0、3 号齿和 A、B 相绕组产生错齿,2、5 号齿和 A、D 相绕组磁极产生错齿。依次类推，A、B、C、D 四相绕组轮流供电，则转子会沿着 A、B、C、D 方向转动，若要反转，则改变绕组的供电顺序即可。

2.6 热泵型空调机组

热泵型空调机组的使用受到所处城市气候条件的制约。外界环境温度越低车厢内需要的制热量就越大。而热泵型空调机组的制热效率却恰好相反，外界环境温度越低能提供给车厢内的制热量则越少。当外界温度在 −10 ℃ 左右时，制热效率基本接近于 1，而且还易在冷凝器侧结霜。所以，我国淮河以北的城市轨道交通车辆很少使用热泵型空调机组。我国淮河以南冬季偏冷的城市可以使用热泵型空调机组，但通常还需辅助一些电加热器，以达到车厢的供暖效果。

2.6.1 热泵型空调机组制冷原理

热泵型空调和变频单冷型空调的制冷环路基本相同，不同点在于热泵型空调的制冷环路中压缩机、冷凝器和蒸发器的管系之间增加了四通换向阀，并且制冷环路中将单向干燥

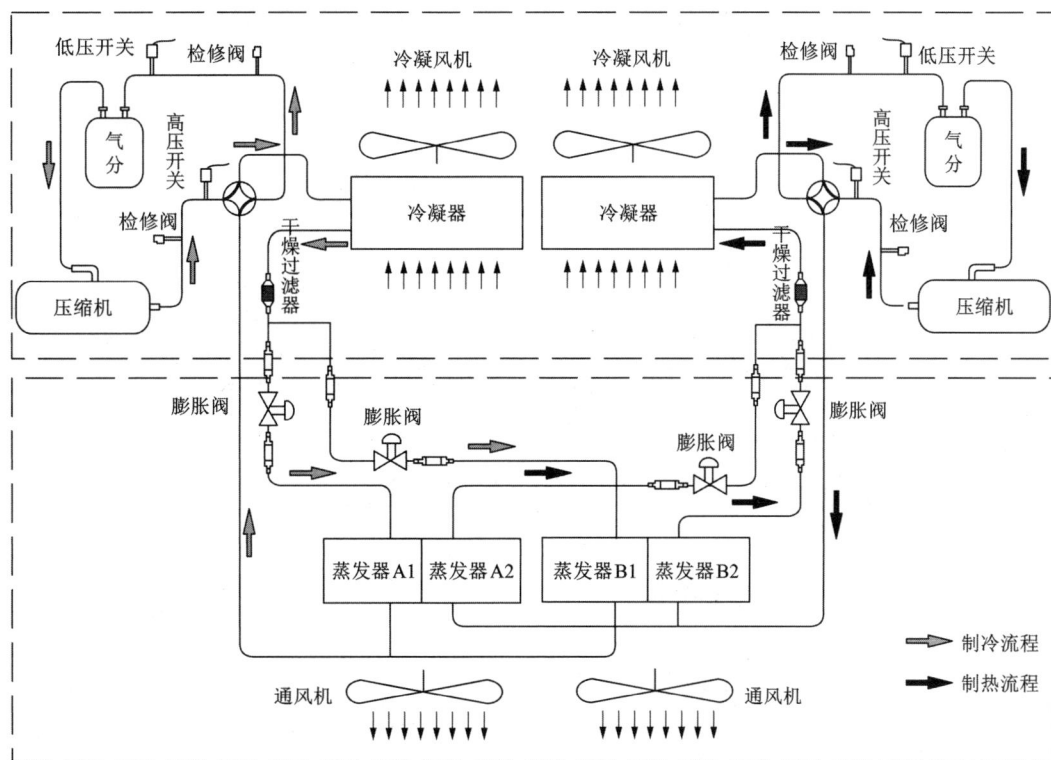

图 2−32　热泵型空调机组制冷/制热原理

过滤器更换为双向干燥过滤器。热泵型空调机组制冷/制热原理如图 2-32 所示。从空调机组送风的角度上看，热泵型空调机组有两种工作状态，一种是制冷状态，另一种是制热状态。但从原理角度看，实际上空调机组的制冷/制热遵循的都是同一原理，即逆卡诺循环。不同仅在于四通换向阀的导向作用，制冷剂进入冷凝器和蒸发器的先后顺序颠倒。在夏季制冷工况时，制冷剂的流向与单冷型空调机组完全相同，高温高压制冷剂从压缩机排出后流入冷凝器并对外界放热液化，低温低压制冷剂在蒸发器中气化并吸热混合空气的热量；在冬季制热工况时，高温高压的制冷剂被四通换向阀导入蒸发器，对混合空气散发热量，低温低压制冷剂再进入冷凝器，从外界大气中吸入热量。

2.6.2 热泵型空调机组关键部件

2.6.2.1 四通换向阀

四通换向阀是热泵型空调系统中不可或缺的重要部件。它用于改变热泵空调系统中制冷剂流动方向，根据机组工况转换室内侧换热器和室外侧换热器的作用，从而实现车内降温、升温，以及除霜等功能。

四通换向阀主体可分为四通气动换向阀（主阀）、电磁换向阀（控制阀）及毛细连通管三部分（外形结构如图 2-33 所示）。由控制阀驱动，使主阀阀体内两侧产生压力差从而使滑块做左右水

图 2-33　四通换向阀结构

平方向的位移，以达到改变气体制冷剂流向的目的，四通换向阀工作原理如图 2-34 所示。

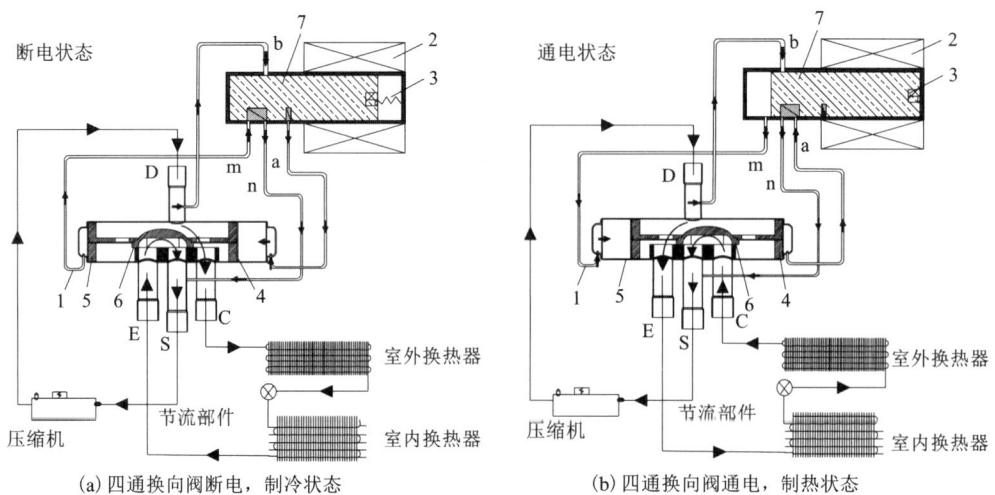

(a) 四通换向阀断电，制冷状态　　　　(b) 四通换向阀通电，制热状态

1—毛细连通管；2—电磁线圈；3—铁芯和弹簧；4—活塞；5—主阀；6—滑块；7—阀碗。

图 2-34　四通换向阀工作原理

当空调机组制冷运行时，电磁阀线圈失电，在弹簧力的作用下，铁芯推动阀碗向左移动，此时毛细连通管 b 口与 a 口相通（高压侧），毛细连通管 m 口与 n 口相通（低压侧）。压缩机初始排气出的极小部分高压气体通过毛细连通管 b 口和 a 口进入主阀的右侧腔室，在右侧腔室建立起高压，推动滑块向左侧移动，将原左侧腔室的余留气体经毛细连通管 m 口和 n 口排到压缩机回气管 S，关闭左侧出口并使 D 管和 C 管连通。此时从压缩机排出的高压气体通过 D 管经由主阀右侧通道进入 C 管再到达室外换热器。室内换热器出来的低压气体通过 E 管经由主阀的下部腔室到 S 管，然后回到压缩机完成一个制冷循环，如图 2-34（断电制冷状态）所示。

当空调机组制热运行时，电磁阀线圈得电并始终保持，铁芯在电磁力的作用下克服弹簧的反作用力，使铁芯带动阀碗向右移动，此时毛细连通管 b 口与 m 口相通，毛细连通管 a 口与 n 口相通。压缩机排出高压气体通过毛细连通管 b 口和 m 口进入主阀的左侧腔室，左侧腔室建立起高压，推动滑块向右侧移动，将原右侧腔室的余留气体经毛细连通管 a 口和 n 口排到压缩机回气管 S，关闭右侧出口并使 D 管和 E 管连通。此时从压缩机排出的高压气体通过 D 管经由主阀左侧通道进入 E 管再到达室内换热器。室外换热器出来的低压气体通过 C 管经由主阀的下部腔室到 S 管，然后回到压缩机完成一个制冷循环，如图 2-34（通电制热状态）所示。

2.6.2.2　双向干燥过滤器

单冷型空调机组制冷系统液体管路（冷凝器和节流装置之间）中配置的是单向干燥过滤器。而热泵型空调机组则必须配置双向干燥过滤器，以有效除去制冷剂中含有的水分和杂质，延长压缩机使用寿命。双向干燥过滤器内部结构如图 2-35 所示。

制冷剂在双向干燥过滤器的流向如图 2-36 所示。制冷剂从外侧壁面通过滤芯，中部流出。中部流出的两个口由弹簧压片压紧，与制冷剂同向的打开，逆向的压紧。

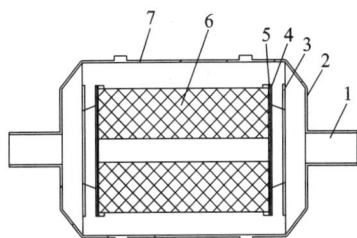

1—接管；2—端盖；3—压盖组件；4—挡网；5—过滤棉；6—滤芯；7—筒体。

图 2-35　双向干燥过滤器内部结构

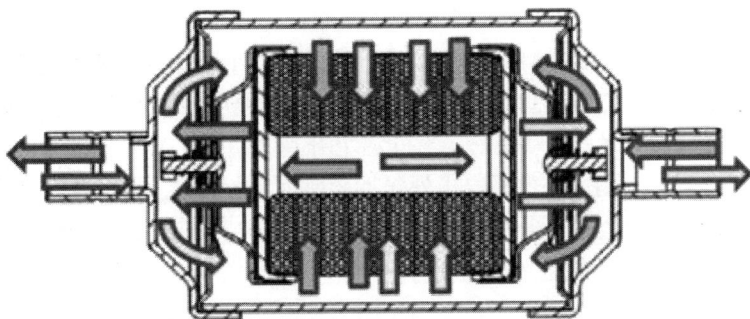

图 2-36　制冷剂流向示意图

2.7　变频热泵型空调机组

　　变频单冷型空调在夏季和春秋过渡季制冷工况时有明显的节能效果。热泵型空调在冬季制热时有良好节能表现。变频热泵型空调兼具这两者的优点，节能效果更好。但由于受地域条件的限制，北方地区不适用，而在广州、深圳和厦门等岭南地区，由于冬季外界环境温度较高，不需要制热，因此，如上海、南京、杭州和苏州等江南地区的城市轨道车辆越来越多地安装变频热泵型空调机组。

　　变频热泵型空调机组是在变频单冷型空调机组上演化过来的，属于变频单冷空调与热泵空调两者的结合。机组的部件和原理在上面已做介绍，不再进一步阐述。

2.8　空调机组的全自动运行控制

　　全自动控制逻辑分为制冷、制暖和电热三种工况。通过车辆电气柜面板上的触摸屏系统可以设定三种工况下的控制温度：制冷设定值(T_e)、电热设定值(T_{ec})、全暖设定值(T_{eb})和半暖设定值(T_{ea})。T_e 选择范围是 20~28 ℃，T_{ea} 选择范围是 10~18 ℃，T_{eb} 选择范围是 1~9 ℃，T_{ec} 选择范围是 14~22 ℃。此外，为避免空调机组相邻工作模式间频繁切换，制冷、制暖和电热三种工况均设置了 1.5 ℃的动差值。自动制冷和制暖工况如图 2-37 所示，自动电加热工况如图 2-38 所示。

　　①制冷工况。列车上电后，如果车内温度高于 T_e+2 ℃时，通风机强通风（如果外温低于 15 ℃时则始终按弱通风），两套制冷系统以全冷工况先后投入工作。当感温元件测得的温度低于 T_e+2 ℃时，自动关闭一套制冷系统，进入半冷模式；当测得的温度低于 T_e 时，制冷系统全部关闭，通风机仍按强通风运行；当测得的温度低于 T_e-3 ℃时，通风机切换为弱通风运行。当车内温度回升到 T_e-1.5 ℃时，自动将通风机从弱通风切换到强通风，当温度升至 T_e+1.5 ℃时，空调机组进入半冷工作模式；当温度继续升高到 T_e+3.5 ℃时，另一套制冷系统投入工作进入全冷模式。通过此种闭环控制，使车内温度始终维持在 T_e 目标控制温度上下。

　　②制暖工况。如果车厢内温度高于 22 ℃，则不管车外温度多少都将封锁制暖工况，空调机组在制暖工况下通风机始终为弱通风，机组内空气预热器的工作由车外温控制。列车上电后，当外温低于 T_{eb} 时，启动全暖；当外温上升到 T_{eb}+1.5 ℃时，转为半暖；当外温继续升高到 T_{ea}+1.5 ℃时，则停止制暖；当外温回落到 T_{ea} 之下时，再重新启动半暖；当外温继续回落到 T_{eb} 时，启动全暖；当外温在 T_{eb} 和 T_{ea} 之间时，直接启动半暖。

动差值=1.5 ℃　　T_e为制冷设定值。　　　　　　　　　　感温元件测得室温

弱通风	强通风	半冷、强通风	全冷、强通风	半冷、强通风	强通风	弱通风

$T_e+3.5$ ℃
T_e+2 ℃
$T_e+1.5$ ℃
T_e
$T_e-1.5$ ℃
T_e-3 ℃
$T_e-4.5$ ℃

M11
M12
M16（或M17）
M17（或M16）

(a) 空调自动制冷工况

动差值=1.5 ℃　　　T_{ea}为半暖设定值，T_{eb}为全暖设定值。　　感温元件测得外温

$T_{ea}+1.5$ ℃
T_{ea}

$T_{eb}+1.5$ ℃
T_{eb}

弱通风	半暖、弱通风	全暖、弱通风	半暖、弱通风	弱通风

M11
DR11（或DR12）
DR12（或DR11）

(b) 空调自动制暖工况

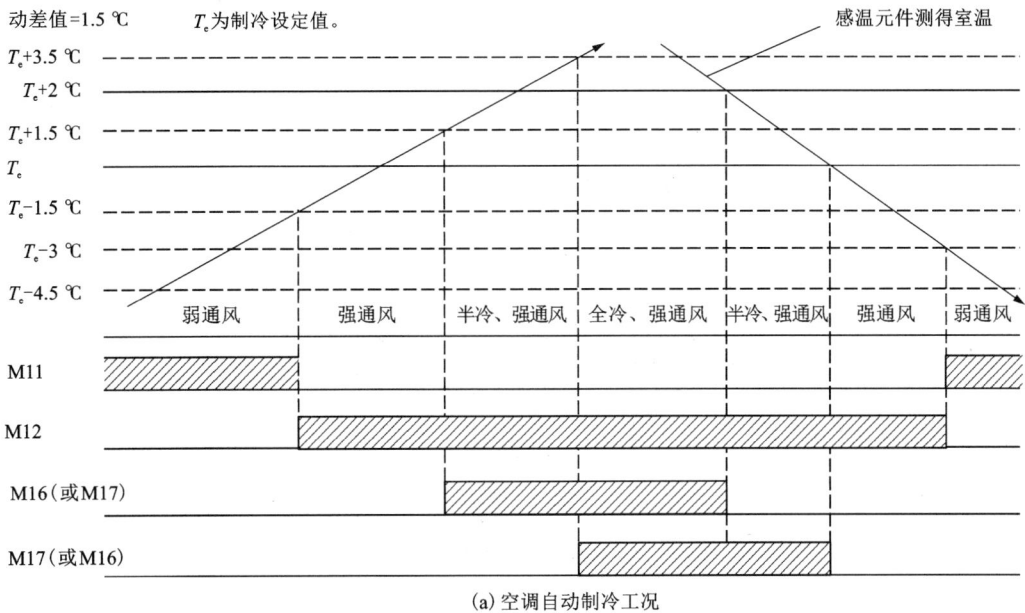

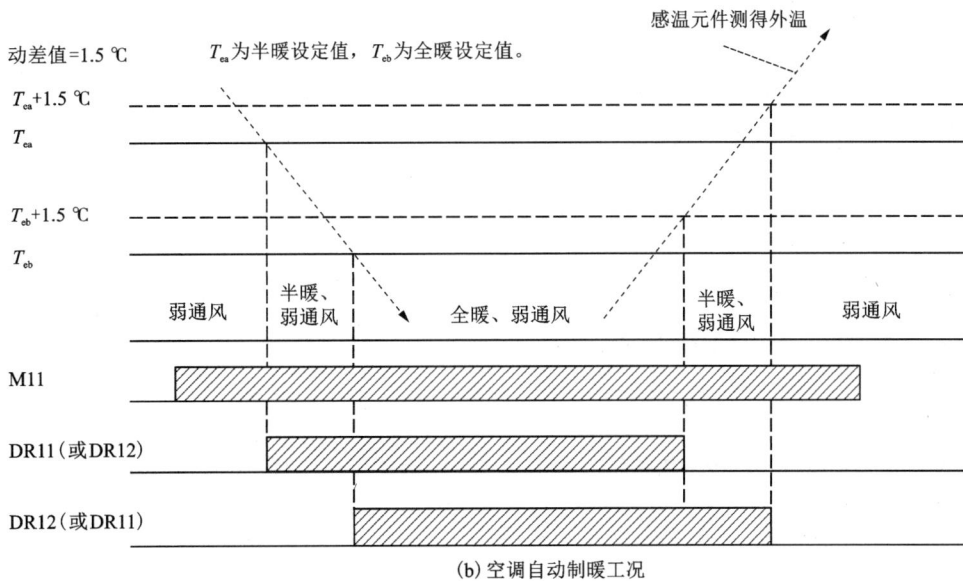

图 2-37　自动制冷和制暖工况

③电热工况。空调机组内通常只设 6 kW 或 9 kW 或 12 kW 的电加热器功率，主要是用于对新风进行预热，为了保证车厢温度，车辆侧墙下部安装了两组分布式客室电热器，客室电热器的启停受车厢内温度控制。列车上电后，当车厢内温度低于 $T_{ec}-2$ ℃时，启动全热挡位，当车厢内温度上升到 $T_{ec}-0.5$ ℃时，转为半热；当车厢内温度升高到 $T_{ec}+1.5$ ℃时，自动停止电热，当车厢内温度回落到 T_{ec} 时，启动半热；当车厢内温度再次回落到

$T_{\text{ec}}-2$ ℃时，重启全热；当车厢内温度高于 $T_{\text{ec}}+1$ ℃时，则不启机，当温度在 $T_{\text{ec}}-2$ ℃到 T_{ec} 之间时，启动半热。

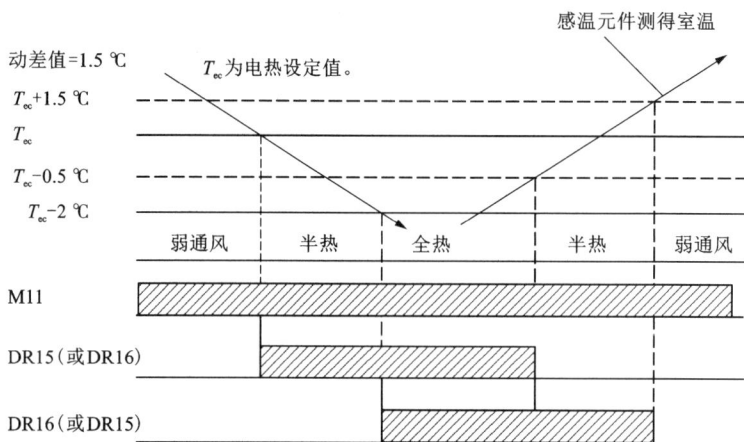

图 2-38　自动电加热工况

2.8.1　空调机组新风阀控制

当空调控制处于自动位时，在空调运行过程中新风阀根据外温进行挡位切换。新风阀开度大小与车外温度关系见表 2-6。

表 2-6　空调机组新风阀开度大小与车外温度关系表

序号	工况	外温(T_e)	新风阀开度
1	制冷及通风工况（夏季）	$T_e \geq 35$ ℃	Ⅰ挡
2		$T_e < 35$ ℃	全开
3	采暖及通风工况（冬季）	$T_e > 0$ ℃	全开
4		-15 ℃$< T_e \leq 0$ ℃	Ⅱ挡
5		$T_e \leq -15$ ℃	Ⅲ挡

2.8.2　空调机组卸载控制

空调机组制冷时，如果车外环境温度过高，冷凝器的冷凝性能下降，压缩机排气压力上升。为了避免因高压开关跳断而停机，当外温大于 43 ℃时，控制系统吸合旁通电磁阀，将一部分高温高压的制冷工质不经冷凝器直接回到压缩机吸气端，进行卸载运行。当外温回落到 40 ℃以下时，旁通电磁阀断开，恢复到正常工作状态。如果车外温度偏低，所需冷量下降，蒸发器的蒸发压力也随之将下降，为了避免因低压开关跳断而停机，当外温小于 19 ℃时，旁通电磁阀吸合，进行卸载运行。当外温回升到 21 ℃以上时，恢复到正常工作状态。

第3章

干线铁路客车空调系统

干线铁路是指在全国范围内具有重要的经济、政治、文化和军事价值的铁路，在铁路网络中起到骨干和联络作用。正如绪论中所介绍，改革开放前，我国干线铁路车辆技术发展缓慢，几乎所有的铁路客车均没有空调；改革开放后，我国成功研制出了25A型空调客车，并相继开发了25G型、25Z型、25K型和25T型空调客车，使25型客车成为我国20世纪末的主型铁路客车。21世纪我国进入高铁时代，先后自主开发了和谐号CRH380型系列高速动车组、复兴号CR400F型和CR300F型动力分散高速动车组、CR200J型动力集中电动车组。2020年后干线铁路基本上只新造复兴号系列动车组，其他型号的铁路客车原则上只修不造。

本章主要介绍干线铁路车辆空调系统布置、空调机组组成及关键部件、空调系统控制原理、空调系统风道和气流组织等。其中，对于普通空调客车，重点介绍25G型和25T型客车，动车组重点介绍复兴号。

3.1 铁路客车空调系统的布置

铁路客车空调系统对车厢内空气的温度、湿度、流速和洁净度进行调节和控制，使车厢环境达到人体舒适的条件。铁路客车空气调节系统主要由空调机组、送风道、送风末端装置、回风装置、废排装置、紧急通风装置和电加热装置等机电设备以及空调控制柜、司机室驾驶控制屏或空调控制触摸屏等电气控制设备组成，见图3-1。

3.1.1 空调机组的布置

3.1.1.1 顶置式单元空调机组布置

顶置式空调机组安装在车体钢结构平顶上。前端出风口与橡胶软风道连接，两侧通过减振器安装在平顶槽钢上，底部与平顶采用海绵橡胶密封条压接，如图3-2所示。此安装方式，结构简单，维护方便。但这使安装方式凸出车体，风阻大，美观性差，只适用于速度

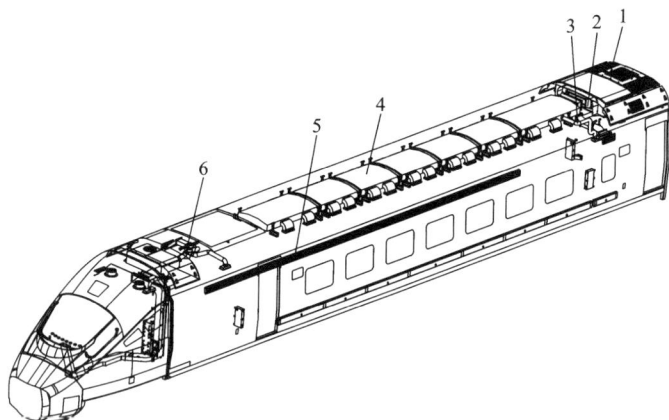

1—空调机组；2—回风装置；3—送风末端装置；4—送风道；5—电加热器装置；6—废排装置。

图 3-1　空调系统组成

不超过 160 km/h 的铁路客车。

25G 型、25T 型系列客车和复兴号 CR200J 型动集均采用顶置式单元空调机组布置。空调机组略凸出车体圆弧顶。为了降低运行风阻，提高美观性，CR200J 型动集在机组两侧安装导流罩，新一代的鼓形车体 CR200J 型动集做了进一步优化，使空调机组上侧盖板与车体圆弧顶平齐。

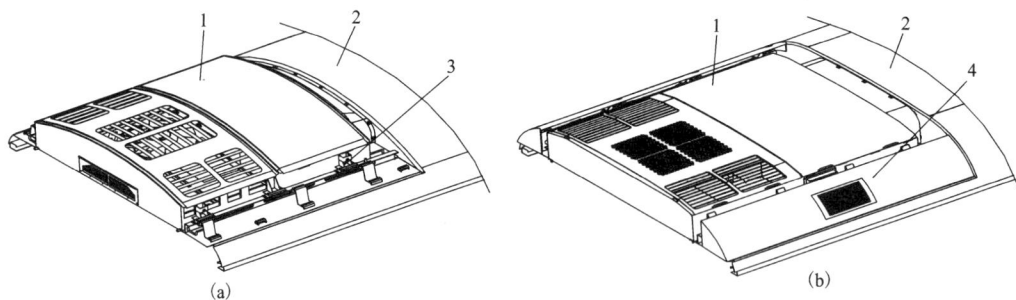

(a)　　　　　　　　　　　　　　　　　　(b)

1—空调机组；2—车体圆弧顶；3—机组安装座；4—导流罩。

图 3-2　顶置式单元空调机组布置

3.1.1.2　嵌入式单元空调机组布置

嵌入式单元空调机组沉入车顶空调井。其前端出风口接软风道，两侧新风口与混合箱连接，上部四周通过海绵橡胶密封条与车顶钢结构压接，机组上表面与车体圆弧顶平齐。此结构形式可维护性相对较差，但机组沉入车体，避免凸起，风阻小，密封性好，如图 3-3 所示。高速动车组（速度≥200 km/h）必须采用此形式。

和谐号 CRH3 型和 CRH5 型动车组、复兴号 CR400F 型和 CR300F 型动车组客室空调机组以及 CR300F 型动车组司机室空调机组均采用嵌入式单元空调机组布置。

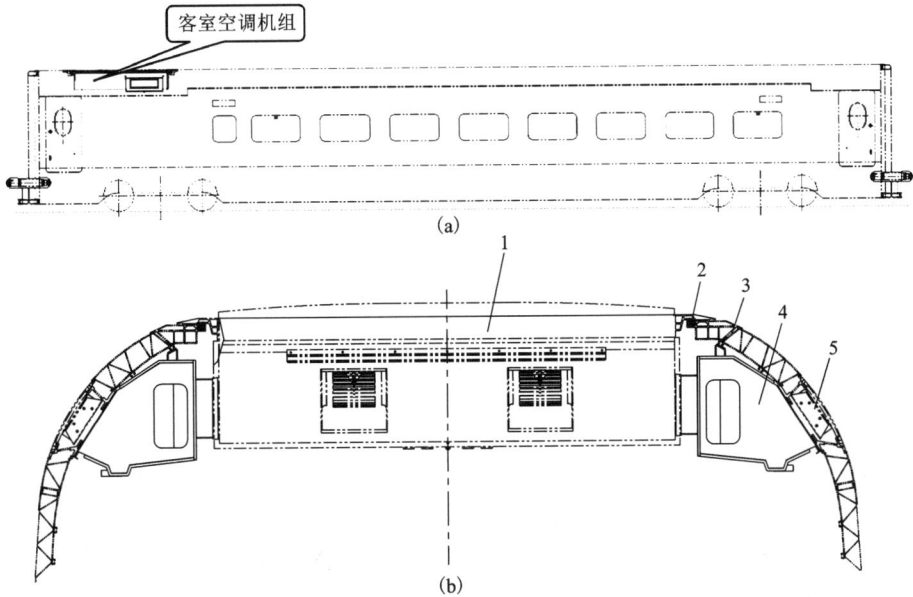

1—空调机组；2—密封条；3—车体圆弧顶；4—混合箱；5—新风口。

图 3-3　嵌入式单元空调机组布置

3.1.1.3　分体式空调机组布置

分体式空调机组布置如图 3-4 所示。此安装方式可降低车辆重心，对车辆运行平稳性有利。同时将噪声较大的冷凝压缩单元置于底架设备舱，可有效降低车内噪声。其缺点是制冷管路须现场进行钎焊或通过快速活接头连接，在车辆振动的环境下工作时存在制冷剂泄漏的风险。

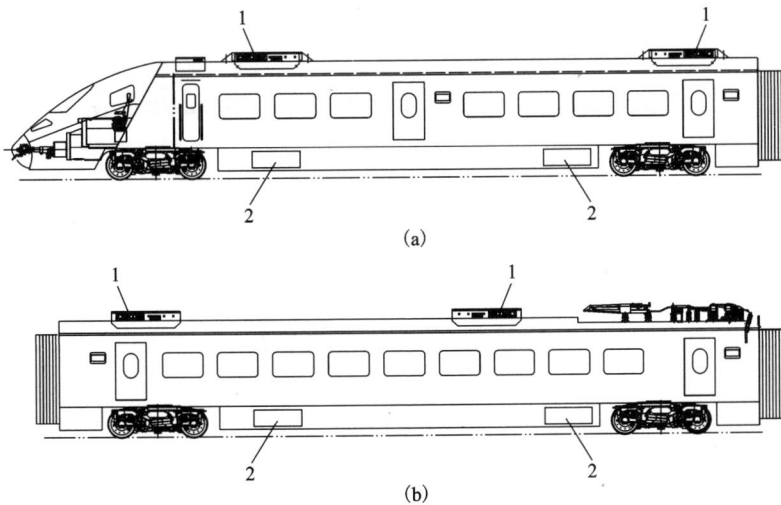

1—蒸发单元；2—冷凝单元。

图 3-4　分体式空调机组布置

复兴号 CR400F 型动车组司机室空调机组、和谐号 CRH1 动车组客室和 CRH3 动车组司机室均采用分体式空调机组布置。

3.1.2　送风道和回风道的布置

3.1.2.1　送风道布置

铁路客车送风道分为主送风道和支送风道。

（1）主送风道安装

主送风道根据安装位置不同分为两种形式，一种安装于客室内装顶板上方，称为车顶式安装；另一种安装于车体底架结构与车内地板之间夹层，称为地板式安装。车顶送风道安装通常采用托梁托装或吊铁吊装，而地板式送风道则固定在车体底架结构支座上。铁路客车主送风道较多采用车顶式安装。

①车顶式安装。

25G 型、25T 型系列客车和复兴号 CR200J 型动集都有座车、硬卧车和软卧车三种主型车，其主送风道位于客室内装顶板与车顶钢结构之间，通过风道托梁与车顶连接，入口端与车体结构风筒采用软风道连接。座车主风道位于车辆的中部，分别从两侧引出支风道，

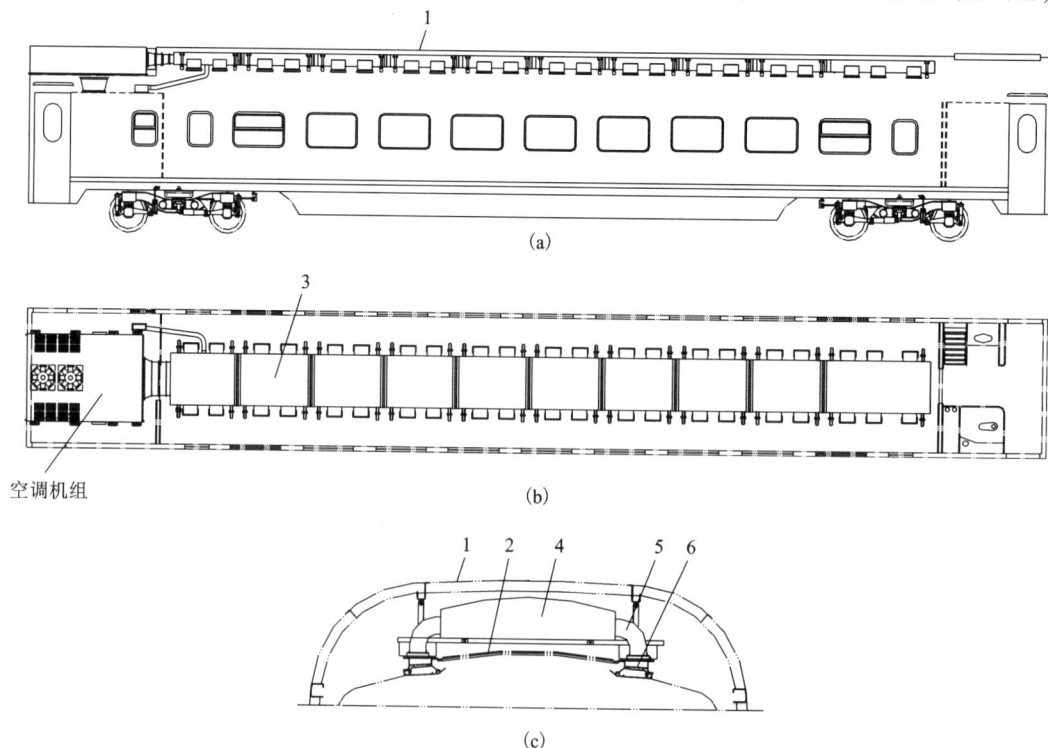

1—车体结构圆弧顶；2—客室内装顶板；3—送风道；4—主风道；5—支风道；6—灯带。

图 3-5　座车主送风道布置

支风道出口下端面与灯带框架上表面间有海绵条，通过压接方式密封，如图 3-5 所示。硬卧车主送风道位于车辆的侧顶上，对应于每个隔间的侧部出风口与挡板压接，在出口处设置可调通风格栅，如图 3-6 所示。软卧车主送风道也位于车辆中部，安装方式与坐车相似，但主送风道的出风口不在两侧，而是在风道底部，对应每个隔间设一个出风口，每个出风口配置一套电动风量调节阀，从调节阀沿车体纵向接出的两端支风道出口通过密封条压接在间隔顶板上，沿车体横向一侧接出的支风道固定在间壁上，并与回风道相通，单个间隔进行风量调节时起到旁通作用。软卧车主送风道布置如图 3-7 所示。

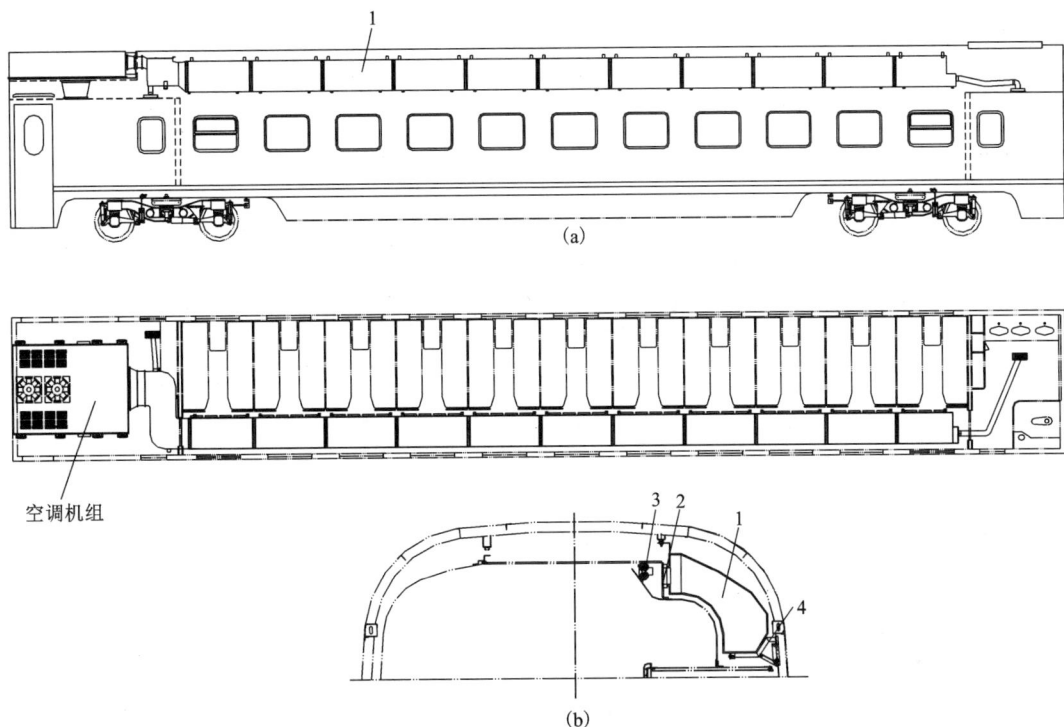

1—主送风道；2—挡板；3—可调通风格栅；4—安装支架。

图 3-6 硬卧车主送风道布置

CR400F 型、CR300F 型动车组以及和谐号 CRH1 型、CRH3 型和 CRH5 型动车组绝大部分都是座车，其送风道的安装方式与上面介绍的座车相似。

②地板式安装。

主送风道安装在车内地板和车体铝合金地板之间，如图 3-8 所示。此方式仅适用于空调机组安装在车体底架上的车型，目前也仅在和谐号 CRH2 型动车组中应用。车顶式安装送风道结构相对简单，便于维护，而地板式安装送风道结构相对复杂，且隐藏在地板下，不利于维护。

（2）支送风道安装

支送风道一般采用圆形和矩形两种断面形式。圆形断面支送风道，材质有塑料弹簧软

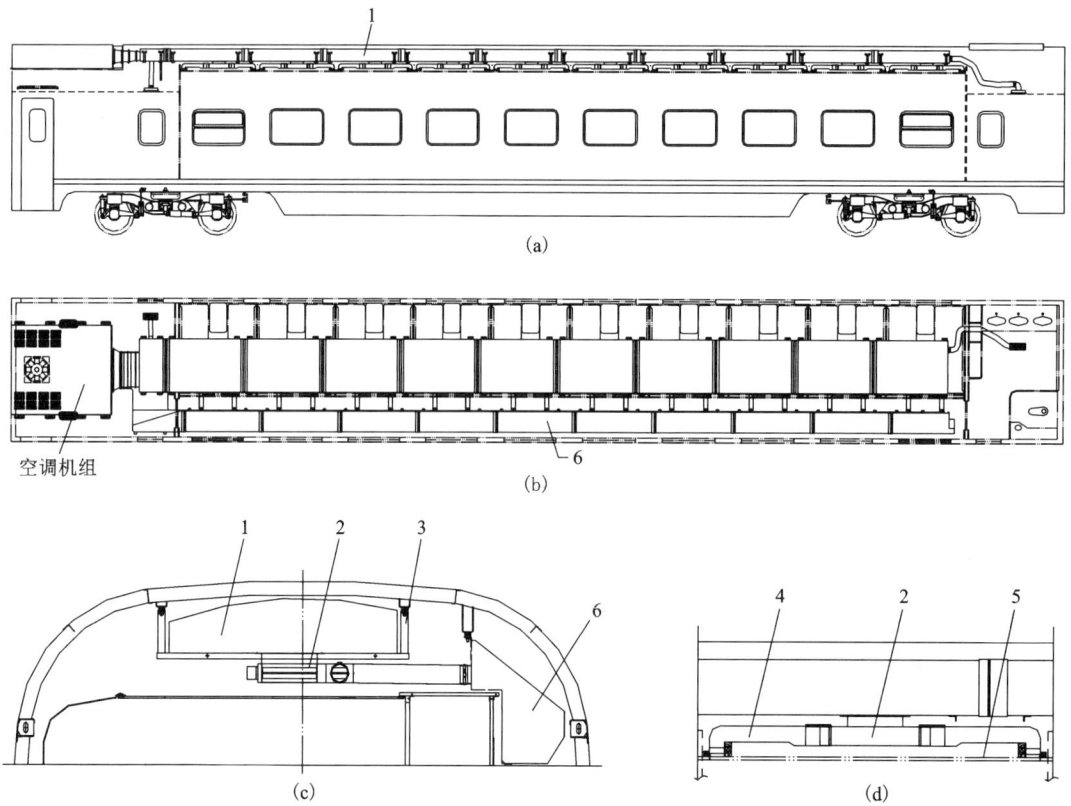

(a)

空调机组

(b)

(c)

(d)

1—主送风道；2—电动风量调节阀；3—安装托梁；4—支风道；5—间隔顶板；6—回风道。

图 3-7　软卧车送风道布置

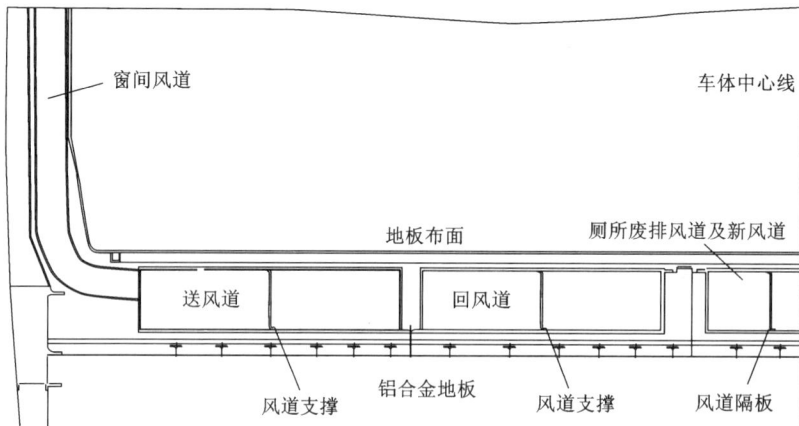

窗间风道　　　　　　　　　　　车体中心线

地板布面　　　厕所废排风道及新风道

送风道　　　回风道

风道支撑　　铝合金地板　　风道支撑　　风道隔板

图 3-8　地板式安装主送风道布置

管和金属波纹软管。支送风道常用于乘务室、监控室和吧台等小隔间区域送风。支送风道
布置如图 3-9 所示。

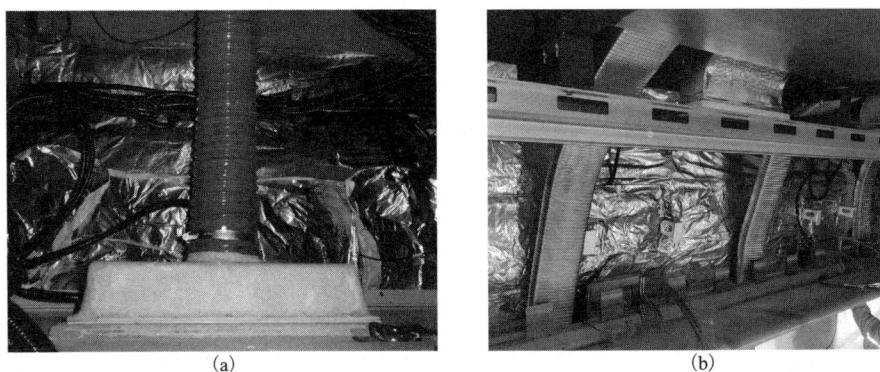

(a)　　　　　　　　　　　　(b)

图 3-9　支送风道布置

3.1.2.2　回风道布置

铁路客车回风道分为集中式和混合式两种。集中式回风道即在客室顶板上设置回风格栅，空气集中通过此回风格栅和上方回风道进入机组。混合式回风道是空气通过侧墙与顶板间的缝隙进入一个空间，然后通过独立风道回到机组。集中式回风道效果好，但与混合式相比，回风口噪声大且美观性略差。

（1）集中式回风道

集中式回风道分为两种形式。一种结构相对简单，类似直筒型，安装于空调机组回风口正下方，底部顶板设置回风格栅和回风过滤网，如图 3-10 所示；另一种结构稍微复杂，回风道沿着车辆纵向通长布置，为了结构紧凑，节约空间，通常将回风道与主送风道集成在一起（如图 3-11 所示），也可独立设置。

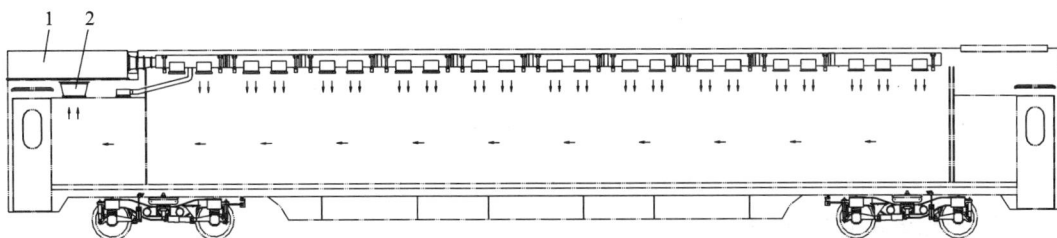

1—空调机组；2—回风道。

图 3-10　直筒型回风道布置

25G 型、25T 型系列客车和复兴号 CR200J 型动集座车、硬卧车以及餐车回风道采用直筒型。复兴号 CR300F 型、CR400F 型动车组以及和谐号 CRH 系列动车回风道采用通长型。

（2）混合式回风道

25G 型、25T 型软卧车和 CR200J 型动集软卧车采用混合式回风道。空调机组下方未设置回风格栅，客室回风通过间隔与走廊之间的隔墙下方通风格栅进入走廊区域，再通过走廊窗帘盒缝隙回到走廊平顶上方的回风道内。在端部空调机组负压作用下，回风进入空调机组内部，如图 3-12 所示。

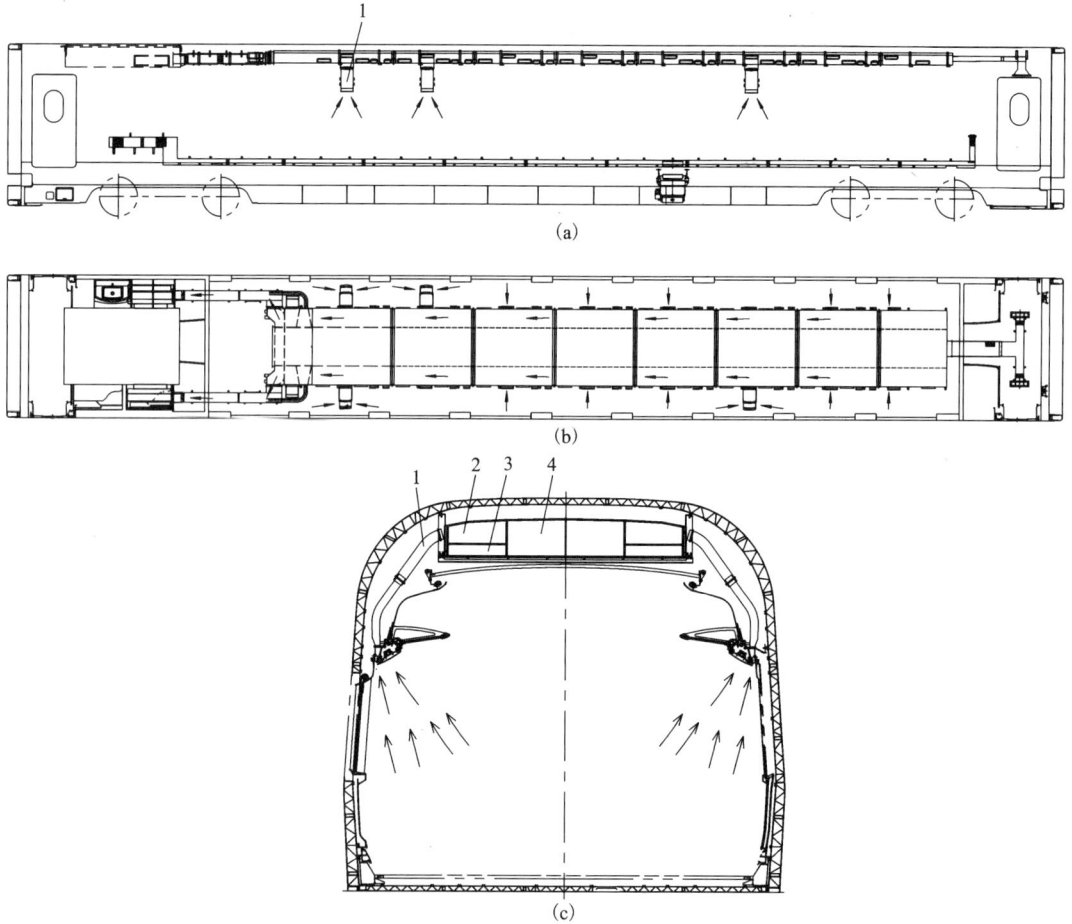

(a)

(b)

(c)

1—回风支风道；2—回风腔；3—送风静压腔；4—主送风道。

图 3-11　通长型回风道布置

3.1.3　末端装置的布置

铁路客车送风末端装置种类较多，主要有出风口型腔、格栅、喷嘴和孔板等。出风口型腔安装在车顶，沿车辆纵向布置，与灯带集成在一起。格栅通常安装于乘务员室、监控室和吧台等小隔间区域平顶板上，送风角度和开度可通过拨片调节。喷嘴主要安装于司机室控制台上，司机可根据自身需求调整出风口角度和开度。孔板送风主要应用于高速动车组，位于车厢中部顶板，送风均匀且风速低，舒适性高。不同送风末端装置结构，如图3-13所示。

回风格栅由铝型材制作而成，叶片角度不可调节，内嵌不锈钢材质回风过滤网。回风格栅两侧设置插销，可绕转轴翻转打开，方便更换回风滤网以及对空调机组内部的新风过滤网进行拆卸清洗，如图3-14所示。

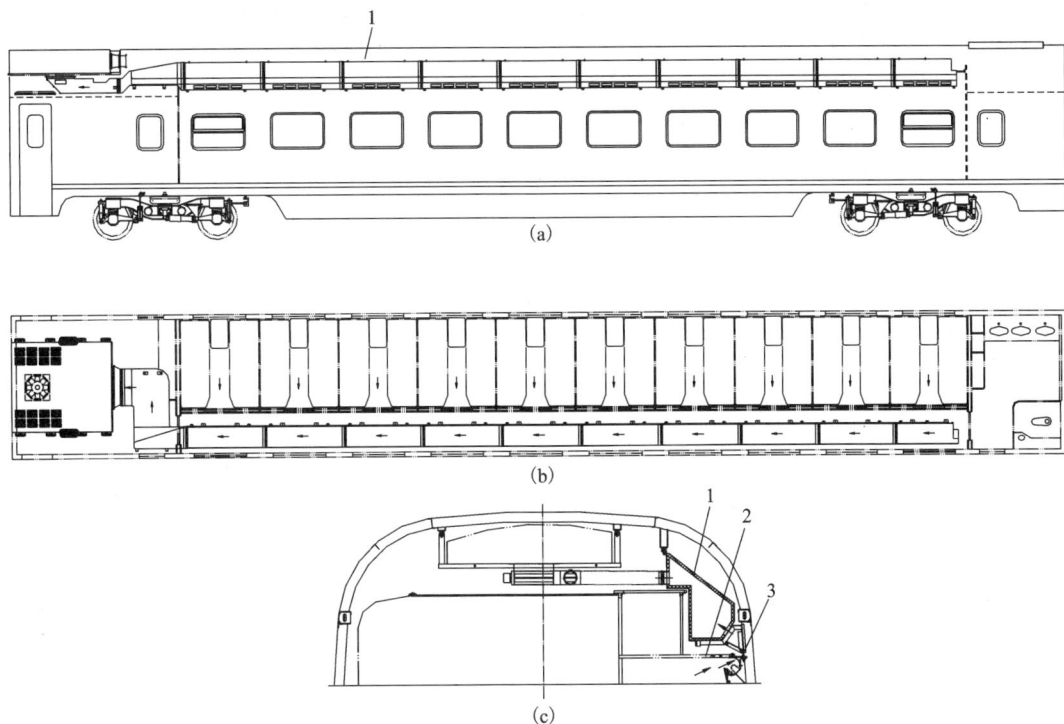

1—回风道；2—走廊平顶板；3—窗帘盒缝隙。

图 3-12　混合式回风道布置

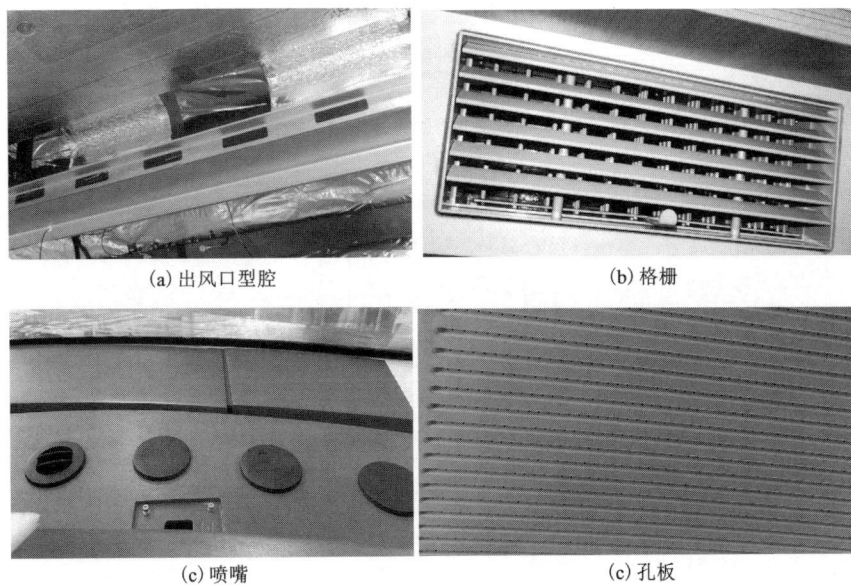

(a) 出风口型腔

(b) 格栅

(c) 喷嘴

(c) 孔板

图 3-13　送风末端装置结构

(a) 打开前　　　　　　　　　　　　　　(b) 打开后

图 3-14　回风格栅

3.1.4　电加热装置的布置

铁路客车车辆电加热器根据对流方式不同,分为自然通风电取暖器和强迫通风电取暖器。自然通风电取暖器根据安装形式不同,又分为单元式自然通风电取暖器和带状整体式自然通风电取暖器。强迫通风电取暖器根据结构形式可分为单元式强制通风电取暖器和空气预热器。

单元式自然通风电取暖器主要应用于25G型客车中,布置于客室两侧侧墙板下方。带状整体式自然通风电取暖器部分嵌入客室两侧侧墙板内,相比单元式自然通风电取暖器更美观。强迫通风电取暖器主要安装在对噪声不敏感区域,比如车辆的通过台和卫生间内,采用风机强迫通风散热,因此,在同样的采暖功率下体积更小,且可使通过台区域和卫生间温度更均匀。电取暖器布置如图3-15所示。

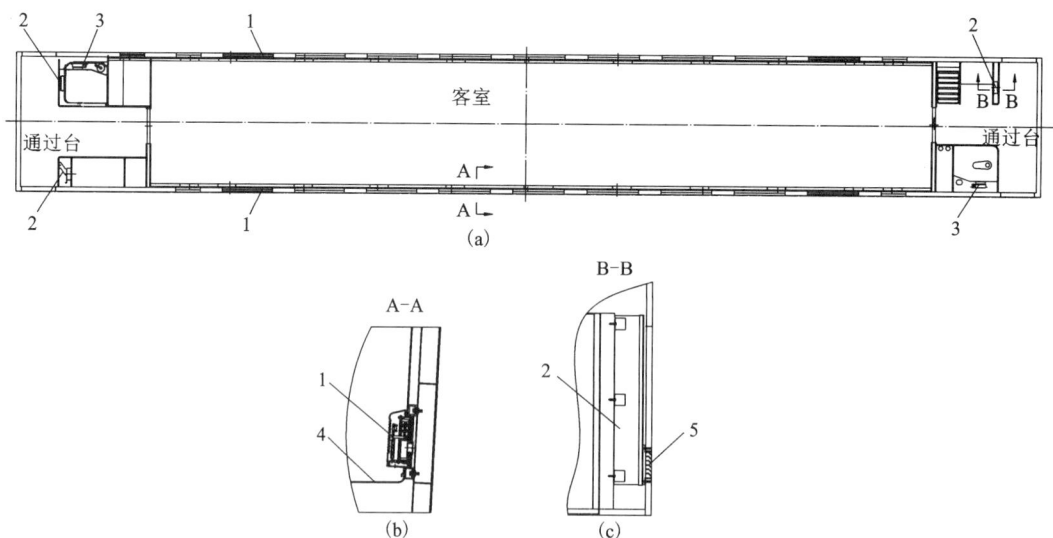

1—带状整体式自然通风电取暖器;2—通过台强迫通风电取暖器;
3—厕所强迫通风电取暖器;4—地板布;5—通风格栅。

图 3-15　电取暖器布置

单元式自然通风电取暖器、带状整体式自然通风电取暖器以及强迫通风电取暖器,外形结构如图3-16~图3-18所示。

图 3-16　单元式自然通风电取暖器

图 3-17　带状整体式自然通风电取暖器

(a)

(b)

图 3-18　强迫通风电取暖器

电取暖器的发热元件种类有电热板、电热管和 PTC 加热元件三类。

空调机组中新风预热器一般采用电热管作为发热元件，根据电流热效应原理，电流通过电阻丝而产生热量，然后把热量传给流过的空气。它具有表面温度均匀、热量稳定、结构紧凑、控制方便等特点，如图 3-19 所示。

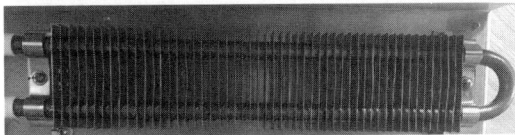

图 3-19　管状电热元件

管状电热元件的基本结构是在金属管内沿轴线方向放入一根螺旋形的电阻丝（镍铬丝），在其空隙部分均匀地填满具有良好导热性和电气绝缘性的结晶氧化镁粉，并用缩管机将管径轧小，使填充的氧化镁更加密实而提高导热系数。同时也确保管内螺旋状电热丝不致于因电热元件因受弯曲或碰撞发生偏移而碰及管壁。

为了增大管状电热元件的传热面积，提高换热效果，在金属管外表面缠绕了不锈钢绕片。

板式电热元件，外形结构如图 3-20 所示。电热板一般是在人造云母基片中缠绕金属电阻丝，然后焊上引线，再经绝缘处理，用发黑处理的铝型材散热板封装而成。电热板具有良好的热辐射性能，可在较低温度下辐射远红外电磁波，产生辐射热，其综合热效应强，使用寿命长(≥10000 h),且具有体积小、质量小、温度分布均匀等特点。

强迫通风电取暖器通常采用 PTC 加热元件或管状电热元件。复兴号 CR200J 型动车组采用 PTC 加热元件,外形结构如图 3-21 所示。复兴号 CR300F 型和 CR400F 型动车组采用管状电热元件。

图 3-20 板式电热元件

图 3-21 PTC 加热元件

3.1.5 空调控制柜的布置

铁路客车车辆空调控制柜分为集成式和独立式两种。集成式空调柜与车辆电气综合柜集成在一起。

(1)集成式空调控制柜

集成式空调控制柜布置如图 3-22 所示。25G 型、25T 型系列客车和复兴号 CR200J 型动集均采用集成式空调控制柜。

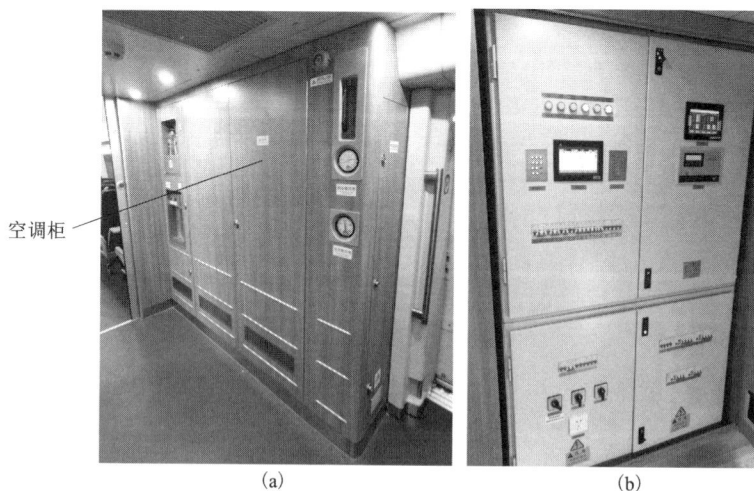

(a)   (b)

图 3-22 集成式空调控制柜布置

(2)独立式空调控制柜

独立式空调控制柜布置如图 3-23 所示。复兴号 CR400F 型、CR300F 型动车组,和谐号 CRH2 型、CRH3 型和 CRH5 型动车组均采用独立式空调控制柜。

空调控制柜内包含 DC 控制盘、AC 控制盘和司机室控制盘(仅头车),布置如图 3-24 所示。

空调柜

图 3-23　独立式空调控制柜布置

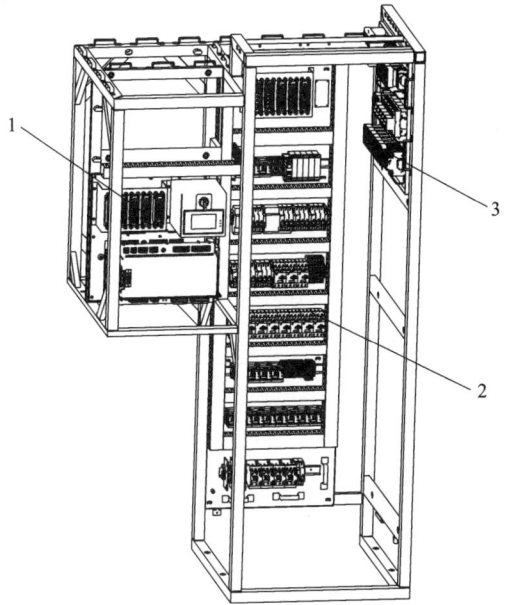

1—DC 控制盘；2—AC 控制盘；3—司机室控制盘。

图 3-24　集中控制盘布置

3.1.6　空调控制屏的布置

　　空调控制屏分为三种形式，一种是集成在电气综合柜触摸屏内，一种是独立设置在空调控制盘上，还有一种是不设置专用的空调控制屏，而是将空调的控制功能及操作集成到司机室的驾驶控制屏 HMI(人机交互界面)中，如图 3-25~图 3-27 所示。

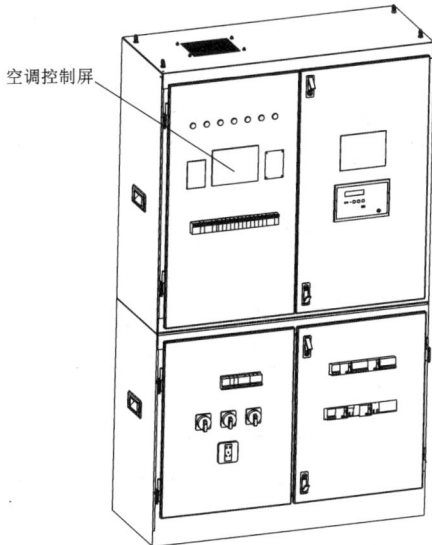

空调控制屏

图 3-25　电气综合柜空调控制屏

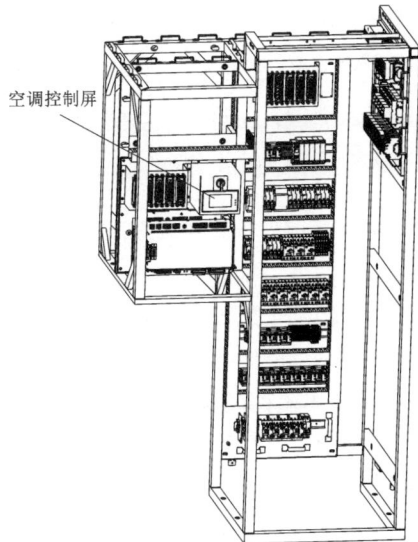

空调控制屏

图 3-26　电气柜空调控制屏

HMI

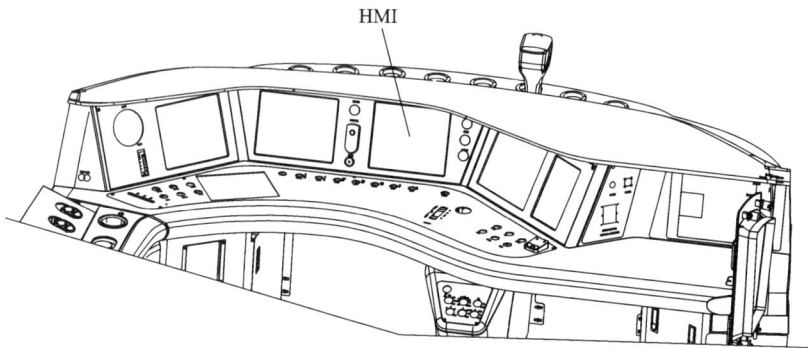

图3-27　司控台空调控制屏

3.2　铁路客车空调机组

　　干线铁路客车用主型空调机组是定频单冷型或定频单冷带新风电预热型单元式机组，只有少量客车试装了变频热泵型空调机组。

　　如前所述，铁路客车25G型、25T型系列的空调机组型号主要有KLD-09型和KLD-29型、KLD-35型、KLD-40型、KLD-45型。复兴号CR200J型动集"直形"车沿用25T型车客车客室空调机组，新增KLD-06型司机室空调机组。复兴号CR200J型动集"鼓形"车在"直形"车基础上优化空调机组外形，新增KLD-53型空调机组，并优化其余型号部件。

3.2.1　空调系统控制与保护

　　25G型、25T型系列铁路客车以及各型动车组的空调系统构成基本相同，都是由空调机组、送风装置、回风装置、废排装置和电热采暖装置(机组空气电热器、客室电加热器)几部分组成。为了确保车辆空调系统在正常情况下自动可靠运行，发生单点故障时不至于导致其他部件、系统继发故障，或者避免重要零部件损坏，以及为了便于查找故障和设备检修后的测试，车辆上配置了专用智能型空调控制柜，具备控制、保护、检测、诊断、信息提示和联网通信等功能。各型车辆空调控制柜动力供电部分的主电路原理、功能和电气元器件基本相似，都是由断路器、接触器、热继电器、中间继电器、旋钮开关、状态指示灯和电流传感器等通用器件组成。但是和谐号CRH系列、复兴号CR300F型和CR400F型等高速动车组与25G型、25T型系列客车和复兴号CR200J型动车组的空调控制柜控制部分的控制原理、控制系统功能和设备存在较大差异。25G型、25T型系列客车和复兴号CR200J型动车组控制部分基本相同，它们的核心控制器件都是PLC(可编程逻辑控制器)，功能相对简单。和谐号CRH系列、复兴号CR300F型和CR400F型高速动车组的核心控制器件是空调控制器(微机控制器)，功能强大，控制逻辑复杂，对空调系统的控制更精准。

3.2.1.1　25G/25T型客车和复兴号CR200J型动车组空调控制系统

　　25G/25T型客车和复兴号CR200J型动车组电气系统功能相对简单，因此不设独立空调控制柜，而是将空调控制设备集成到车辆智能型电气综合柜中。电气综合柜集成了电源转换控制、空调机组控制、照明控制、漏电绝缘检测、网络监控、冷态过载自动减载等功能单元。电气综合柜外部面板设置控制显示屏、空调工况选择开关等，内部设置电气保护器件，如客室电热控制断路器、压缩机电机保护断路器、半工况试验开关断路器、预热器控制保护断路器、风口电磁阀供电控制断路器、废排风机供电开关断路器、强弱风机热保护继电器和冷凝风机热保护热继电器等，如图 3-28 和图 3-29 所示。

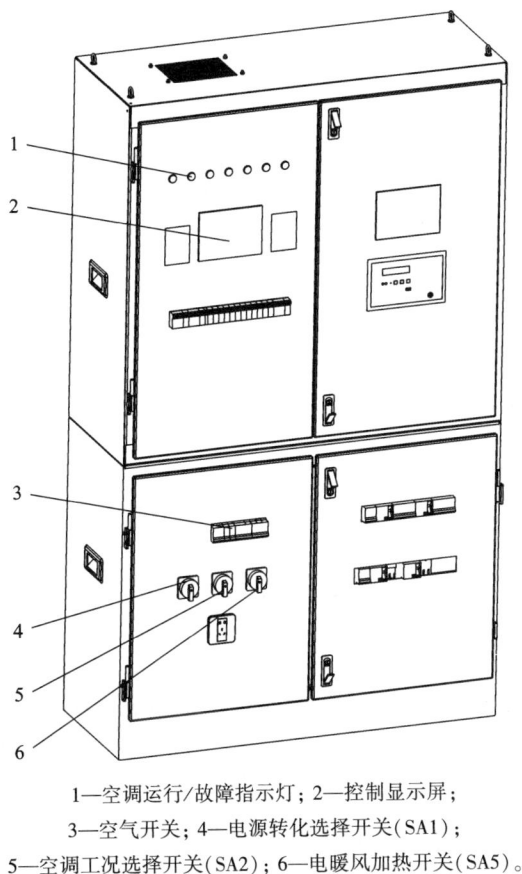
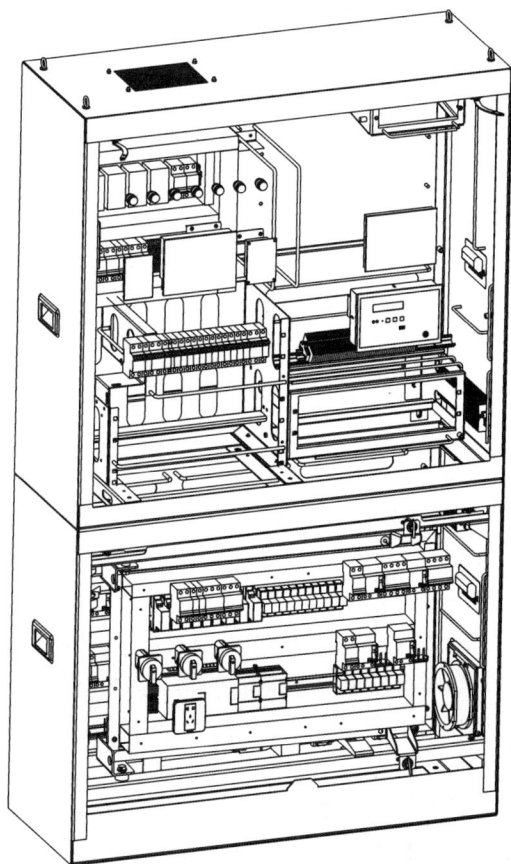

1—空调运行/故障指示灯；2—控制显示屏；
3—空气开关；4—电源转化选择开关（SA1）；
5—空调工况选择开关（SA2）；6—电暖风加热开关（SA5）。

图 3-28　电气综合柜面板布置　　　　图 3-29　电气综合柜内部布置

单辆铁路客车不具备上线运行能力，必须编组成列。25G/25T 型列车是在机车后连挂一定数量的 25G/25T 型硬座车、硬卧车、软卧车、餐车编组成列。复兴号 CR200J 型动车组是由动力车、控制车、餐车和一定数量的座车或卧车编组成列。编组成列的列车空调系统有两种控制模式，一种是基于列车的集中控制，另一种是基于车辆的单车控制。

（1）列车空调系统集中控制

列车集控模式由随车工程师在列车空调控制触摸屏上操作，设有全自动、弱风、强风、全冷、半冷、全暖、半暖、电热 1、电热 2、关闭等选项，如图 3-30 所示。可以根据需要选择任何一项对全列车发出同一种指令，也可选择任何一辆车对其发出所选定的指令。但前提是只有那些在单车控制模式下空调系统设为自动位的车辆才能接收到集中控制指令。

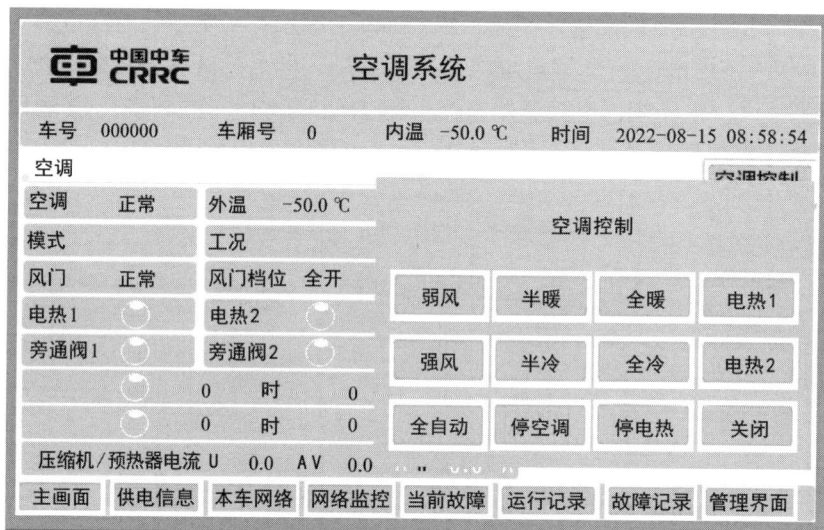

图 3-30　空调控制触摸屏界面

（2）单车空调系统控制

单车空调系统控制有"停止""试验暖""试验冷"和"自动"四挡，可通过单车综合控制柜上的空调工况转换开关进行选择。"试验暖""试验冷"和"停止"属于本车控制功能，具有最高优先级，自动屏蔽来自集中控制端的集控指令，也不受空调自动控制系统控制。如果在停机状态选择"停止"挡时，本车空调系统处于停止状态，不进行任何工作；如果空调系统正在工作选择"停止"挡时，空调系统按照正常停机流程强制停机。当选择"试验暖"挡时，本车空调系统将启动制热工况，通风为弱风，且不受内外温控制。通过综合控制柜中的两个空气开关可以设定制热挡位，当"试验半工况 1"和"试验半工况 2"空气开关全断开时，空调和客室电热均停止制热，只处于弱通风状态；当"试验半工况 1"和"试验半工况 2"一个闭合一个断开时，空调和客室电热均为半制热挡位；当两个空气开关全闭合时，空调和客室电热均为全制热挡位。当选择"试验冷"挡时，空调系统不受车厢内温度控制，自动启动制冷工况，通风为强风。可通过电气综合控制柜内的"试验半工况 1"和"试验半工况 2"两个空气开关强制设定制冷挡位，当两个空气开关全断开时空调停止制冷，只处于强通风状态；当闭合两空气开关中的任何一个时，空调为半制冷，当两个全闭合时，空调为全制冷，在此工况下空调机组始终运行，直至制冷系统出现低温保护才自动停机。当选择"自动"挡时，空调机组将进入全自动控制逻辑模式，空调机组按系统预先设定的程序工作。同时为了提高空调压缩机和电热器的可用性，采取工作时长均衡制模式，计时器实时记录各设备的工作时长，每次启机先将工作时长较短的投入，在半冷或半暖工况时，某组设备运行 2 h 后自动切换到另一组交替运行。空调控制主电路，如图 3-31 所示。

空调系统全自动控制参见第 2 章相关内容。

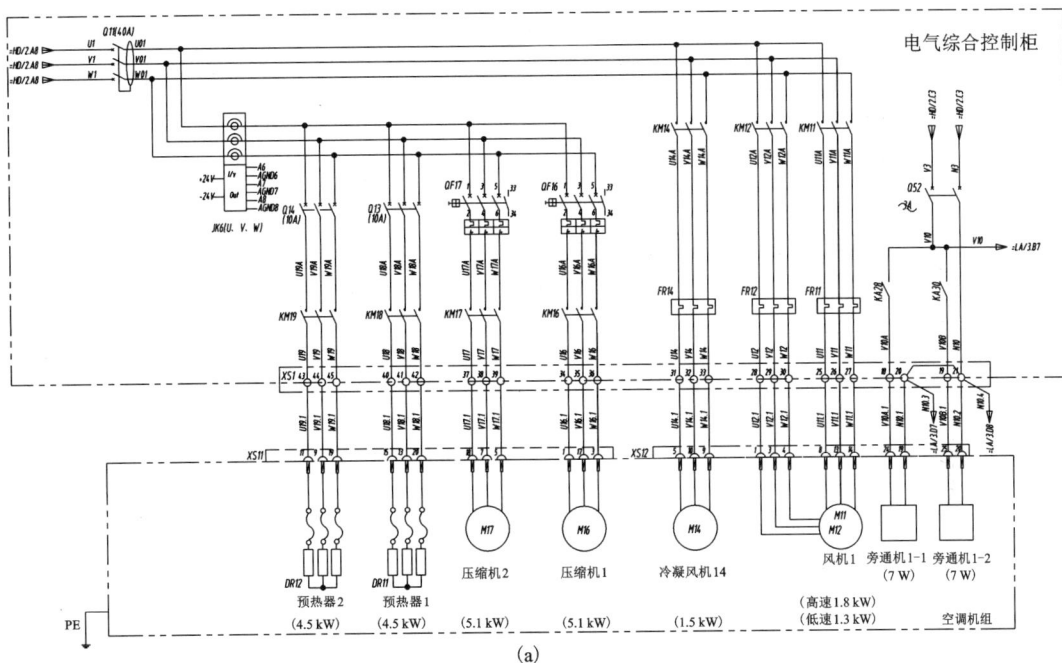

(a)

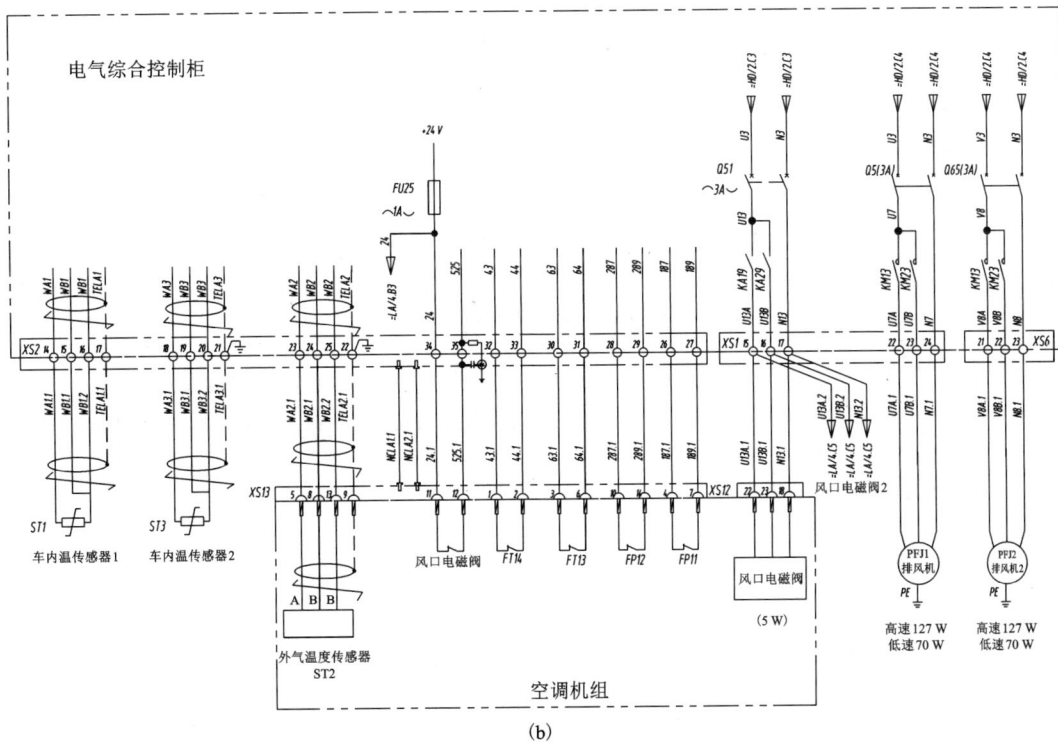

(b)

图 3-31　空调控制主电路

3.2.1.2　复兴号 CR300F 型和 CR400F 型动车组空调控制系统

复兴号 CR300F 型和 CR400F 型动车组是目前国内智能化程度最高的轨道交通工具。列车上配置了功能强大的 TCMS(列车控制和监测系统)，可通过贯穿全列车的以太网对车辆上机电设备进行状态监测、传输控制指令、收集和存储故障信息。复兴号 CR300F 型和 CR400F 型动车组设有独立空调控制柜，其空调控制系统功能、原理和器件基本相同。系统可自动完成对空调装置的控制、保护、故障诊断和故障记录功能，使空调系统工作在预冷、预热、通风、制冷、制暖、应急通风等模式。空调控制柜内安装有 DC 控制盘、AC 控制盘和司机室控制盘(仅头车)。DC 控制盘集成了空调控制器、本控屏 HMI(人机交互界面)和手动控制转换开关等以控制空调系统所有的直流器件。AC 控制盘集成了接触器、断路器、继电器等给空调机组、废排装置、风道内电加热器和车端电加热器提供电源及保护的所有交流电气元件。司机室控制盘集成了给司机室空调机组供电的交流电气元件。控制盘主回路电路图、DC 控制盘和 AC 控制盘外形结构分别如图 3-32~图 3-34 所示。

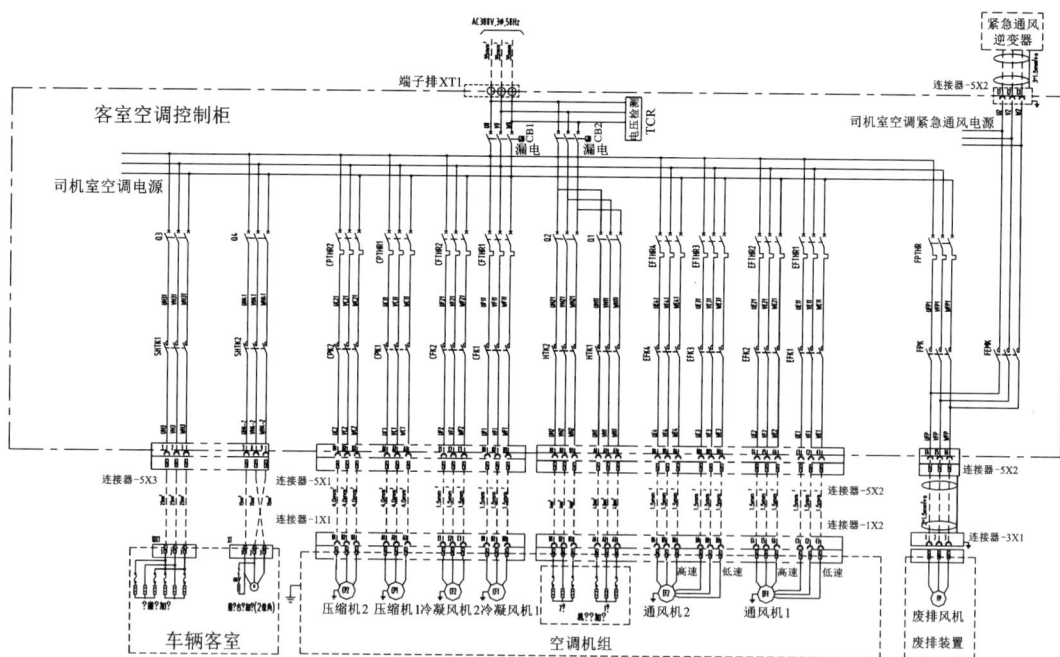

图 3-32　控制盘主电路图(头车)

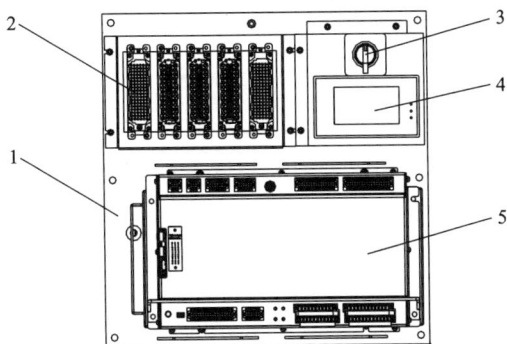

1—盘体；2—连接器；3—手动控制装置；
4—本控屏；5—空调控制器。

图 3-33　DC 控制盘

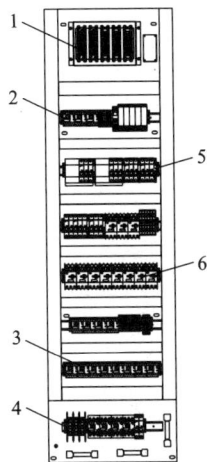

1—连接器；2—继电器；3—接触器；
4—AC380V 输入；5—空气开关；6—热磁断路器。

图 3-34　AC 控制盘

（1）动车组空调系统集中控制

通过司机室的驾驶控制屏 HMI（人机交互界面）进入整车空调系统界面，可对全列车发出停机、通风、制冷、制暖、紧急通风等指令，也可在 HMI 上选择任何一辆车对其发出所选指令。车辆空调控制器接收到 TCMS 上的集中控制指令后进入相应的自动模式（若车辆手动控制转换开关没有置于"自动位"将接收不到集中控制指令）。如果接收到的是制冷或制暖，空调控制器将根据新风温度按欧洲标准《铁路应用-干线轨道车辆空调-第 1 部分：舒适度参数》（EN 13129-1）中的曲线计算出设定目标温度，然后根据设定目标温度、回风温度、送风温度自动进入制冷或制暖状态。由于实际运行中各车负荷可能会存在差异，导致各车对温度设置需求不一样，因此 HMI 中还设有温度再控列表，通过温度再控列表，可以在计算出的温度值上进行降低或增加设置，温度修正值（ΔT）为 +2 ℃、+1 ℃、0 ℃、-1 ℃、-2 ℃。逻辑控制框图如图 3-35 所示。

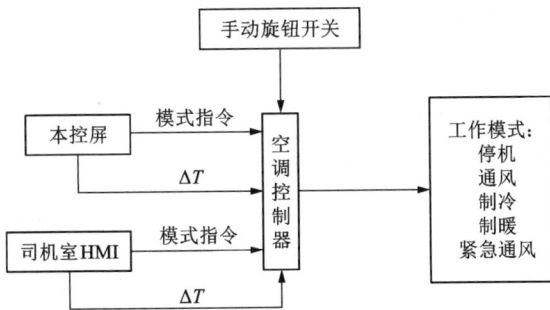

图 3-35　逻辑控制框图

（2）手动控制

手动控制仅对单车有效，通过本车 DC 控制盘上的手动控制转换开关，可强制本车空调系统进入停机、通风、半冷、全冷、半暖和全暖工况，并且不受空调控制器的温度控制。

（3）空调系统自动控制

①目标温度的设定。

DC 控制盘上的手动控制转换开关置于"自动"位时，空调机组依照 EN 13129-1 标准根据新风温度传感器检测到的温度值(T_e)自动进行设定目标温度(T_{ic})的计算。设定温度T_{ic}的计算方法参见表3-1。

表3-1 新风温度和车内设定温度值

新风温度(T_e)/℃	车内设定目标温度(T_{ic})/℃
≤20	$22+\Delta T$
$20<T_e<40$	$22+0.2\times(T_e-20)+\Delta T$
≥40	$26+\Delta T$

注:(1)T_{ic}计算后按四舍五入取整;(2)ΔT为温度修正值。

②通风、制冷和制暖全自动控制。

空调机组制冷和制暖均分为1~4级,分别对应约25%、50%、75%、100%四挡制冷或制暖能力。当机组模式为制冷或制暖时,两台通风机均高速运行,废排风机正常运行。若通风机高速运行发生故障,则转为低速运行,制冷或制暖工作不受影响,只有当通风机高、低速均发生故障,彻底无通风时空调机组才停止工作;如果废排风机发生故障不能运行,不会对制冷或制暖造成影响。

空调机组分级制冷的实现方式是空调机组设有两套完全独立的制冷系统,每套制冷系统都可卸载运行。1级制冷为1台压缩机卸载运行;2级制冷为1台压缩机全载运行;3级制冷为1台压缩机全载,另1台卸载运行;4级制冷为2台压缩机均全载运行。

空调机组分级制暖的实现方式是空调机组内设两组制暖功率相同且完全独立的电加热器。1级制暖仅1组电加热器等时长间歇循环运行(在一个固定周期内,工作和停止时间相等);2级制暖仅1组电加热器持续运行;3级制暖1组电加热器等时长间歇循环运行,另1组电加热器持续运行;4级制暖2组电加热器均持续运行。

空调系统首次上电进入自动模式后,首先强制机组进入通风模式,运行30 s后根据车内、车外温度进行判断,如果符合预冷或预热条件,则转入预冷或预热模式。不符合预冷或预热条件时则首先判断外温,如果外温$T_e>25$ ℃,室内温度(T_i)比目标温度(T_{ic})大1 ℃时,则制冷,否则维持通风工况;如果外温$T_e<10$ ℃,T_i比T_{ic}大1 ℃时,则维持通风,否则进入制暖工况;如果T_e在10~25 ℃,且室内温度T_i与目标温度T_{ic}偏差1 ℃以上时,则制冷或制暖,否则维持通风工况。通过以上原则确定制冷或制暖工况后,再根据外温T_i的情况确定制冷或制暖的等级,如果外温大于32 ℃,直接进入4级制冷;如果外温小于0 ℃,直接进入4级制暖;其他外温则按照一定规则从1~3级中选择。

当空调系统进入稳定运行状态后,空调控制器每隔一个周期(比如:3 min 或 5 min)将计算两个温度差值,一个是室内温度T_i与目标温度T_{ic}之差,另一个是上一周期末的T_i和下一周期开始的T_i之差。空调控制器中预置了一个以两温度差值为横、纵坐标的逻辑控制矩阵表,表中对应1~4级制冷、通风和1~4级制暖共9种工作模式,空调控制器将在每个周期开始时根据矩阵表确定空调机组的工作模式,以确保车厢内的温度始终维持在目标温度左右。

此外,送风道内还设有风道辅助电加热,在采暖工况下将根据送风温度进行启停控制，用于对送往客室的送风温度进行精细调节。当送风温度低于 T_{ic} 3 ℃并持续 30 s 时，启动风道电加热。当送风温度高于 T_{ic} -1 ℃并持续 30 s 时，停止风道电加热。

③预冷和预热工作模式。

在列车准备载客前，为了快速将车厢内部温度降低或升高到目标温度。复兴号 CR300F 型和 CR400F 型动车组设置了预冷和预热功能。当空调上电后首次进入自动模式时，空调控制器将强制机组进入通风模式，通风 30 s 后，空调控制器将根据室内温度和外温进行判断。当室内温度大于 35 ℃且外温大于 30 ℃时，空调机组全冷运行，同时关闭新风压力波保护阀和废排压力波保护阀，仅对来自车厢内的循环风进行制冷，迅速对车厢降温；当室内温度小于 0 ℃且外温小于 0 ℃时，空调机组全暖运行，同时将两压力波保护阀关闭，仅加热车厢内的循环风，迅速升高车厢温度。当室内温度下降到 T_{ic} +2 ℃或预冷时间达到 70 min 时，退出预冷转入正常工作模式；当室内温度上升到 T_{ic} -2 ℃或预暖时间达到 70 min 时，退出预热转入正常工作模式。

④紧急通风模式。

复兴号 CR300F 型和 CR400F 型动车组提供手动和自动两种方式触发"紧急通风"模式的功能。紧急通风模式运行时，空调机组停机，废排电动风阀全开到 90°，新风和废排压力波保护阀处于全开状态，紧急通风逆变器将车载蓄电池的直流电源逆变成降频降压的交流电（比如：三相交流 40 Hz/AC345 V），向废排风机供电（正常时供的是三相交流 50 Hz/AC380 V）。此时相当于废排风机将车厢内的空气吸出车外，造成车内负压，然后车外新鲜空气经由空调机组新风阀口进入机组，再通过车内主风道和送风口向车厢内补充空气，直至达到动态平衡，如图 3-36 所示。

手动控制主要用于测试，在司机室和本车 DC 控制盘的 HMI 上均设置了"紧急通风"软按钮，如果按下"紧急通风"软按钮，空调控制器将接收到来自 TCMS 或本控屏的指令，空调机组立即停机，延时 5 s 后进入紧急通风模式，一旦在司机室或本车 HMI 上点击其他按钮，则结束紧急通风模式，转为相应工作模式。

自动控制时有三相电源供电异常、供电断路器脱扣故障和 TCMS 发出"2 级减载"指令这三个判据，出现任何一个时空调机组立即停机，延时 180 s（避开供电接触网分相区）后，自动启动本车的紧急通风。如果以上三个判据消失，则退出紧急通风模式，恢复到正常的全自动控

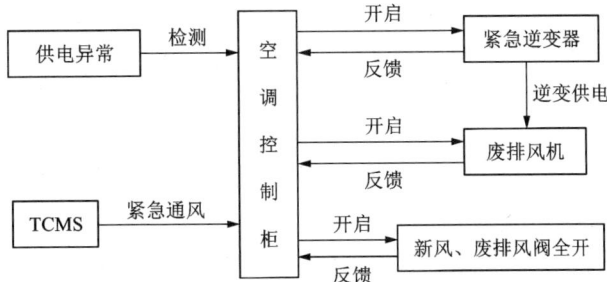

图 3-36　紧急通风控制逻辑框图

制模式，如果紧急通风持续时间达到 90 min，则依次关停废排风机和紧急通风逆变器。此工况主要在动车组正线运行时空调系统三相 AC380 V 电源突然断电时触发。

⑤压力波保护。

列车在进出隧道口或者两列车相向会车时车外会产生激烈的气压波动，会引起车内的

气压变化，当列车速度不快、车内的气压变化不大时，人体耳膜不易感知；当列车速度较快时，车内瞬变的气压会导致乘客耳膜有鼓胀感，从而影响乘坐舒适度。因此，时速大于200 km 的列车均须设置压力波保护系统。

CR300F 型和 CR400F 型动车组采用的是被动式压力波保护，在两个带司机室的车头上分别安装一个用以检测列车外部气压变化的压力波控制装置，每个压力波控制装置各设两个车外压力传感器，分别安装在车头向客室过渡的车体侧墙上(参见图 3-37)。每车空调系统的废排风机配 1 个废排压力波保护阀，空调机组左右两侧设有 A、B 两个新风压力波保护阀。

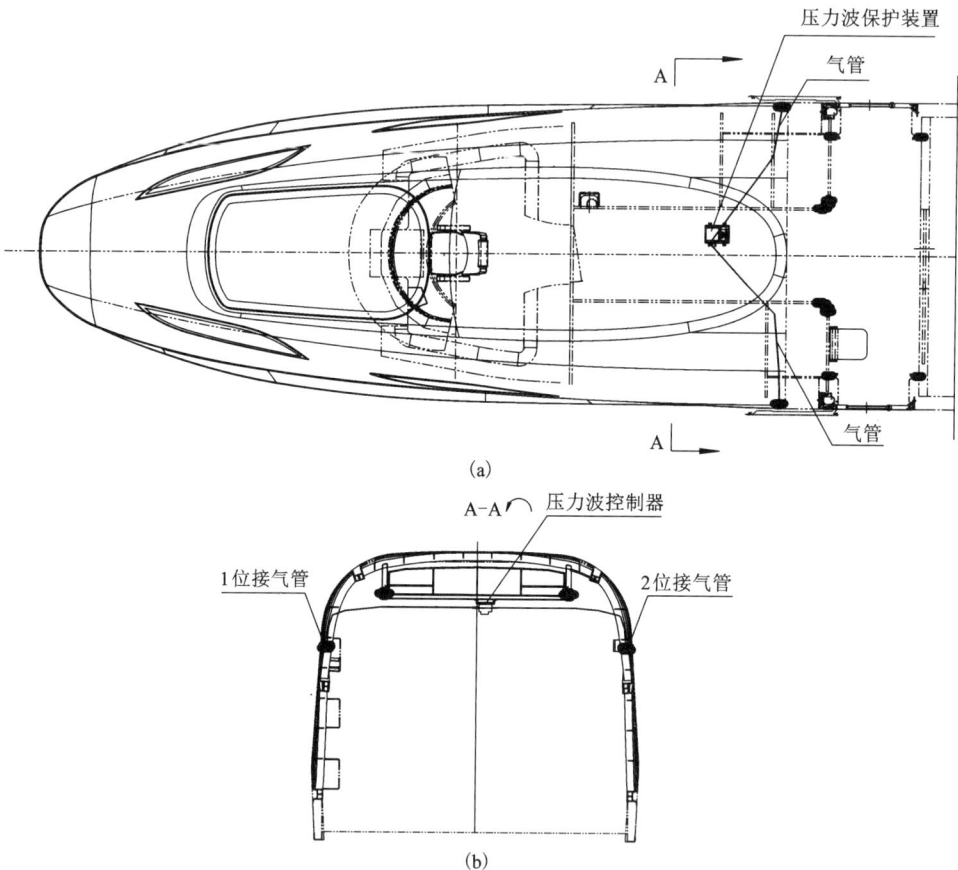

(a)

(b)

图 3-37 压力波保护装置布置图

当压力传感器检测到车外压力变化超过设定值时，压力波控制装置立刻给贯穿全列车的压力波信号硬连线上电(为了确保信号迅速发出，缩短响应时间，不采用 TCMS 传输)，并且保持住，直接控制各车空调控制柜的控制继电器，立即关闭 A、B 两个新风压力波保护阀和废排压力波保护阀，迅速切断车内与车外空气通道，防止车外压力波动传入车内。当压力变化不满足压力保护阀动作条件并且同时满足压力波保护取消条件时，压力波信号硬连线失电，发出压力波保护撤销信号，打开新风和废排压力波保护阀，保证车内的新风供应和废气排放。但须注意开阀与闭阀方式完全不同，闭阀时必须迅速且同时，而开阀时则须按照一定的顺序，以防引起车内二次压力波动。顺序控制逻辑事先在每车空调控制器中预置好，通常顺序是先开启一半车辆的废排阀和一个新风阀，延时一小段时间后开启另一半车辆的废排阀和一个新风阀，此后再每隔一个相同延时依次开启 1/4 车辆的另外一个新风阀，直到全部打开。

⑥新风量调节。

通过新风压力波保护阀和废排电动风阀联合动作可以实现对空调机组新风量的调节，依据外温(T_e)，将新风量分为 1~3 级。当 T_e 低于 -20 ℃ 或高于 40 ℃ 时新风量为 1 级，新风压力波阀的 A 阀打开、B 阀关闭，废排电动风阀开启到 25°，此时吸入的新风量较少，在不影响乘客健康要求的前提下，减轻空调机组的制冷、制暖负荷，以免机组制冷和制暖能力配置过高。当 T_e 在 -19~-6 ℃ 或者 27~39 ℃ 时采用 2 级新风量，此时新风压力波阀的 A 阀关闭、B 阀打开，废排电动风阀开启到 50°。当 T_e 在 -5~26 ℃ 为 3 级新风量，此时新风压力波阀的 A 阀、B 阀全开，废排电动风阀全开到 90°，此时送往车厢内的新风量最大，舒适度更高。

⑦开、关车门配合。

空调风机高速运行时车内会产生较大正压。为了防止列车塞拉门无法正常关闭，通风机转为低速运行以降低车内正压。当空调控制器接收到 TCMS 发送的"关门"脉冲信号时，断开通风机高速接触器，延时 2 s 后合上通风机低速接触器；当空调控制器接收到 TCMS 发送的车门关闭到位信号或关门后 1 min 仍未接收到车门关闭到位信号(考虑门故障)时，通风机转为高速运行；当空调控制器接收到 TCMS 发送的开门信号时，空调系统迅速关闭废排压力波保护阀，以增大车内正压，提高开门的顺畅性，延时 5 s 后废排压力波保护阀按照正常的控制逻辑进行开关动作。

⑧空调系统的保护控制。

当空调系统以制冷模式运行时，若空调机组内两台通风机均不运行，则两台冷凝风机、两台压缩机均不允许启动；若空调机组冷凝风机不运行，则两台压缩机均不允许启动。当空调系统以制暖模式运行时，若空调机组内任何一台通风机不运行，则机组内电加热和风道电加热不允许启动。压缩机启动后，当发生低压压力开关或高压压力开关动作时，压缩机停机 2 min，并在软件中记录保护次数 1 次，如 2 min 后压力开关仍未恢复，则锁死故障，压缩机不能启动。如果 1 h 内发生超过 12 次压力开关动作，则锁死压缩机不再启动。

空调控制柜设置了通风机断路器、冷凝风机断路器、压缩机断路器、电加热断路器、紧急通风断路器及控制回路断路器，当空调系统某设备发生短路时，相应断路器流过较大的短路电流，断路器跳闸实现短路保护。柜内还设有三相电压监控继电器，监测空调控制柜输入电源，当电源发生过压、欠压、三相不平衡、相序错误时，三相监控继电器将电源故障信号反馈给空调控制器，由空调控制器断开接触器以保护空调机组相关设备。

3.3　空调风道系统

风道的作用是疏导空气。在送风系统中，利用风道可把空调机组处理好的空气输送到客车车厢内；在废排风道系统中，利用风道可把需要排除的污浊空气输送至车外。这种用以输送空气的管道可以用不同的材料制成，也可以有很多不同的构造和断面形式。风道设计的合理与否直接关系到车内气流组织分配、车内温度场和速度场的均匀性、空调机组送风机压头的选择以及车内噪声等。

3.3.1 风道设计的一般原则

风道是车辆空调系统的重要组成部分，风道设计的合理性直接关系到空气调节的效果、车内的静态噪声、送风的均匀性和乘客的舒适性。在设计中，空调通风方式、出风口送风形式、风道的材料、占用空间，风道的安装、布置和断面形式都会影响系统的经济性和车辆的美观，因此必须结合各种影响因素全面考虑，相互之间协调配合，其中最为重要的是合理地选择空气流速。

3.3.1.1 空调风道系统各部分风速的确定

车内噪声直接关系到乘坐的舒适性。停车时车内噪声主要来源于空调，而空调噪声源主要有四处，分别是空调机组通风机运转噪声、风道内空气流动的气动噪声、送风口喷流噪声和回风口吸风噪声。如果风道内流速大，那么断面小，占用车厢内部空间少，风道用材少，质量小。但由于风道内风速大，空气流动气动噪声大，同时气流阻力大，对通风机压力需求高，通风机运转噪声大，与此同时送、回风口风速也相应变大，导致车辆系统的噪声大。如果采用较小的风速，其效果正好相反。因此在空调风速的选取上必须兼顾舒适性、经济性和车辆空间结构合理取值。

由于空调系统车内部可用空间小，送、回风道短，送风口密，不便采用高效复杂消音装置，因此车辆空调系统通常采用低速送风，表3-2给出了车辆空调系统各部位风速控制上限值。

表3-2　车辆空调系统各部位风速控制上限值

部位	风速/(m·s⁻¹)	部位	风速/(m·s⁻¹)
主风道	8	新风口	2.5
回风道	5	送风口	3
支风道	5	回风口	3

3.3.1.2 风道材料

车辆空调风道材料应质量小、易加工成形、安装方便，并具有足够的强度、刚度、耐腐蚀性，长寿命。特别是风道中采用的非金属材料，要具备隔热隔声性能好、防火性能强、氧指数高、燃烧时散发的气体毒性小、烟密度和热容量低等特性。早期车辆空调主送风道一般是薄钢板包覆隔热棉，或者内外层为玻璃钢中间填充聚氨酯发泡材的三明治结构，见图3-38。后期采用铝合金板骨架外包隔热材或内贴吸音隔热材结构，见图3-39。现在多采用质量小、隔热性好的铝箔复合板制作，见图 3-40。空调机组出风口与主风道连接的过渡风道一般采用阻燃帆布或橡胶整体硫化制作，见图 3-41。引向卫生间、乘务员室、电气控制柜等需要空调的小隔间一般采用尼龙或塑料制作。由于对废排风道没有保温要求，可以选择质量小、易成形、强度和刚度合适的材料。

图 3-38　玻璃钢回风道

图 3-39　铝合支金风道

图 3-40　铝箔复合板送风道

图 3-41　帆布过渡风道

3.3.1.3　风道断面形式

车辆主送风道一般选用长方形或上部带圆弧的矩形断面，由于车内空间限制回风道通常采用较扁的长方形或异形断面，支风道较多采用圆形或异形断面。主风道的作用是将经过处理后的空气输送到车内。主风道的截面一般为矩形，有等截面风道和变截面风道之分。等截面风道结构简单，易于制作，但由于每段支分道的分流作用，主风道内流速逐渐减小，而主风道的延程阻力和分流局部阻力不足以平衡静压复得效应，因此如果不进行处理，那么在主风道向各支分道分流处的静压将不一致。为了实现使各支风道的出风量基本一致，通常是在每个支风道入口处的主风道内增加不同长度、角度的导流板、阻力板，改变各处的静压，以起到风量调节的作用。从主风道分流出来的空气先进入一个稳压平衡腔，然后从该腔进入支风道。等截面送风道和内部结构如图 3-42 所示，铁路客车中采用较多的是等截面静压风道。

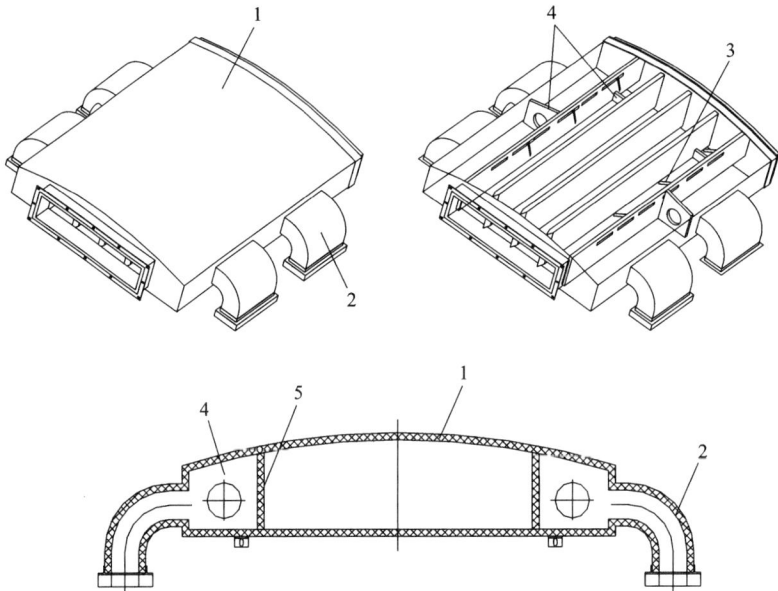

（a）风道形式（一）

1—主风道；2—支风道；3—导流板；4—阻力板；5—稳压平衡腔隔板。

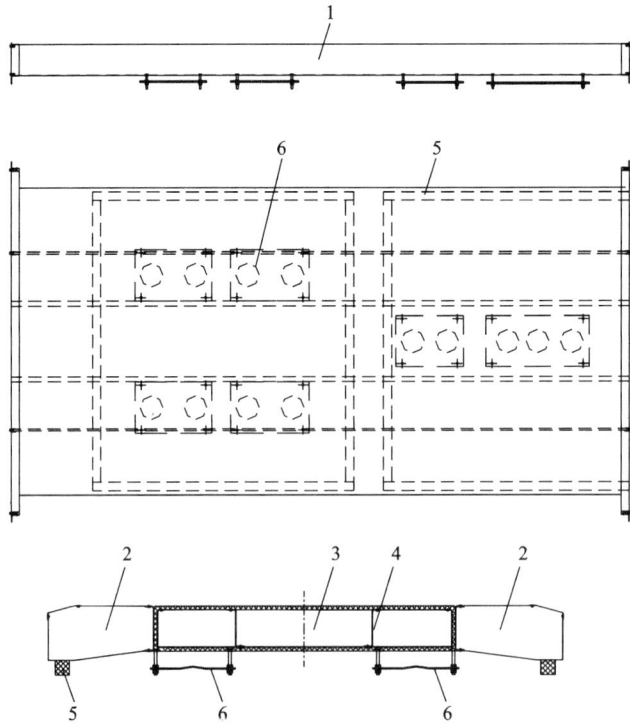

（b）风道形式（二）

1—主风道；2—回风腔；3—主风道腔；4—支撑梁；5—密封条；6—风量调节板。

图 3-42　等截面送风道和内部结构

　　主风道采用变截面形式可使风道内空气流速基本不变，对各支风道出风口处静压平衡有利，但通常仍须对部分出风口压力不平衡的地方增加阻力板，如图 3-43 所示。变截面风道结构和制造工艺复杂，在早期的实际应用中送风均匀性不太理想，因此现在新造铁路客车中一般不采用。

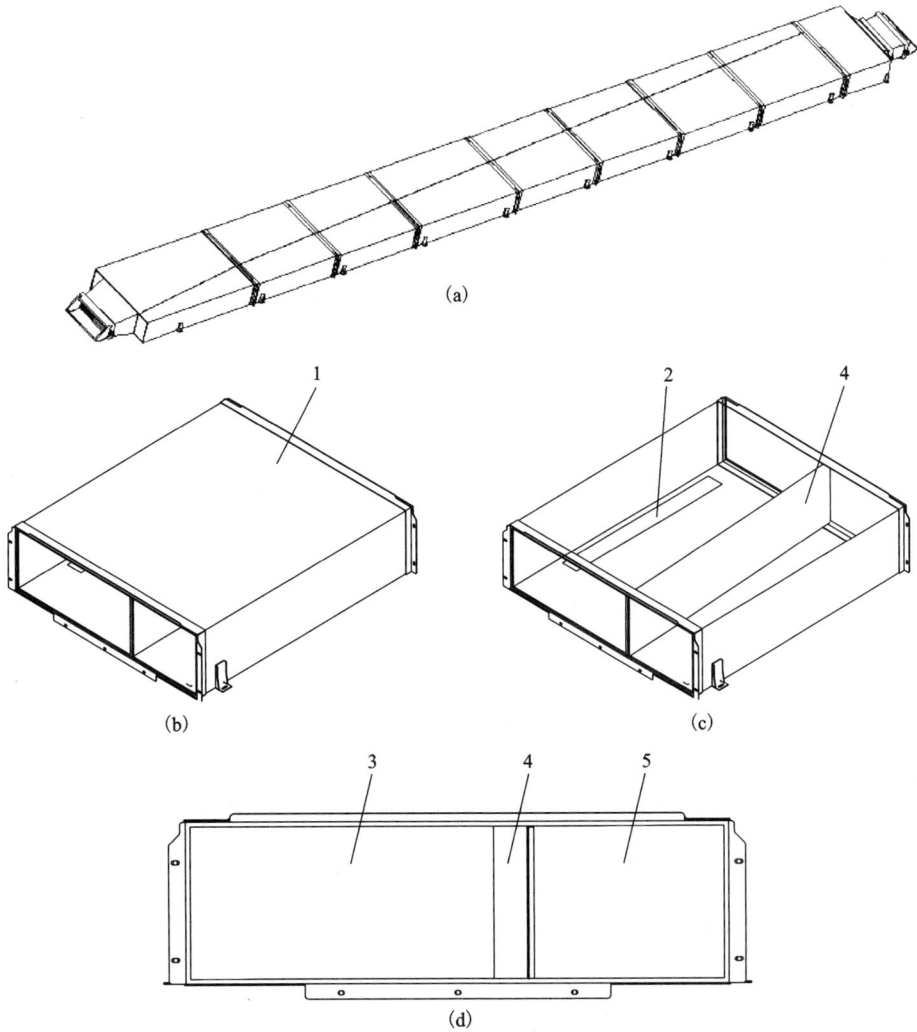

1—主风道；2—出风口；3—主风道腔(一)；4—隔板；5—主风道腔(二)。

图 3-43　变截面风道断面

第4章

城市轨道车辆空调系统

城市轨道车辆已逐渐成为我国大、中城市的重要公共交通工具,主要运行在市区内和城市近郊,运行环境有地下隧道、高架桥以及地面轨道线路。

城市轨道车辆的制式多样,但车辆空调系统的相似度较高。第3章已对干线铁路空调机组及其关键技术、空调系统控制原理和车厢气流组织等进行了介绍。本章以最能体现城市轨道交通特点的地铁车辆为代表,重点介绍地铁车辆的空调系统布置、空调机组及其控制原理和车厢气流组织。对于与干线铁路相同、相似的技术从略,对两者差异大的部分着重进行阐述。其他类型的城市轨道交通车辆空调系统可参照地铁。

4.1 地铁车辆空调系统布置

地铁车辆空调系统具备制冷与采暖、新风供应与废气排放、气流输送与分配、空气过滤、紧急通风等功能,以使客室内达到乘客和工作人员舒适的气候环境。地铁车辆空调系统主要包括空调机组、风道、废排装置、排水装置、采暖装置、空调控制装置、司机室空调装置等设备,见图4-1和图4-2。

4.1.1 空调机组布置

地铁车辆空调机组通常只采用单元式结构,按使用场景可分为司机室空调机组和客室空调机组。司机室空调机组安装在司机室的顶部或靠近司机室的车辆顶部,仅给司机室提供空调;客室空调机组给客室车厢提供空调,安装在车顶的1/4、3/4处或车辆两端部,较少安装在车辆的中部。如果司机室不设独立空调机组,则可从靠近司机室的客室空调机组抽取一部分空调空气到司机室。

4.1.1.1 客室空调机组

每辆地铁车厢配置两台客室空调机组,每台空调机组各负担车辆一半的冷负荷或热负荷。客室空调机组主要有平台式、跨坐式和嵌入式这3种安装方式。

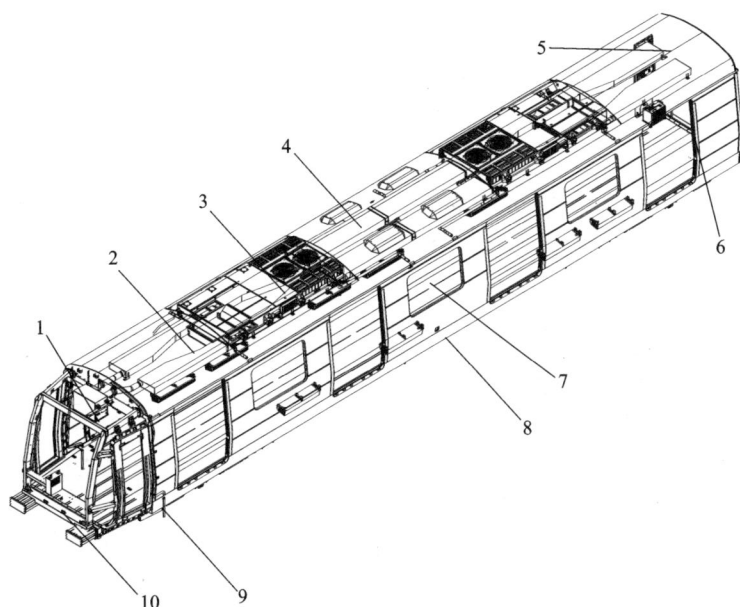

1—司机室空调装置；2—送风道；3—客室空调机组；4—废排装置；5—空调控制装置；6—紧急通风逆变器；
7—温度传感器；8—客室及司机室采暖装置；9—排水装置；10—司机室采暖装置。

图 4-1　司机室车辆空调系统组成

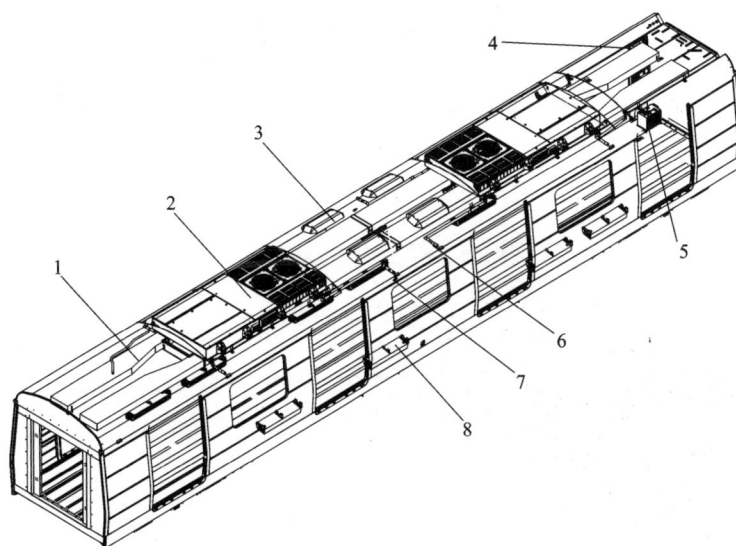

1—送风道；2—空调机组；3—废排装置；4—空调控制装置；5—紧急通风逆变器；
6—排水装置；7—温度传感器；8—客室采暖装置。

图 4-2　中间车空调系统组成

（1）平台式空调机组安装

平台式空调机组安装在专用空调井平台内，如图 4-3 所示。根据空调机组送风口、回风口与车体接口位置不同可分为端送端回式、端送下回式和下送下回式。端送端回式机组

的送风口和回风口在空调机组一端(机组安装在车辆端部时)或两端(机组安装在车顶
1/4 和 3/4 处时),下送下回式空调机组的送风口和回风口均在空调机组的下部。空调机
组与车体的边梁通过减振器连接,以降低机组工作时的振动传递到车体。机组送、回风口
四周设有密封条,直接压接在车体的进、回风口周边,起到密封作用。端送端回式的特点
是送风压头损失小,送风口处涡旋气流少,气流噪声小,但车体结构复杂,机组成本高。

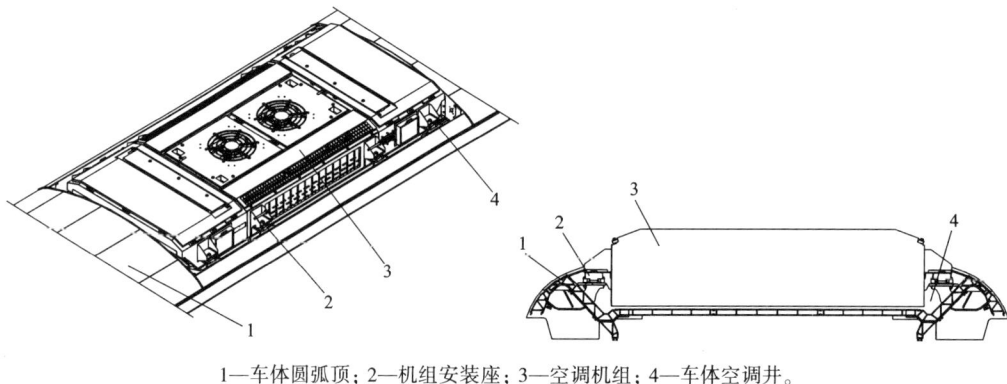

1—车体圆弧顶;2—机组安装座;3—空调机组;4—车体空调井。

图 4-3　平台式空调机组布置

(2)跨坐式空调机组安装

跨坐式空调机组安装是车体不设空调井,只在车体的圆弧顶上开进、回风口,空调机
组直接安装在车体圆弧顶上的一种方式,如图 4-4 所示。此类机组只能采用下送下回式,
空调机组与车体圆弧顶通过减振器连接。空调机组送、回风口周边的密封条直接压接在圆
弧顶上形成密封结构。此种安装方式的特点是车体结构简单、安装方便、机组成本低,但
送风压头损失大,送风口处易产生较多的涡旋气流,易产生气流噪声。

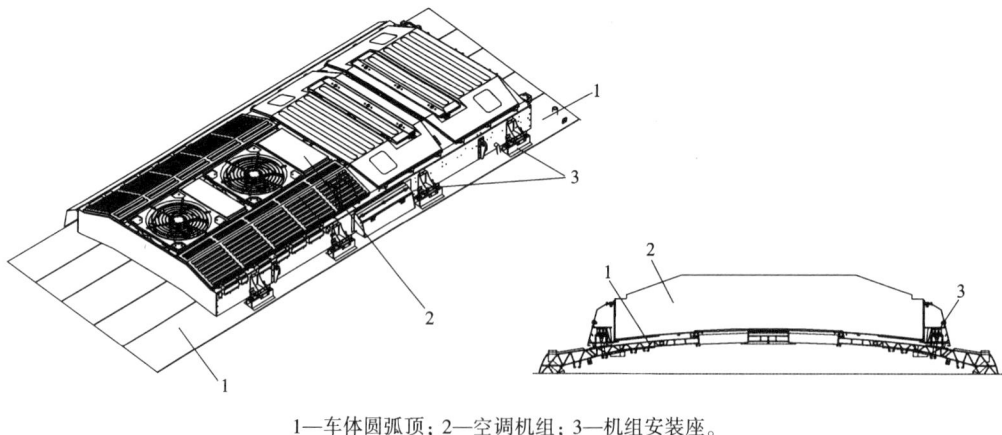

1—车体圆弧顶;2—空调机组;3—机组安装座。

图 4-4　跨坐式空调机组布置

(3)嵌入式空调机组安装

嵌入式空调机组沉入车顶空调井内,机组采用前送下回式,空调机组的四周边通过密封

条与车体空调井进行压接，空调机组上表面与车体圆弧顶平齐，如图 4-5 所示。此结构避免机组凸出车体，减小列车运行时的风阻，机组送风压头损失小，送风口处不易产生涡旋气流，但安装工艺复杂，对机组与车体接触面的密封性能要求高，空调机组的噪声易传递到客室内。

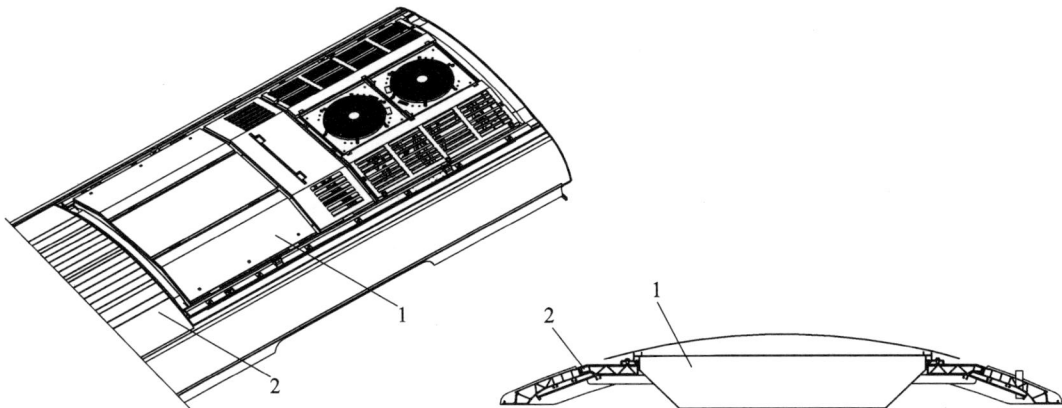

1—空调机组；2—车体圆弧顶。

图 4-5　嵌入式空调机组布置

4.1.1.2　司机室空调机组

司机室空调机组采用单元式结构，根据其送回风方式分为前送前回式和下送下回式空调机组，如图 4-6 所示。

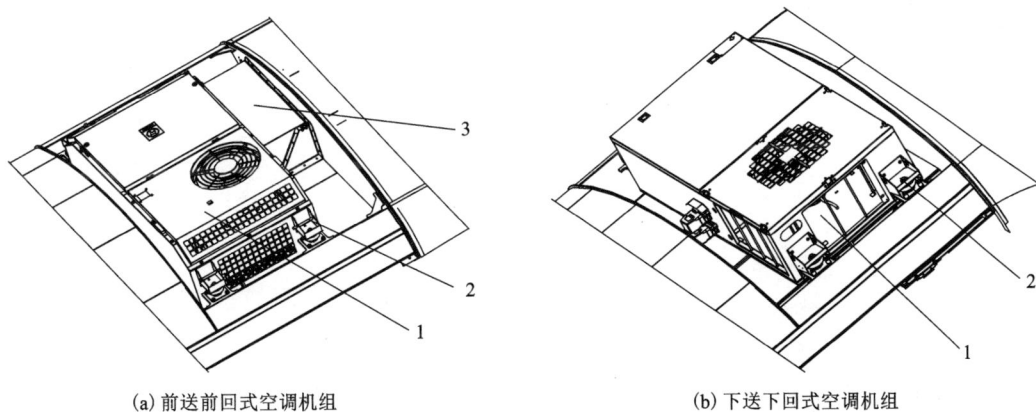

(a) 前送前回式空调机组　　　　　　　　　(b) 下送下回式空调机组

1—空调机组；2—机组安装座；3—空调机组送风口。

图 4-6　司机室空调机组布置

4.1.2　送风道和回风道布置

4.1.2.1　送风道布置

地铁车辆送风道分为主送风道和支送风道。

（1）主送风道安装

主送风道一般安装于车内平顶板上方，沿客室纵向布置，如图4-7所示。风道固定方式有两种，一种是固定在车辆内装结构的纵向梁或横向梁上，另一种是通过吊铁固定在车体内顶的C型槽上。端送端回式机组出风口与车体进风道相连接，车内主送风道的进风端口与车体进风道水平连接；下送下回式机组的送风口与车体进风道相连接，车内主送风道的进风端口与车体进风道垂直连接。

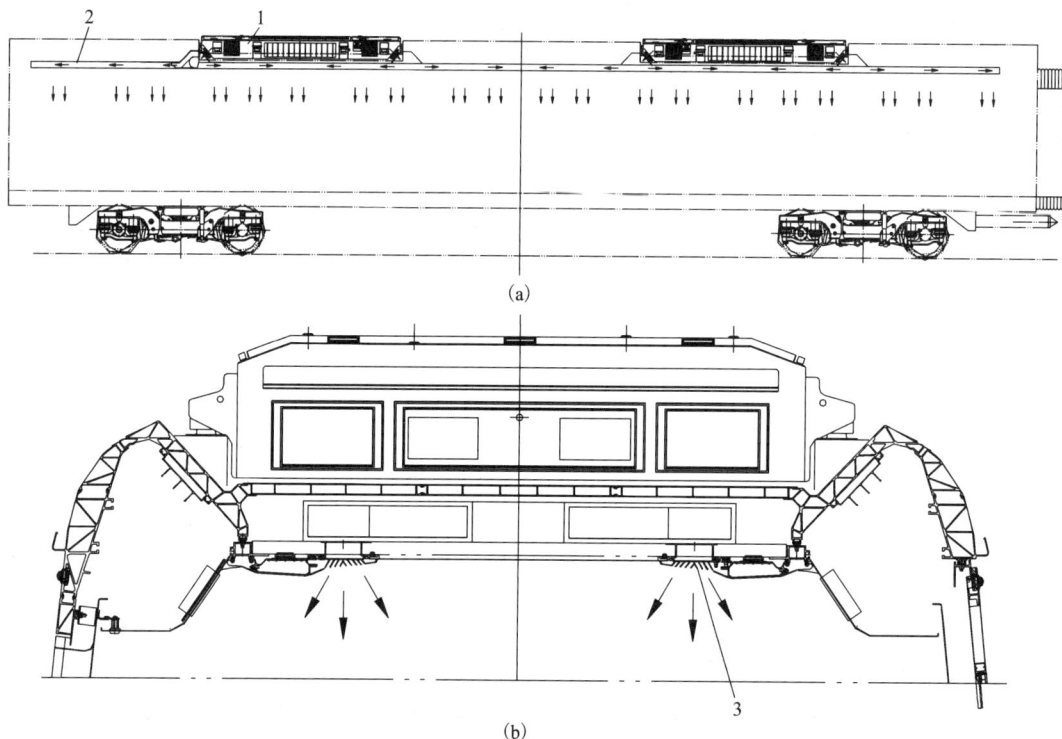

(a)

(b)

1—空调机组；2—送风道；3—送风散流器。

图 4-7　客室送风道

（2）支送风道安装

支送风道常用于对局部区域的空调或设备降温，如电气柜、司机室、贯通道等。支送风道一般采用圆形金属波纹软管制作，将主送风道内的空调空气引到相应送风装置。支风道布置如图4-8所示。

4.1.2.2　回风道布置

回风系统包括回风格栅、回风道、回风调节阀、回风滤网等，如图4-9所示。地铁车辆回风

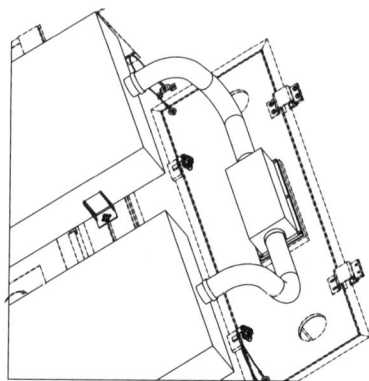

图 4-8　支送风道布置

有集中回风和散回风，车厢内的部分空气经过车内回风通道，由空调机组回风口返回到机组内，经过处理再次循环，充分利用回风可以有效降低空调总负荷，提高能源利用率。合理设计风口尺寸，通常应将回风口处风速度控制在 3 m/s 以下，回风气流速度不宜过大，否则易激起回气噪声。回风滤网设置在空调机组内，采用无纺布过滤等级不低于欧洲标准《一般通风用空气过滤器过滤性能的测定》(EN779)中要求的 G3 等级。

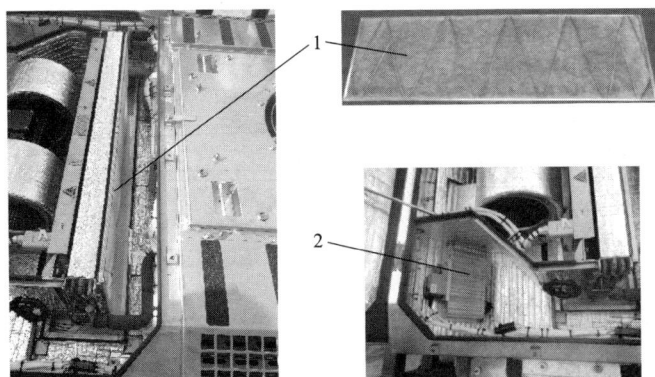

1—回风滤网；2—回风调节阀。

图 4-9　空调回风道部件

(1)集中回风

集中回风是通过回风道将循环空气集中收集后引入机组回风口的一种回风方式。集中回风通道须在车厢内顶板上设置回风格栅和回风滤网，参见图 4-10。集中回风阻力小，回风效果好。但由于需要在车内设回风格栅，对车内装饰有一定的影响。同时回风格栅与机组回风口直通，易将空调机组工作时的噪声传入车内。

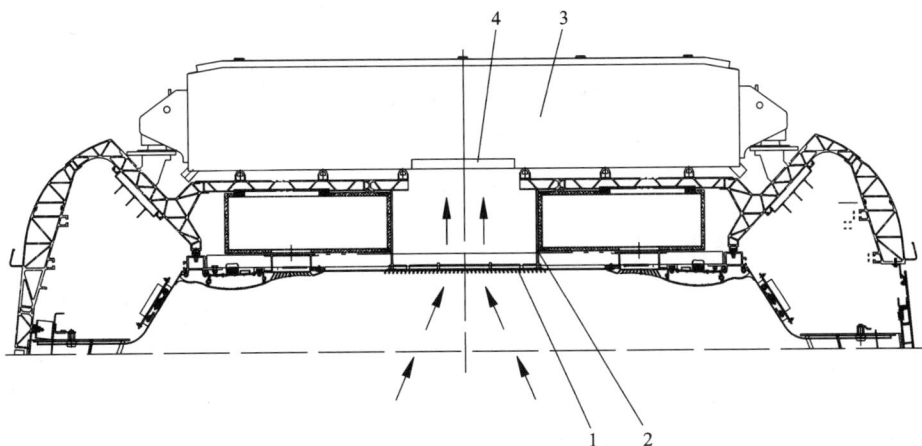

1—回风格栅；2—回风道；3—空调机组；4—回风调节阀。

图 4-10　集中回风通道

（2）散回风

散回风不设置专用的回风道，循环空气以侧顶板和侧墙板之间的预留条缝作为回风口，通过车内顶板上部的空腔回到空调机组的回风方式，如图4-11所示。散回风效果偏差，不同部位的条缝回风口风量差异大，在离机组较远的区域容易形成回风"死区"。其优点是车内无可见回风格栅，车内装饰效果好，制造成本低，另外车内顶板起到与空调机组回风口隔离的作用，可以降低机组工作噪声的传入。

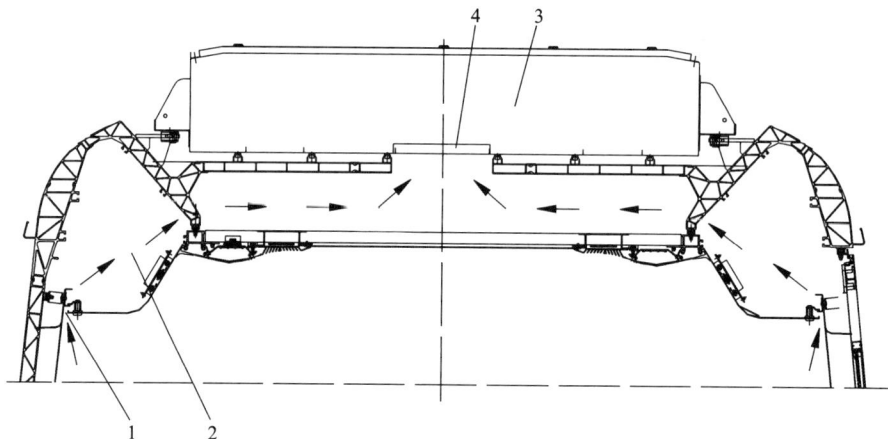

1—条缝回风口；2—回风空腔；3—空调机组；4—回风调节阀。

图4-11 散回风通道

4.1.3 废排装置布置

废排装置是空调系统的一个重要组成部分，通过废排装置持续将客室内废气排出车外，使机组从车外吸入的新鲜空气量和排出车外的废气量达到动态平衡，并且使车内正压维持在30~50 Pa。若废排装置排气通道过小，不仅会导致客室内正压过高，机组吸入新鲜空气量不足，还会引起车门关闭困难；若废排装置排气通道过大，客室形不成一定的正压，则可能导致车外未经处理的空气从缝隙渗入客室内。此外废排装置设计和安装时还须考虑其密封性能，防止车外雨水或灰尘杂质进入客室。

地铁车辆废排装置主要有自然被动式废排装置和机械主动式废排装置。

4.1.3.1 自然被动式废排装置

时速120 km以下的地铁车辆一般采用自然被动式废排装置，通过车内外气压差的作用，将车内废气排出车外。自然被动式废排装置中设有自由活动叶片，叶片的重力和作用在叶片上的气体压差会使叶片达到一个动态平衡点，此时叶片形成一定开度，实现排风量的自动调整。自然被动式废排装置主要有顶排式和侧排式两种，如图4-12和图4-13所示。

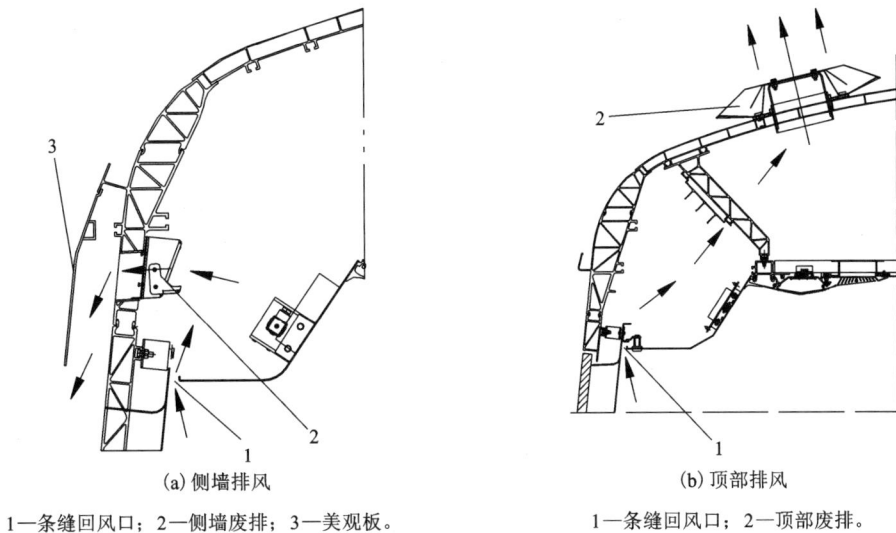

（a）侧墙排风

1—条缝回风口；2—侧墙废排；3—美观板。

（b）顶部排风

1—条缝回风口；2—顶部废排。

图 4-12　自然被动式废排装置排风方式

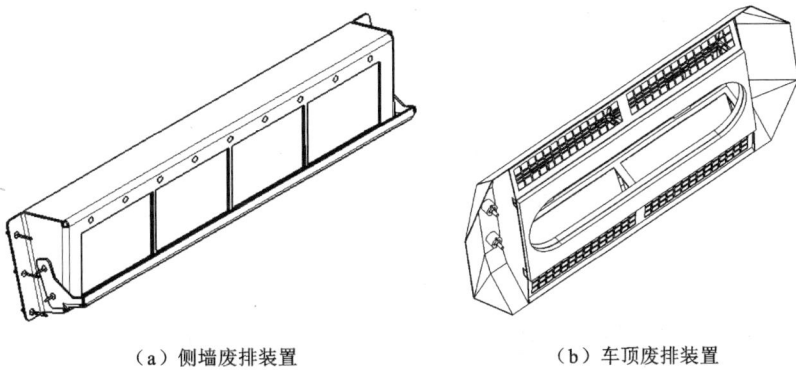

（a）侧墙废排装置

（b）车顶废排装置

图 4-13　自然被动式废排装置

4.1.3.2　机械主动式废排装置

时速 120 km 及以上或有气密性要求的车辆应采用机械主动式废排装置，有集成式和单元式两种结构形式。集成式是将废排装置作为一个单元集成在空调机组内部，如图 4-14 所示；单元式独立于空调机组，由风机、电动风阀、逆变器等组成，如图 4-15 所示。机械主动式废排装置有正常、紧急通风和关闭三种工作模式，在正常工作模式下，废排装置风阀的开度与空调机组新风阀的动作相匹配，保证客室新风总量、维持车内正压；在紧急通风时，废排风阀和空调机组新风阀全开，客室内全新风运行。当车辆通过隧道入口或者隧道内区间风井时，车外气压会发生剧烈波动，为避免影响客室内乘坐舒适性，必须切断车内外空气的交换通道，这时废排装置转换为关闭模式。触发关闭模式有两种方式，一种方式是列车控制网络(TCMS)系统从车载信号系统中获得列车位置信息，然后向空调机组发送压力保护指令，提前关闭新风阀和废排风阀；另一种方式是在列车头部设置压力波监测装置，一旦监测到车内外压力差值超出设定门槛值时立即向空调机组发出指令，关闭新风阀和废排风阀，从而抑制车外压力波动传递至客室内部。

机械主动式废排装置的技术参数见表 4-1。

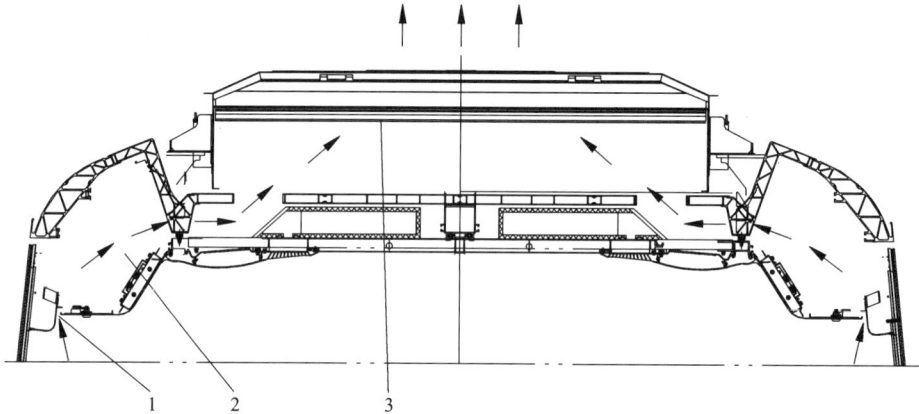

1—条缝回风口；2—回风空腔；3—废排装置。

图 4-14　机械主动式废排装置排风方式

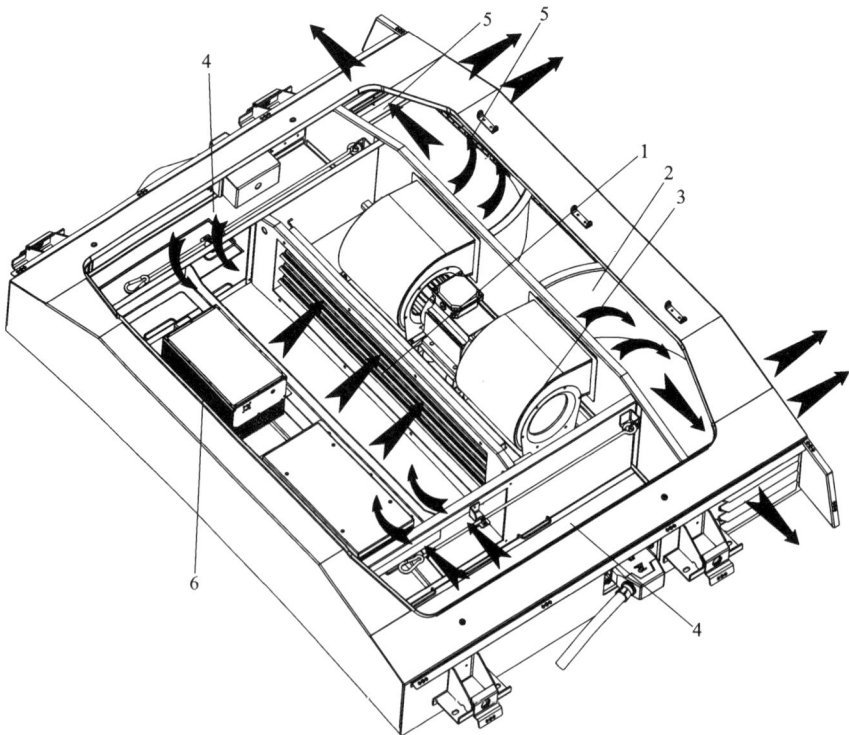

1—电动风阀；2—导流板；3—风机；4—进风口；5—出风口；6—逆变器。

图 4-15　机械主动式废排装置

表 4-1　机械主动式废排装置的主要技术参数

参数	性能指标	备注
外观表面	不锈钢本色	—
中压电路	三相-AC400V±5%, 50 Hz±1 Hz	—
低压电路	DC110 V, 波动范围 77~137.5 V	—
机外静压/Pa	约 50 Pa(根据通风试验结果可调整)	0~+20 Pa
风量/(m³·h⁻¹)	2600/3200(与空调机组新风匹配)	0%~20%
紧急通风量/(m³·h⁻¹)	3200/4000(A/B 型车)	不低于
声压级噪声/dB(A)	72	不高于
质量/kg	≤150	单元式
外形尺寸(长×宽×高)/(mm×mm×mm)	1400×1600×346	单元式

4.1.4　排水装置布置

地铁车辆排水包括雨水和空调机组冷凝水的排放。

4.1.4.1　雨水排放

一般情况下,地铁车辆车体两侧都设置有雨檐,空调井内的雨水流入集水沟槽,然后通过集水沟槽底部的水管引到雨檐内,雨水沿着雨檐通过车体两端的排水型腔或车内排水管(司机室端)靠重力排到车下,排水如图 4-16 所示。

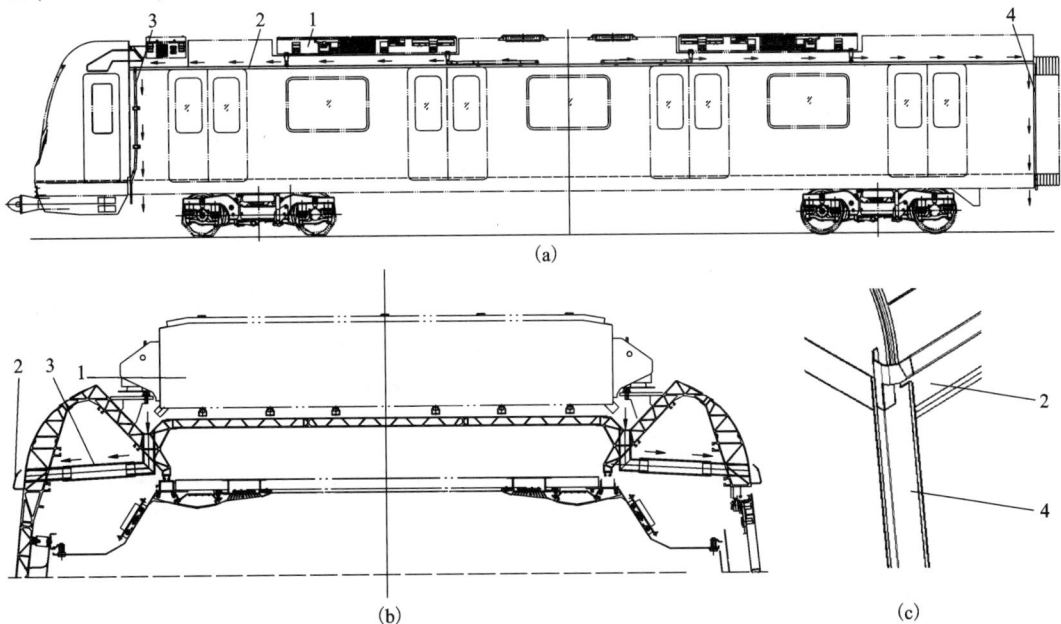

1—空调机组；2—车体雨檐；3—排水管；4—车端排水型腔。

图 4-16　通过车体两侧雨檐的雨水排放

当车门采用密闭外挂门、外挂移门结构时，车体雨檐高度位置偏高，空调井集水沟槽与车体雨檐的高度差缩小，空调井的雨水不能依靠重力直接引到雨檐。需要在车内设置雨水排水管，将空调井集水沟槽内的雨水通过排水管就近引到车下进行排放，如图4-17所示。

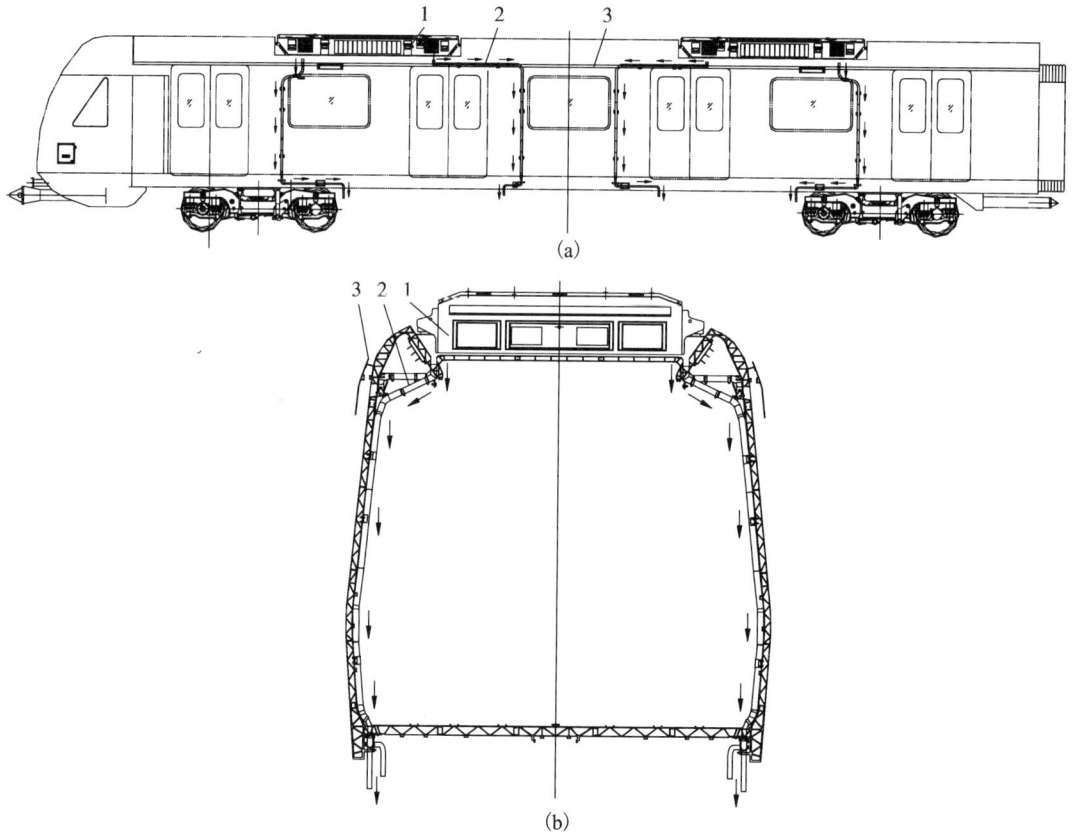

(a)

(b)

1—空调机组；2—排水管；3—车体雨檐。

图4-17　通过车内雨水管的雨水排放

4.1.4.2　冷凝水排放

空调机组制冷时，蒸发器翅片表面温度一般在7 ℃左右，低于混合空气的露点温度，混合空气流过蒸发器时，多余的水蒸气将以冷凝水的方式从中析出。从蒸发器翅片间析出的冷凝水滴落到蒸发器下部的集水盘中。盘中的冷凝水必须及时顺利排出机组，以免冷凝水通过送风机从送风口吹入车内，或者从集水盘溢出后由回风口流入车内。

时速120 km以下且无气密性要求的地铁车辆空调机组冷凝水通过机组底板的排水孔或者集中排水管直接散排在空调井内，此后冷凝水的排放与雨水合为同一路径排出。时速120 km及以上或有气密性要求的车辆，需要设置独立的冷凝水排水管，并与集水盘排水管相连。空调机组冷凝水集水盘位于空调通风机的后端，处于负压区，为确保冷凝水顺利排放，须在排水管出口处设置水封，水封形式多种多样，只须达到目的即可。有一种鸭嘴形水封，结构简单，材料为硅胶质。其工作原理如下：在正常情况下，水封出口处于闭合状态，保证了空调机组一定的气密性，当排水管中的冷凝水柱达到一定高度，冷凝水依靠重力冲破水封出口，冷凝水排出后再次回复到闭合状态，如此断续往复。设置水封的冷凝水排放如图 4-18 所示。

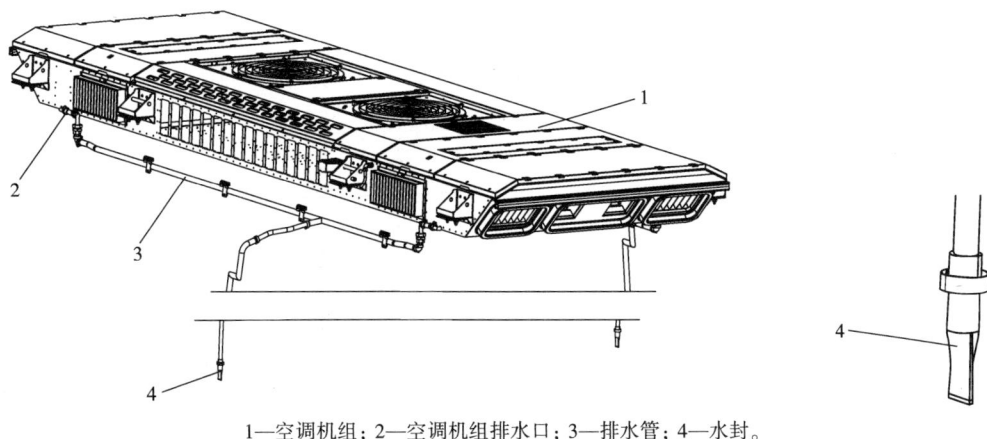

1—空调机组；2—空调机组排水口；3—排水管；4—水封。

图 4-18　冷凝水排放

4.1.5　客室温度传感器布置

空调机组在自动模式下根据客室温度控制机组的运行，为保证采样点的温度能正确反映客室温度，一般情况下，每辆车会设置 4 个温度传感器进行采样，2 个斜对称布置在客室侧圆弧顶板上面(客室内温度传感器布置如图 4-19 所示)，2 个集成在空调机组回风口处。客室温度取值为：客室 2 个温度传感器算术平均值×50%+2 台空调机组内回风口温度传感器算术平均值×50%(加权值比例可通过软件调整)。温度传感器安装如图 4-20 所示。

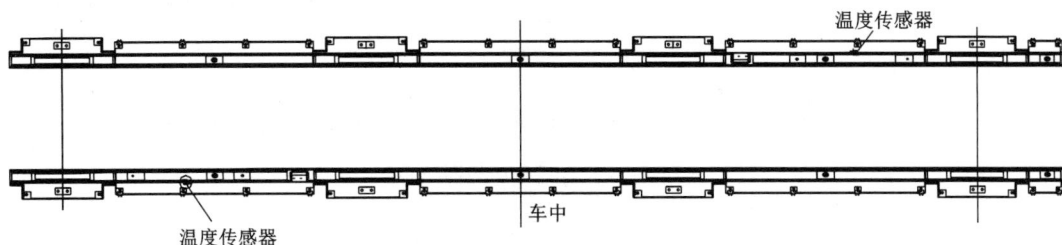

图 4-19　客室内温度传感器布置

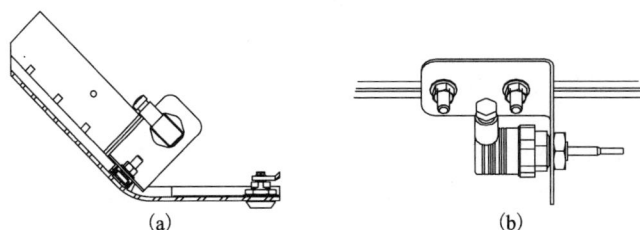

(a)　　　　　　　　　　　(b)

图 4-20　温度传感器安装

4.1.6　采暖装置布置

冬季客室内热负荷主要是新风冷负荷和车体热传导损失负荷两部分。为了平衡冬季车内热负荷，一般在空调机组内部设置电加热器(或热泵加热)、司机室内设置足部加热器、通风单元内设置电加热器、客室内设置电加热器。

客室电加热器通常安装在客室座椅下部，采用管式电加热器，如图4-21所示，通过车内空气自然对流散发热量，用于弥补空调机组加热负荷不足。常用的采暖功率规格有250 W和630 W。

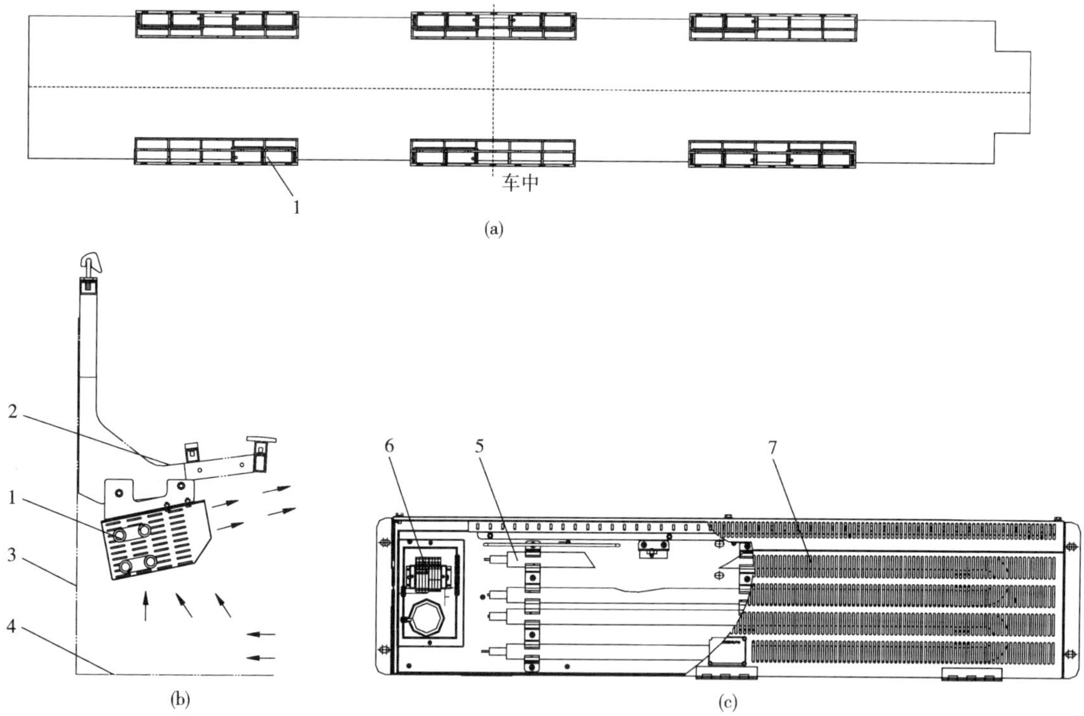

1—客室电加热器；2—座椅；3—侧墙板；4—地板布；5—电热管；6—接线盒；7—罩板。

图4-21　客室电加热器布置

司机室驾驶台下部设置一套管式足部加热器，电热管内电阻丝发热产生热量，通过离心风机强迫空气对流散发热量，提高司机室温度，如图4-22所示。

4.1.7　司机室空调系统布置

司机室的空调可以采取两种方式，一种方式是配置司机室空调机组，独立地为司机室提供空调通风；另一种方式是司机室配置通风单元，将靠近司机室一侧的客室空调机组的部分空调空气通过离心风机抽入司机室中。

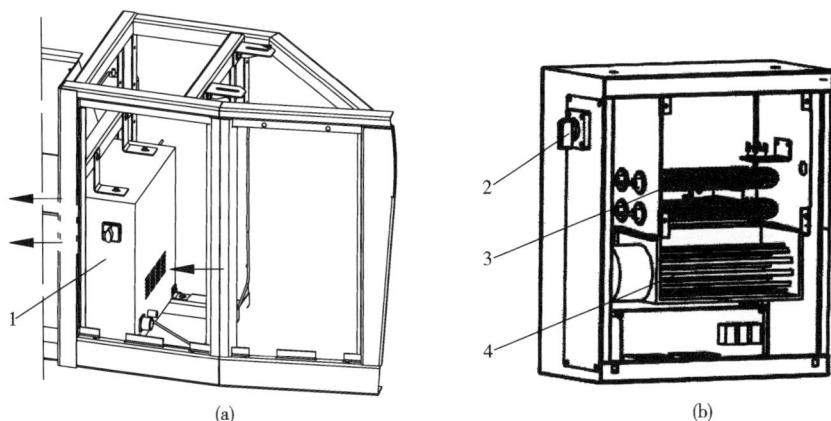

1—足部加热器；2—控制旋钮开关；3—电热管；4—风机。

图 4-22　司机室足部加热器布置

4.1.7.1　司机室空调机组

　　司机室空调系统包括司机室空调机组、司机室送回风道、司机室送风口和司机室回风口、回风格栅等。新风和回风混合后通过司机室空调机组处理送入送风道，再经送风口送入司机室，司机室的一部分空气作为回风回到机组内再次循环，另一部分通过司机室隔门上的通风格栅回到客室，由客室废排装置作为废气排出车外，如图 4-23 所示。

　　为了提高司机室工作人员的舒适性，采用风量大小可调、送风方向可调的送风口，常用的几款送风口如图 4-24 所示，其中图 4-24(a)为铝合金送风口，图 4-24(b)~(d)为塑料调节风口。

4.1.7.2　司机室通风单元

　　司机室通风单元布置如图 4-25 所示，通过通风单元离心风机作用，从客室主风道内吸入空调空气，对司机室进行空调、增压和换气。通风单元壳体采用不锈钢或铝合金焊接，外表面粘贴保温材料；在出风面板上设置多个出风口，出风气流方向、大小可调。其主要技术参数见表 4-2。

表 4-2　通风单元主要技术参数

参数	取值
送风量/($m^3 \cdot h^{-1}$)	3 挡：500、250、0
新风量/($m^3 \cdot h^{-1}$)	≥30
紧急通风量/($m^3 \cdot h^{-1}$)	≥60(新风)
质量/kg	≤50
制热量/kW	2
外形尺寸(长×宽×高)/(mm×mm×mm)	666×380×452
主回路输入电压	3P-380 V±5%　50 Hz±1%

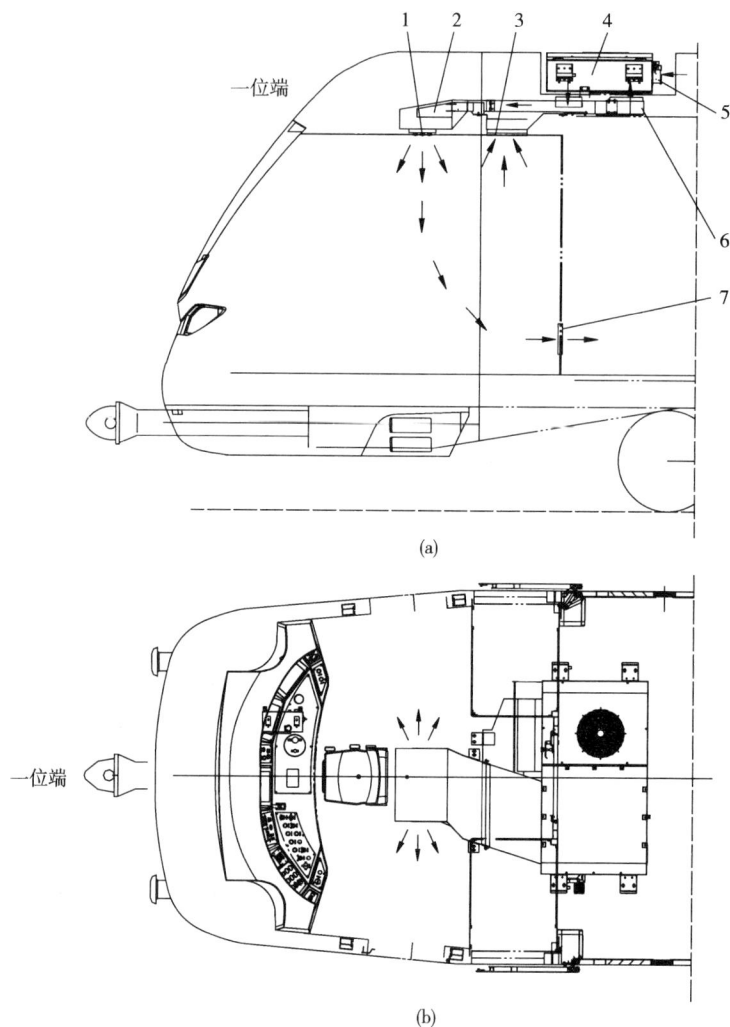

(a)

(b)

1—送风口；2—司机室送风道；3—回风口；4—司机室空调机组；5—新风口；6—司机室回风道；7—废排格栅。

图4-23　司机室空调系统

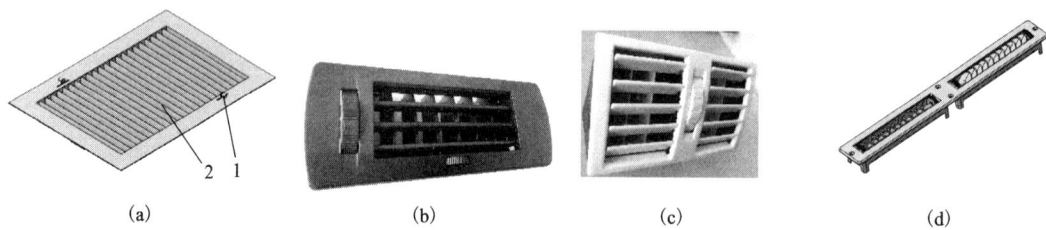

(a) (b) (c) (d)

1—调节手柄；2—叶片。

图4-24　司机室送风口

　　司机室通风单元主要由壳体、风机、调节旋钮(含功能选择开关、风速选择开关)、可调风口、进风口、电加热器(选配)等部件组成,如图4-26所示。

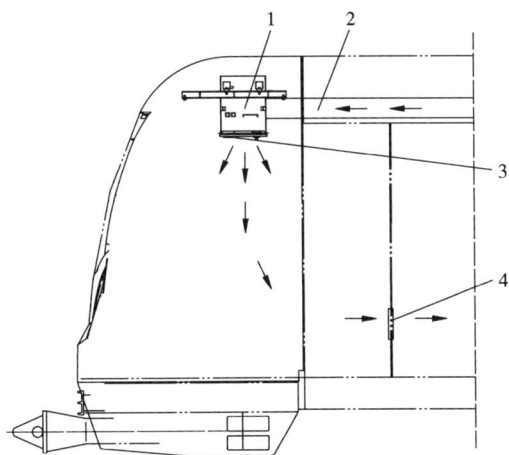

1—通风单元;2—送风道;3—风口;4—回风格栅。

图 4-25　司机室通风单元布置

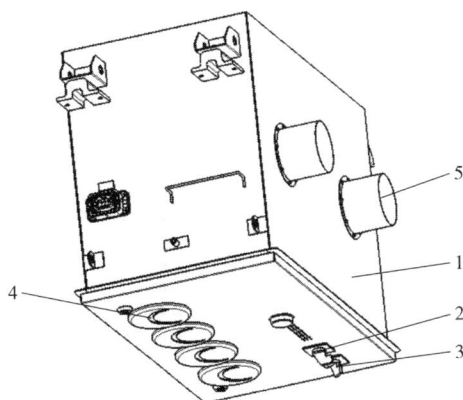

1—壳体;2—功能选择开关;3—风速选择开关;
4—可调风口;5—进风口。

图 4-26　司机室通风单元

4.1.8　空调控制盘布置

　　地铁车辆客室空调和司机室空调有各自独立的控制盘。司机室空调控制盘一般设置在司机室内右侧控制柜内,如图4-27所示。客室空调控制盘一般设置在车辆二位端右侧空调柜内,一套客室空调控制盘控制本辆车的两台空调机组,如图4-28所示。

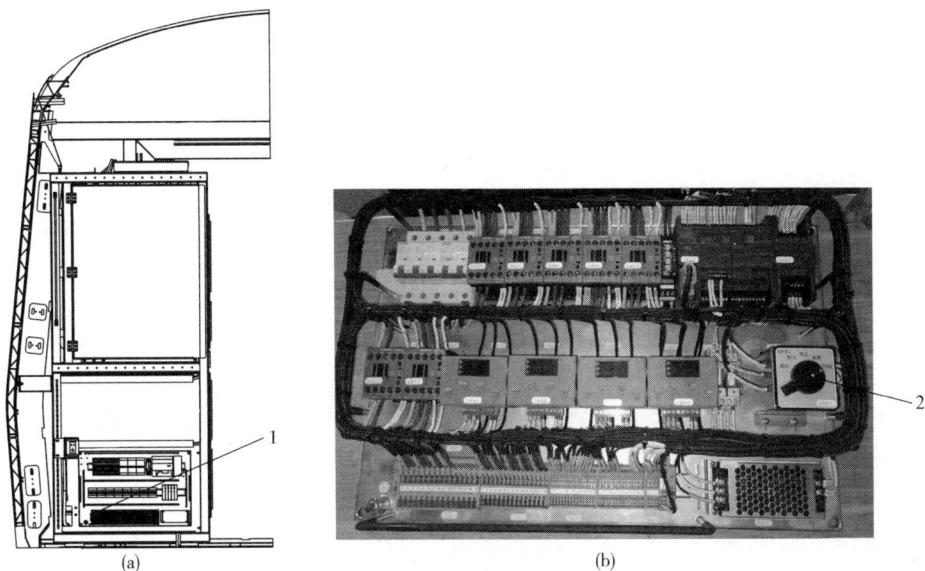

(a)　　　　　　　　　　　　(b)

1—司机室空调控制盘;2—控制旋钮开关。

图 4-27　司机室空调控制盘布置

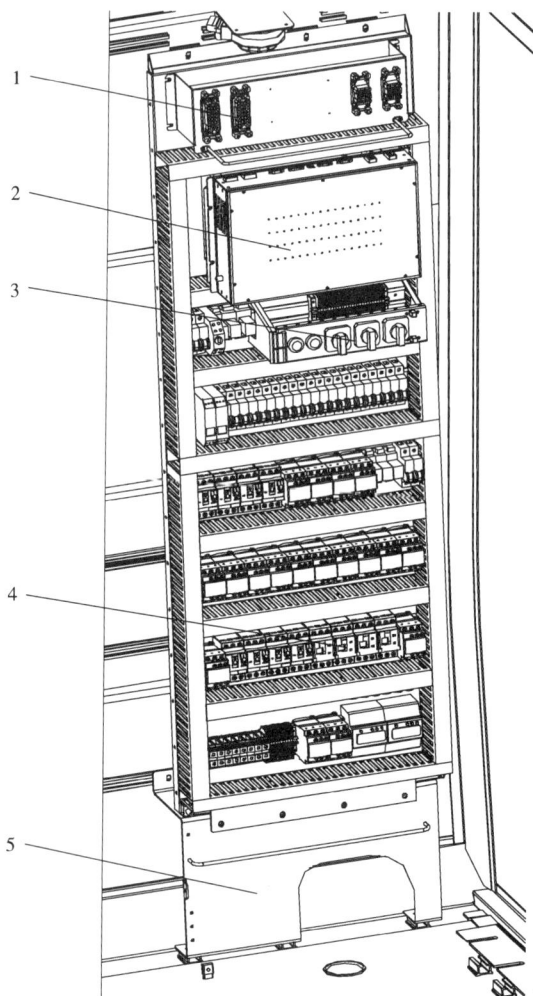

1—连接器；2—微机控制器；3—选择开关；4—断路器；5—安装支架。

图 4-28　客室空调控制盘布置

4.1.9　紧急通风逆变器布置

地铁车辆通常长时间在地下运行，车辆一般不设活动窗。车内人员聚集度高，若空调主电源无法给机组供电，则新风不能进入车内，那么乘客在相对密闭的车厢内，二氧化碳含量会快速升高。为此，地铁空调系统必须具备紧急通风功能，当空调机组失去主电源时，空调系统须自动转为由紧急通风逆变器供电的紧急通风模式。紧急通风逆变器一般设置在车辆二位端空调控制柜内或集成于空调机组内部，见图 4-29。紧急通风逆变器将车载直流 DC110 V 蓄电池电源逆变成三相 AC220 V/35 Hz(可调)交流电，供空调通风机使用(空调压缩机、冷凝风机不工作)，此时新风阀全开、回风阀关闭，空调机送出 100%的新风。在紧急通风运行中，如果主电源恢复正常，那么系统自动转入正常工作状态，紧急通风与正常通风之间互锁。

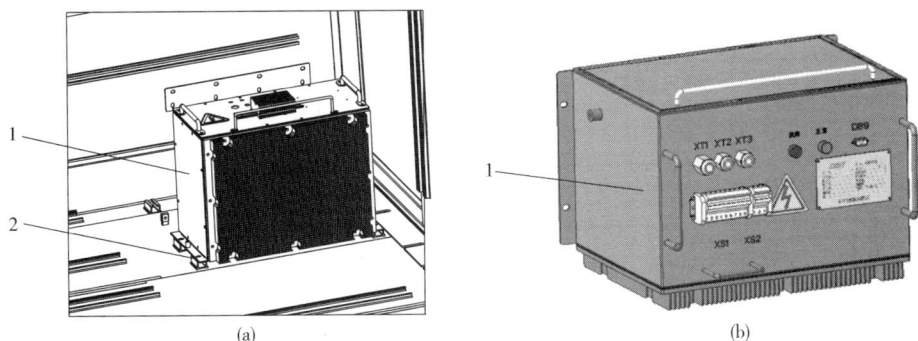

1—紧急通风逆变器；2—安装座。

图 4-29 紧急通风逆变器布置

4.1.10 空调控制屏布置

地铁车辆不设独立的空调集中控制屏，而是集成在列车控制网络系统(TCMS)的司机室显示单元(DDU)中，如图 4-30 所示。当单车空调控制盘模式选择开关处于"集控"位时，可以在 DDU 的空调界面上选择整列车的空调运行模式、设定目标温度和显示机组运行状态。

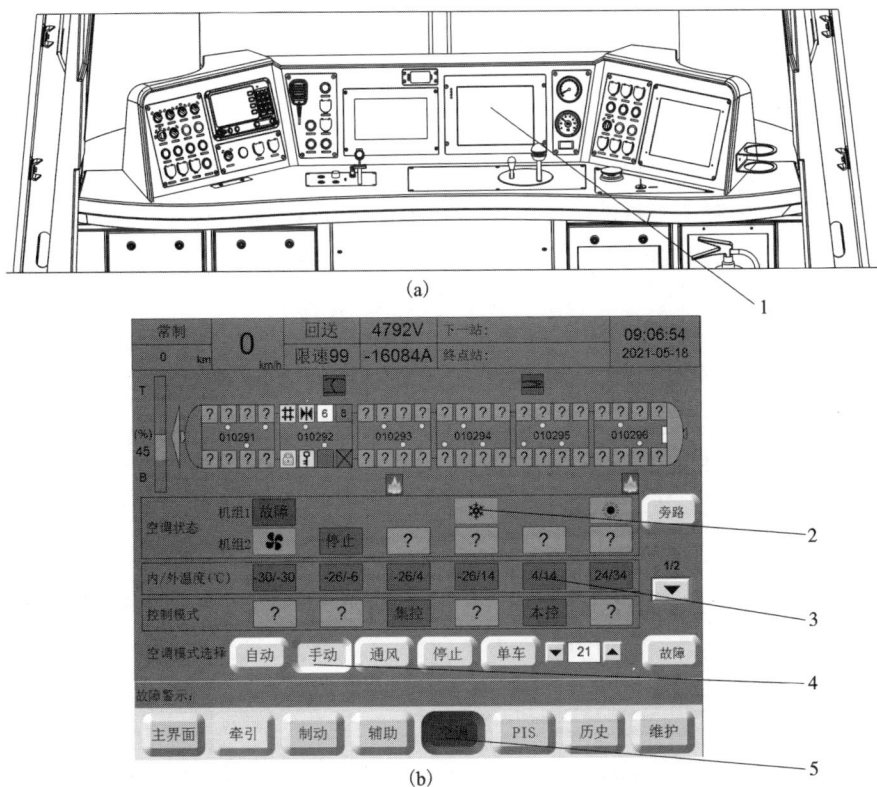

1—空调控制屏；2—空调机组状态；3—室内外温度；4—控制模式；5—空调模式选择。

图 4-30 空调控制屏布置

4.2　地铁车辆空调机组

地铁车辆一般是按城市确定线路定制化设计制造的，在全生命周期内都固定在一个特定的城市或区域运行，气象条件稳定，仅随季节变化而变化。因此，地铁车辆除沿用传统的定频单冷型、定频单冷带新风电预热型空调机组外，变频空调、热泵型空调和变频热泵型空调机组也逐年增多。第3章对干线铁路车辆定频单冷式、定频单冷带新风电预热式空调机组做了详细介绍。地铁车辆定频空调机组、定频单冷带新风电预热机组与干线铁路车辆空调工作原理相似，主要是制冷量、制热量、新风量、机组外形和安装结构等方面有所不同。本节主要介绍地铁车辆空调的技术参数和外形结构，重点介绍地铁车辆用热泵型空调机组工作原理、在变频空调和热泵空调中使用而定频空调未用到的关键部件，对于与定频空调相同、相似的部件从略，可参看第3章。

4.2.1　空调机组技术参数

4.2.1.1　客室空调机组

我国将地铁分为 A 和 B 两种车型。早期不同地铁车辆用空调机组的外形、冷量、新风量差异较大，现在全国进行了普系化统型，将空调机组按制冷能力分为 29 kW、37 kW、40 kW 和 44 kW 四个等级。根据车辆运营的城市气象条件、车型、定员人数等因素选择空调机组的制冷等级，根据车体结构确定空调送回风方式。一般 A 型地铁车采用 40 kW 和 44 kW 两个制冷等级；B 型地铁车北方城市多采用 29 kW，南方城市多采用 37 kW。空调机组主回路供电电源为 AC380 V±10%、50 Hz±5%，控制回路供电电源为 DC110 V（DC77 V~137.5 V）或 DC24 V。空调机组主要技术参数见表4-3。

表4-3　空调机组主要技术参数

序号	适用车型	A 型		A 型		B 型	
1	送回风方式	下送下回	端送端回	下送下回	端送端回	下送下回	端送端回
2	制冷量/kW	44		40		37、29	
3	送风量/(m³·h⁻¹)	5000		5000		4000	
4	新风量/(m³·h⁻¹)	1600		1600		1300	
5	紧急通风量/(m³·h⁻¹)	2000		2000		2000	

续表 4-3

序号	适用车型	A 型		A 型		B 型	
6	制热方式	电加热/热泵		电加热/热泵		电加热/热泵	
7	排水方式	散排或集中		散排或集中		散排或集中	
8	冷凝器排风	上排侧进		上排侧进		上排侧进	
9	壳体材质	铝合金或不锈钢		铝合金或不锈钢		铝合金或不锈钢	
10	外形尺寸(长×宽×高)/(mm×mm×mm)	4000×1600×310	4000×1600×415	3500×1600×310	3700×1600×390	3600×1600×310	3700×1600×390
11	冷凝器材料	铜管铝翅片或铜管铜翅片		铜管铝翅片或铜管铜翅片		铜管铝翅片或铜管铜翅片	
12	蒸发器材料	铜管铝翅片		铜管铝翅片		铜管铝翅片	

4.2.1.2　司机室空调机组

各车型地铁车辆司机室乘务人数和内部空间相近,空调机组制冷量统一为 4.5 kW。司机室空调机组主要技术参数见表 4-4。

表 4-4　司机室空调机组主要技术参数

序号	适用车型	A、B 型
1	制冷量	4.5 kW
2	制热量(电热)	2.1 kW、3 kW
3	电源	主回路,三相 AC380 V,50 Hz;控制回路,DC110 V
4	通风量	600 m³/h、400 m³/h(高速 600 m³/h 时含新风量 30 m³/h)
5	制冷剂	R407C
6	机外静压	50~60 Pa(根据结构通过送风机可调)
7	箱体材质	不锈钢、铝合金
8	送回风方式	前送前回、下送下回式
9	制冷设计工况下的能效比	不低于 2.2
10	外形尺寸(长×宽×高)/(mm×mm×mm)	800×1600×399
11	质量/kg	≤190

4.2.2　空调机组组成

地铁车辆空调机组一般由以下部件组成:压缩机、室内换热器、室外换热器、节流装置、蒸发风机、冷凝风机、新风阀、回风阀、新风滤网、混合风滤网、高低压力开关、干燥过滤器、视液镜、气液分离器、温度传感器、四通阀、空气净化器等。根据空调机组的功能不同，配置略有区别。客室空调机组、司机室空调机组内部部件布置，如图 4-31 和图 4-32 所示。

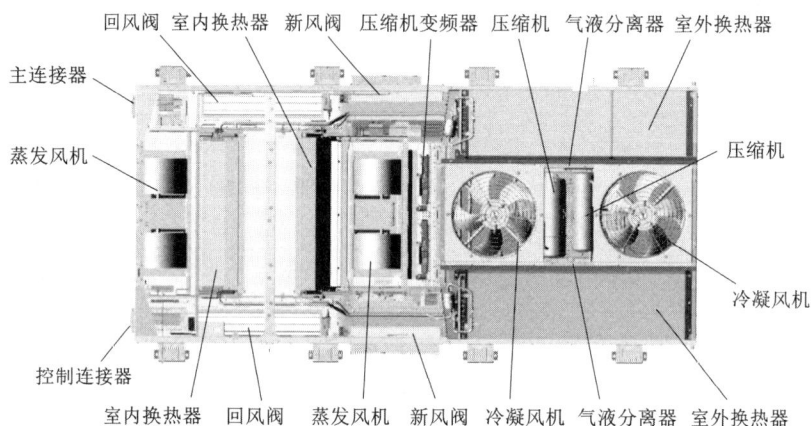

图 4-31　客室空调机组内部部件布置

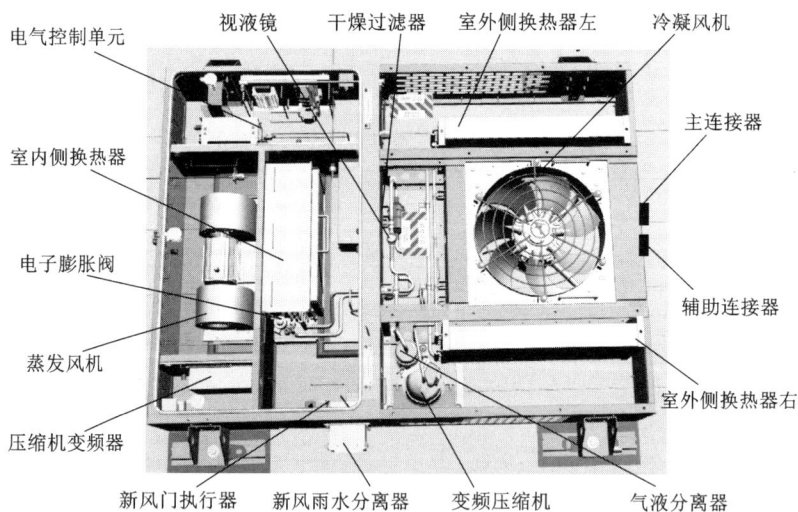

图 4-32　司机室空调机组内部部件布置

4.2.3　空调机组分类

客室空调机组主要有 3 种结构型式，分别为端送端回式、下送下回式和端送下回式；司机室空调机组主要有端送端回式、下送下回式两种。端送端回式空调机组的送风口和回风口在空调机组的端部，见图 4-33；下送下回式空调机组的送风口和回风口在空调机组的下部，见图 4-34；端送下回式空调机组的送风口在空调机组的端部，回风口在空调机组的下部，见图 4-35。

各种空调机组的工作原理参见第 2 章相关介绍，在此不再赘述。

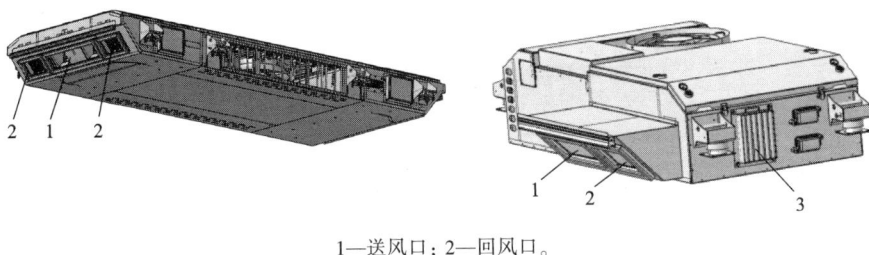

1—送风口；2—回风口。

图 4-33　端送端回式空调机组

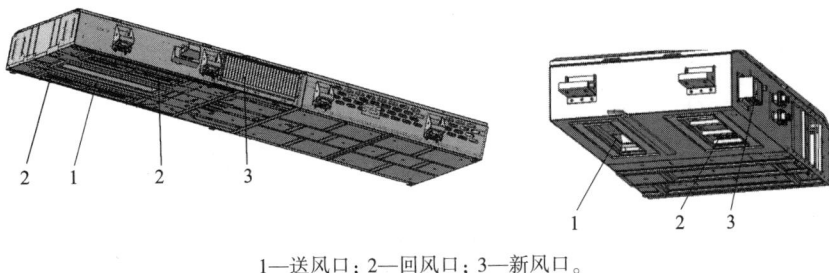

1—送风口；2—回风口；3—新风口。

图 4-34　下送下回式空调机组

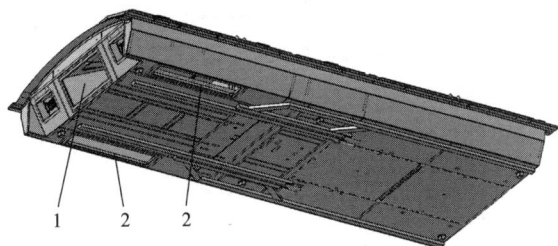

1—送风口；2—回风口。

图 4-35　端送下回式空调机组

4.3　空调系统控制与保护

城市轨道车辆空调系统与干线铁路相似，包括空调机组、送风装置、回风装置、废排装置和电热采暖装置(或热泵制热)等部分。为了确保车辆空调系统在正常情况下自动可靠运行，单点故障不至扩大、避免重要零部件损坏，便于查找故障和设备检修后的测试，每间客室配置一套空调控制盘(见图 4-36)。控制盘以微机控制单元(控制器)为核心，配合外部断路器、接触器、继电器、传感器等元件，满足列车集中控制和本车控制等功能。列车上配置了功能强大的列车控制网络系统(TCMS)，可以对全列车空调进行集中控制，为各车提供车辆载重和压力波保护阀开关等信息。作为 TCMS 的一部分，两端头车的司机室司控台上设有 DDU(司机室显示单元)，可以在其上实现空调工作模式的选择，目标温度的设定。空调控制盘的控制器实时与 TCMS 保持网络通信，接收来自司机室的集中控制指令，并上传空调机组的运行状态和故障信息。

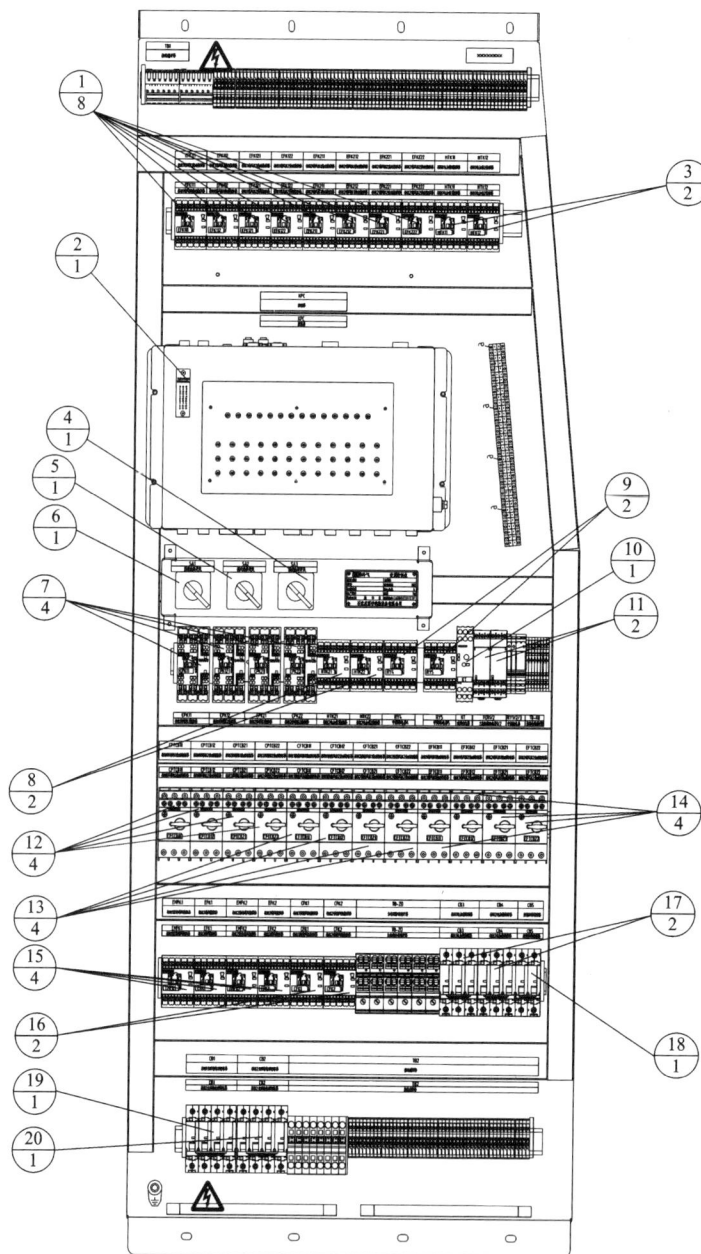

1—通风机接触器；2—微机控制器；3—机组1电加热接触器；4—制冷温度选择开关；5—模式选择开关；
6—制暖温度选择开关；7—压缩机接触器；8—机组2电加热接触器；9—中间继电器；10—时间继电器；
11—三相监控继电器；12—压缩机热磁断路器；13—冷凝风机热磁断路器；14—通风机热磁断路器；
15—紧急通风接触器；16—冷凝风机接触器；17—电加热断路器；18—控制回路断路器；
19—机组1主回路断路器；20—机组2主回路断路器。

图 4-36 客室空调控制盘

每台客室空调机组设3个温度传感器，分别是新风温度传感器(车外温度 T_{em})、送风温度传感器(空调机组送风温度)和回风温度传感器(室内温度之一)，为了提高控制精度，客室内再设 2 个室内温度传感器。各温度检测值实时传送到控制器，控制器将空调回风温度传感器和室内温度传感器的算术平均值作为最终的车内温度值(T_i)并与目标温度(T_{ic})进行比较，控制空调机组的工作状态，调节客室温湿度，以使室内始终维持在舒适的气候环境。控制器还将采集制冷管路高低压传感器、新风阀、回风阀等各部件信息，综合分析出机组的运行状态，控制压缩机、通风机、冷凝风机、电加热器的工作，使空调机组工作在相应的模式，并对空调机组各关键部件进行相应保护。变频型和变频热泵型空调的控制器还负责计算变频器输出电源的频率，以使空调机组输出相应的制冷量(或制热量)。

4.3.1　列车空调系统集中控制

当空调控制盘的模式选择开关置于"TCMS"位，在司机室 DDU 上可进行列车集控模式操作。DDU 的客室空调界面上设有"自动""手动""通风""停止""新风阀关闭""仅启头车""手动制冷""手动制暖"等功能选择键，可以集中设定空调工作模式。

列车集中控制时，在 DDU 上选择"通风""停止""新风阀关闭"键，全车空调将对应地处于通风、空调停止工作和关闭新风阀状态。当选择"仅启头车"时，仅司机室处于激活态的头车空调机组工作，其他车辆全部停止工作；当选择"手动制冷"时，可以从 22~28 ℃(温度值范围可调)7 个整数值中任意选择一个作为全列车的统一车内制冷目标温度，也可以为每辆车指定不同的目标温度值；当选择"手动制暖"时，可以从 13~18 ℃(通过 PTU 温度值可调)6 个整数值中任意选择一个作为全列车的统一车内制热目标温度，也可以为每辆车选择不同的目标温度值。

4.3.2　本车空调系统控制

在每辆车的客室空调控制盘上设置有一个模式选择开关和两个温度选择开关。模式选择开关上有"TCMS""测试冷""测试暖""自动""制冷""通风""制暖""停止"8 个空调运行状态；制冷温度选择开关上有 22~28 ℃ 7 个整数值可供选择，但是当且仅当模式选择开关处于"制冷"位时温度选择开关才起作用；制热温度选择开关上有 13~18 ℃ 6 个整数值可供选择，但是当且仅当模式选择开关处于"制热"位时温度选择开关才起作用。

模式选择开关处于"TCMS"位时，客室空调由在司机室 DDU 上选定的指令控制；模式选择开关在"测试冷"位时，客室空调机组全冷模式运行，15 min 后自动停机；模式选择开关在"测试暖"位时，客室空调机组全暖模式运行，15 min 后自动停机；模式选择开关在"自动"位时，空调机组处于本控自动运行模式，自动控制空调机组运行状态；模式选择开关处于"制冷"位时，须在温度选择开关上设置本车制冷目标温度，同时为了保护压缩机，只有当车外温度大于 19 ℃才进入制冷模式；模式选择开关在"通风"位时，客室空调将处于通风工况；模式选择开关在"制暖"时，须在温度选择开关上设置本车制暖目标温度，控制器先对温度传感器采集温度与设定目标温度进行比较，决定是否启动电加热器进行制热，只有当车内温度满足设定条件才进入制热模式；模式选择开关在"停止"位时，本车客室空调将停止运行。空调控制盘上还设有空调运行状态指示灯，分别为机组 1、机组 2 运行状态指示，当机组运行时(任何模式工况)，对应的状态指示灯点亮。以下是空调主回路原理图(图 4-37)和空调控制回路原理图(图 4-38)。

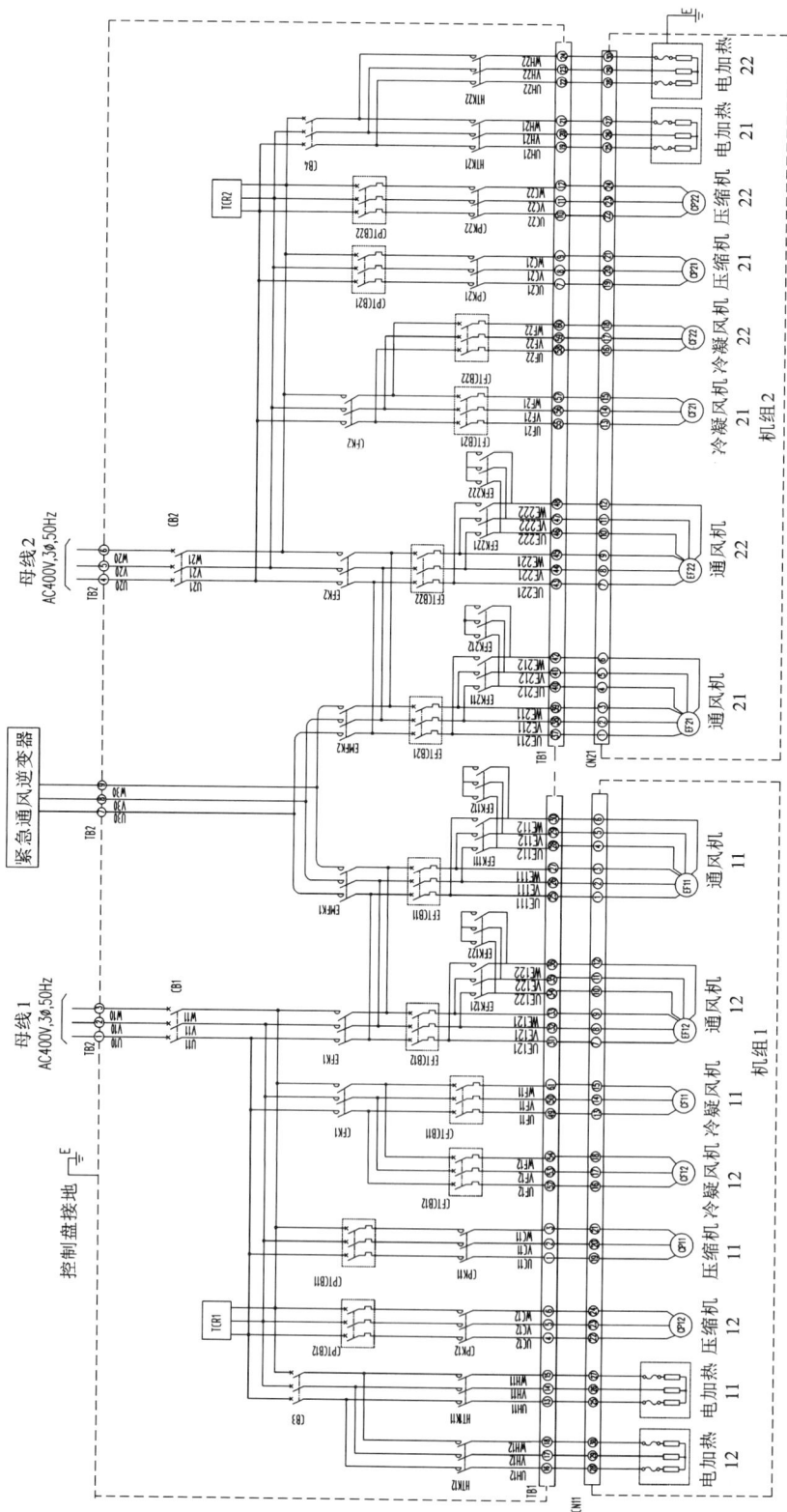

图4-37 空调主回路原理图

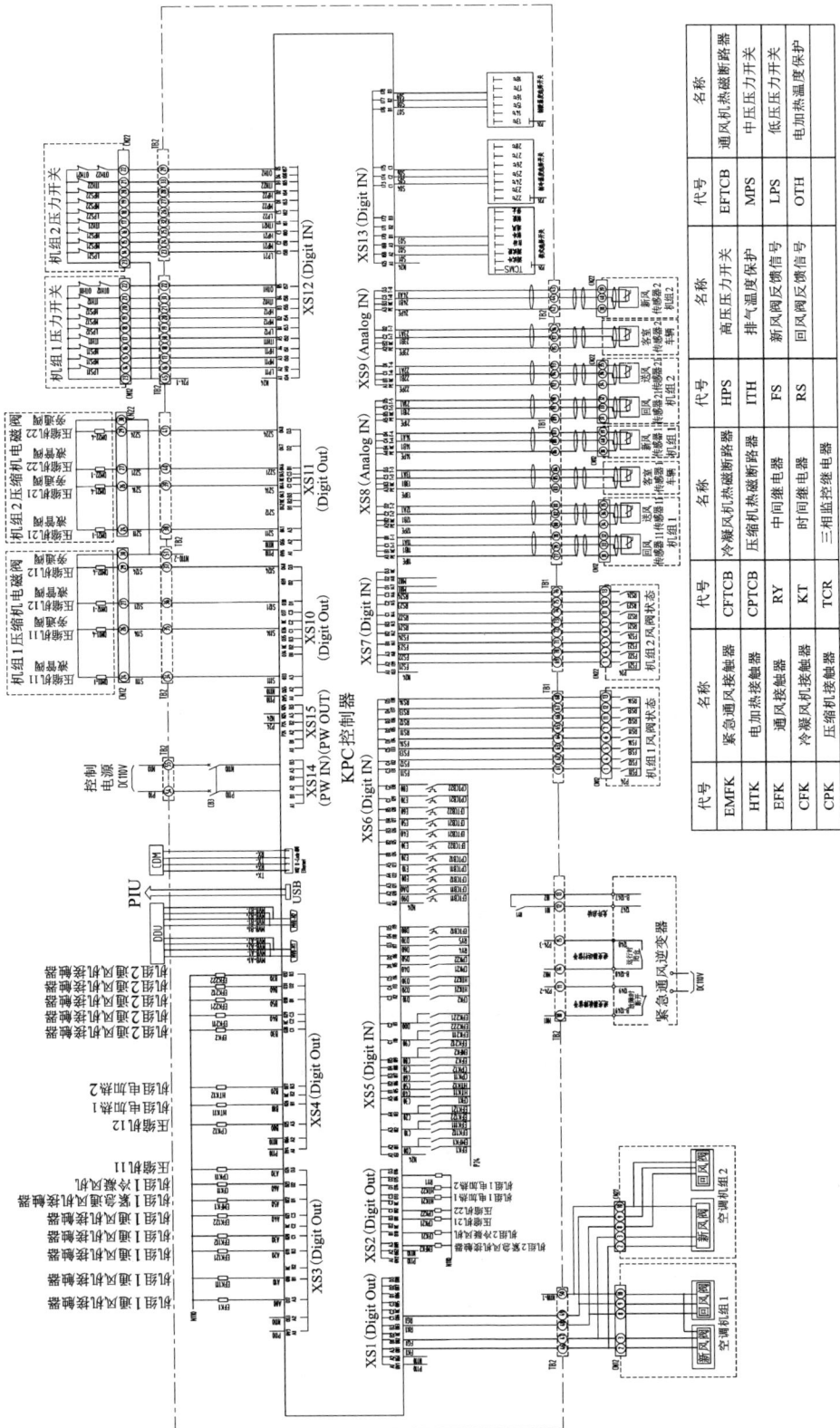

图 4-38　空调控制回路原理图

代号	名称	代号	名称	代号	名称	代号	名称
EMFK	紧急通风接触器	CFTCB	冷凝风机热磁断路器	HPS	高压压力开关	EFTCB	通风机热磁断路器
HTK	电加热接触器	CPTCB	压缩机热磁断路器	ITH	排气温度保护	MPS	中压压力开关
EFK	通风机接触器	RY	中间继电器	FS	新风阀反馈信号	LPS	低压压力开关
CFK	冷凝风机接触器	KT	时间继电器	RS	回风阀反馈信号	OTH	电加热温度保护
CPK	压缩机接触器	TCR	三相监控继电器				

4.3.3 空调系统全自动控制

4.3.3.1 车内目标温度的设定

在列车集中控制时有两种方式设定车内目标温度。一种方式是在司机室的 DDU 触摸屏上手动设置，在 DDU 上设定为"手动"时，从 $22 \sim 28$ ℃ 7 个整数值中任意选择一个作为目标温度值。另一种方式是在 DDU 上设定为"自动"，此时客室空调机组将根据新风温度传感器采集到的车外温度(T_{em})和车内温度(T_{ic})，由各车的空调控制器自动选择进入不同模式，自动进行预冷、预热、制冷、制暖、通风工况。在自动制冷工况时，客室空调将根据计算的结果设定车内目标温度，目标温度根据外界环境温度的变化而自动调整，车内目标温度与外界环境温度关系如图 4-39 所示。

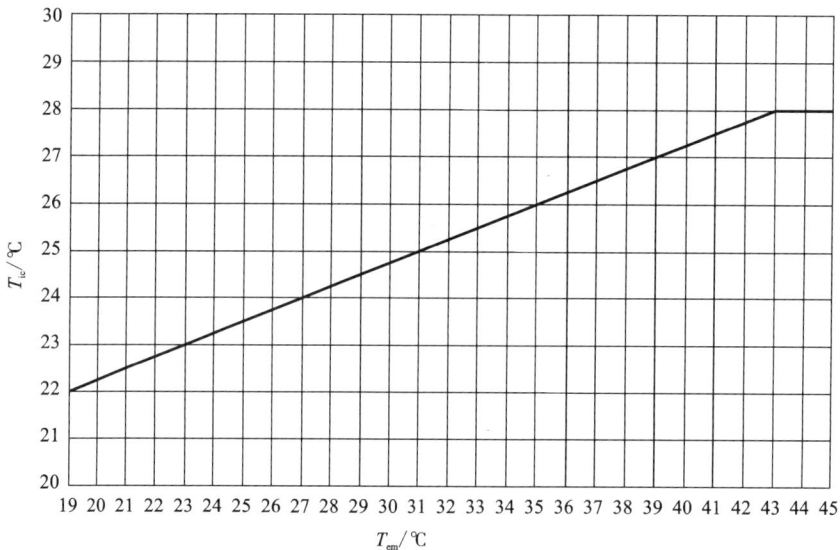

T_{ic}—目标温度；T_{em}—室外环境温度。

图 4-39 自动制冷工况时客室车内温度设定曲线

当新风温度传感器检测车外温度(T_{em})低于 19 ℃时，空调控制器自动禁止空调机组进入制冷模式；当 $19 ℃ \leqslant T_{em} \leqslant 43$ ℃时，空调控制器自动按图 4-39 曲线计算目标温度(T_{ic})，也可按公式：$T_{ic} = 22 ℃ + 0.25(T_{em} - 19 ℃)$ 计算出 T_{ic}。为避免频繁设定目标温度，实际操作时车内目标温度的设定还遵循以下规则：$T_{ic} \leqslant 24.5$ ℃，T_{ic} 设定为 24 ℃；$24.5 ℃ < T_{ic} \leqslant 25.4$ ℃，T_{ic} 设定为 25 ℃；$T_{ic} \geqslant 25.5$ ℃，T_{ic} 设定为 26 ℃。当 $T_{em} > 43$ ℃时，T_{ic} 恒定设为 28 ℃。

4.3.3.2 定频空调机组工作模式

定频空调机组是通过启停压缩机的台数或通过开关旁通阀旁通制冷剂进行卸载，以调节空调机组的制冷量；通过开启或者关闭新风预热器的台数调节空调机组的制热量。

（1）预冷工况

列车上电，空调控制器完成系统开机自检后，计算出室内目标温度 T_{ic}。如果 13 ℃ < T_i（客室实际温度）< T_{ic} ℃ 或者 T_{em} ≤ 25 ℃ 时，则执行通风工况；如果 T_i ≥ T_{ic} ℃，且 T_{em} > 25 ℃ 时，则执行预冷工况。此时关闭新风阀，回风阀打到全开位，两套制冷系统先后投入工作，空调机组进入 100% 制冷模式。当温度降到 T_{ic} - 1 ℃ 以下或者持续 30 min，结束预冷工况。此时打开新风阀，回风阀开度打到正常工作位，空调机组进入制冷模式。

（2）制冷工况

空调机组在制冷模式时通过 T_i 与 T_{ic} 的比较将在 6 种制冷量下进行切换，为防止机组在相邻状态下频繁切换，须设置一定的动差值，通常为 0.5 ℃。当 T_i ≥ T_{ic} - 0.5 ℃ 时，一台压缩机保持停机，一台压缩机卸载运行，输出 35% 的冷量；当 T_i ≥ T_{ic} 时，一台压缩机保持停机，一台压缩机全载运行，输出 50% 的冷量；当 T_i ≥ T_{ic} + 0.5 ℃ 时，两台压缩机卸载运行，输出 70% 的冷量；当 T_i ≥ T_{ic} + 1 ℃ 时，一台压缩机全载运行，一台压缩机卸载运行，输出 85% 的冷量；当 T_i ≥ T_{ic} + 1.5 ℃ 时，两台压缩机全载运行，输出 100% 的冷量。如果车厢内温度从高位逐渐回落到 T_{ic} + 1 ℃ 时，机组进入到 85% 制冷量模式；当车内温度回落到 T_i ≤ T_{ic} - 1 ℃ 时，机组进入通风模式。如果车内温度在某个值之间波动，那么机组将在相邻两个模式下转换，而并不需要依次升到最高冷量或降到最低冷量。制冷温度控制逻辑如图 4-40 所示。

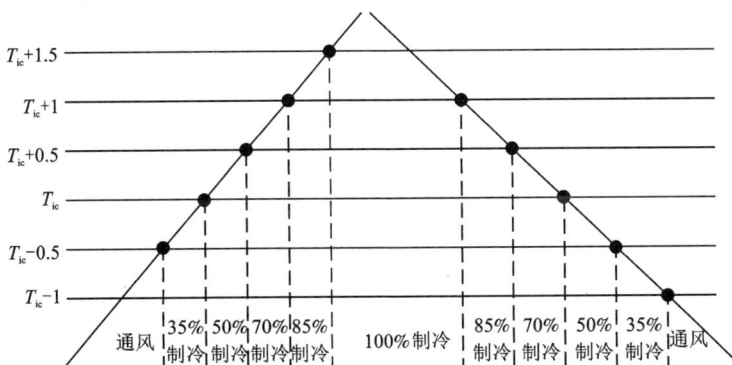

图 4-40　制冷温度控制逻辑图

（3）预热工况

列车上电，如果 T_i ≤ 13 ℃ 时（可调），则执行预热工况，否则执行通风工况。此时新风阀关闭，回风阀打到全开位，空调机组内的两套新风电预热器投入工作，当温度升高到 17 ℃（可调）以上或者持续 30 min，结束预热工况。此时打开新风阀，回风阀开度打到正常工作位，空调机组进入制热模式。

（4）制热工况

空调机组在制热模式下有 3 种工况，分别为通风、半暖和全暖。设置了 ΔT（通常为 1 ℃，可调）和 ΔT + 0.5 ℃ 两级动差值。预热结束后，空调机组处于不制热的通风状态，车

厢内温度 T_i 逐渐下降。当 $T_i \leqslant T_{ih}$ （制热目标温度）时，机组启动半暖；如果温度继续下降到 $T_i \leqslant T_{ih}-1.5$ ℃ 时，机组进行全暖。当温度回升到 $T_i \leqslant T_{ih}-0.5$ ℃ 时，转入半暖；当温度继续回升到 $T_i \geqslant T_{ih}+1$ ℃，则转入通风。制热温度控制逻辑如图 4-41 所示。

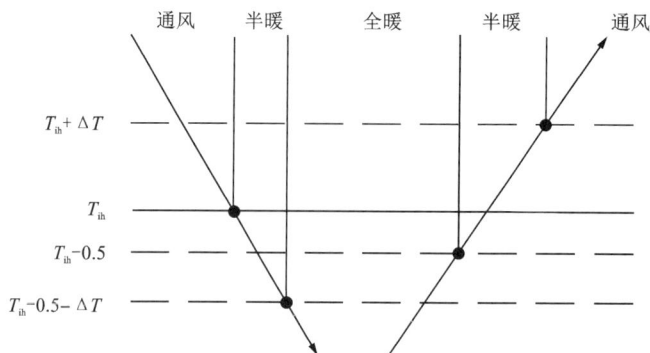

图 4-41　制热温度控制逻辑图

（5）通风工况

列车上电，当检测外温在 15 ℃ $< T_{em} \leqslant$ 19 ℃ 范围内时，空调机组处于通风状态。

4.3.3.3　变频热泵型空调机组工作模式

变频热泵型空调机组的制冷和制热模式是通过四通换向阀进行转换的，而制冷和制热量的多少则是通过压缩机工作频率来调整的。

（1）预冷和制冷工况

列车上电后，如果 $T_i \geqslant T_{ic}+3$ ℃，且 $T_{em} > 25$ ℃ 时，此时关闭新风阀，回风阀打到全开位，四通换向阀不得电，空调机组进入制冷模式，两台压缩机以最大频率运行，以最快速度降低客室内温度。当车内温度达到 T_{ic} 或预冷时间达到 30 min 时，结束预冷工况。新风阀打开，回风阀打到正常开度，空调机组进入制冷模式。在制冷模式下，通风机和冷凝风机均工作，压缩机开始时以高频工作，达到迅速制冷的效果。当客室温度接近设定温度时，降频低功率运行，达到节能和维持温度的效果。机组开启制冷运行的温度点为车外温度大于 19 ℃。

（2）预热和制热工况

列车上电后，如果 $T_i \leqslant T_{ih}-3$ ℃，且 $T_{em} < 12$ ℃ 时，此时关闭新风阀，回风阀打到全开位，四通换向阀得电，空调机组进入热泵模式，两台压缩机以最大频率运行，以最快速度提高客室内温度。当车内温度达到 T_{ih} 或预热时间达到 30 min 时，结束预热工况。新风阀打开，回风阀打到正常开度，空调机组进入制热模式。

4.3.4　新风阀、回风阀控制

空调机组制冷或制热时，在满足乘客舒适度的前提下，为了尽量减少机组的能耗，根据车辆的载客量调节空调机组新风阀的开度，匹配相应的新风量。当车门关闭后，列车网络系统（TCMS）采集此刻转向架空气弹簧的气压，推算出各车的载重值，并将载重值信息发送到相应车辆的空调控制器，各车控制器分级控制空调新风阀的开度。新风阀一般分为 4 个级位，控制原理如图 4-42 所示，图中纵坐标为推算出的满载率，5 个实点值为风阀动作临界点。如实点值 0 表示空调开启接收到载荷信号后风阀状态由关闭动作到 1/3 开度，空调运行时，除预冷预热工况及手动强制关闭新风阀外，新风阀开度至少为 1/3，如图 4-42 所示。

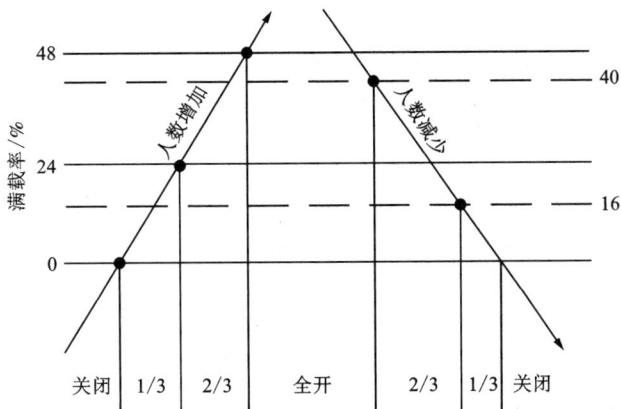

图 4-42　新风阀载客量控制逻辑图

$$满载率 = （车辆载重值 - 车辆自重值）/车辆最大载客时载质量 \qquad (4-1)$$

满载率增加情况：

　　　　0<满载率≤24%　　　　新风阀开度：1/3

　　　　24%<满载率≤48%　　　新风阀开度：2/3

　　　　48%<满载率≤100%　　新风阀开度：全开

满载率减少情况：

　　　　100%≥满载率>40%　　新风阀开度：全开

　　　　40%≥满载率>16%　　　新风阀开度：2/3

　　　　16%≥满载率>0　　　　新风阀开度：1/3

另外还有三种工作模式不受车辆载重信号制约，分别为司机集中控制下的通风模式、本车空调通风模式和紧急通风模式。

4.3.5　列车空调启动时序

空调系统在采暖工况和制冷工况间通过硬件和软件进行互锁，两种工况不允许同时发生。在制冷时，空调机组的通风机、冷凝风机、压缩机运行设有正连锁逻辑关系。启动顺序为通风机、冷凝风机、压缩机，如果前一级设备不起动，下一级设备不允许起动；停机依从的是逆逻辑，即压缩机、冷凝风机、通风机。在采暖时，通风机与电加热器间设有正连锁逻辑关系，通风机不启动则不能启动电加热，空调停机时，先停止电加热器，延时 3 min 后停止通风机。

4.3.5.1 定频压缩机启动

当车辆编组成列后，为了防止空调机组同时启动对列车辅助逆变器供电网造成冲击，空调模式选择开关一般应处于"TCMS"位，司机室对全列车的空调进行集中控制，由列车网络系统(TCMS)顺序启动各车空调机组。

TCMS 正常时，空调压缩机启动受 VCU(列车网络主控制器)控制。VCU 通过网络分时发送"空调压缩机释放"指令给空调控制器，使得空调压缩机按顺序启动。每台机组内的 2 台压缩机由空调系统保证顺序启动，并保证在 2 s 时间内，2 台空调压缩机启动完毕。如果列车供电电压不存在或一半辅助逆变器故障，那么 VCU 将不会发送"空调压缩机释放"指令给空调控制器。

空调压缩机的启动还与列车空气制动系统空压机的启动相关联。列车不允许制动空压机与空调压缩机同时启动，且制动空压机优先级更高，由 VCU 负责全列车启动连锁控制。每组空调压缩机只能在属于自己的时间窗口时才能启动，其他时间则不允许启动。对于已经完成启动的空调压缩机，其停机过程不受该时间窗口的制约，可以根据外界温度条件或者控制指令随时停机。

图 4-43 为 TCMS 给空调控制器发送的脉冲时序图。TCMS 在 6 s 内给一辆车发送 2 个 2 s 的"空调压缩机释放"信号，空调控制器根据 2 个信号分别控制一辆车 2 台机组的压缩机启动。每台机组内的 2 台压缩机在 2 s 内由空调控制器控制启动。注：一辆车 2 台机组，一台机组 2 台空调压缩机。

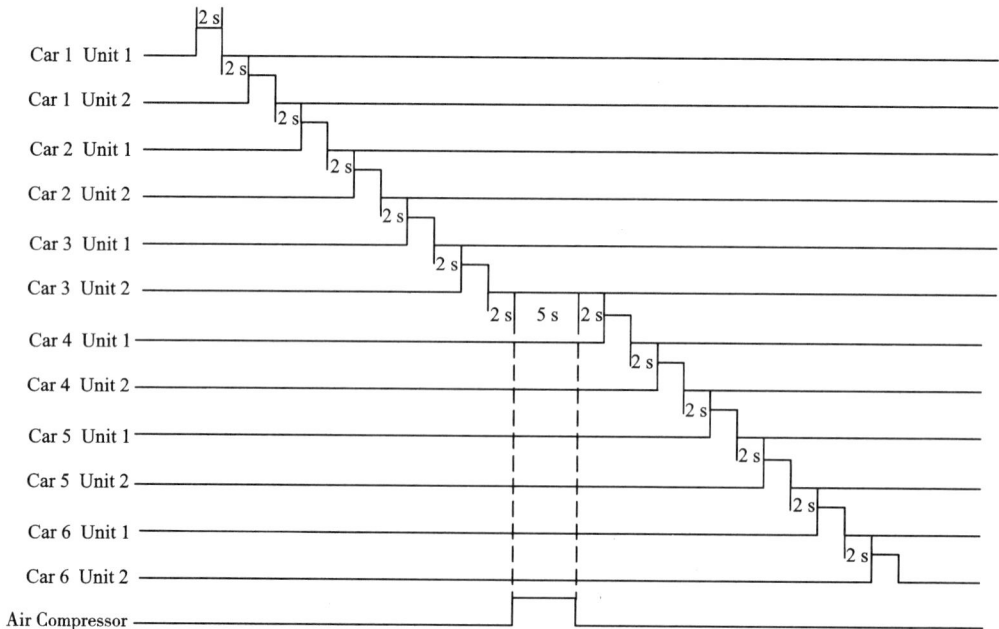

图 4-43 空调压缩机启动时序

当模式选择开关不在"TCMS"位时，每车的空调压缩机由空调系统控制，保证每车的空调压缩机按顺序启动。如果空调系统处于"TCMS"位而通信发生故障，那么空调控制盘检测到有三相电存在，空调将以正常通风模式继续工作；如果此时检测不到三相电源，则系统切换到紧急通风状态。

4.3.5.2　变频压缩机启动

变频空调压缩机是从低频开始的软启动，启动电流小，启动时不会对列车辅助逆变供电网络造成冲击，因此不需要对整列车空调压缩机进行分时启动控制。单台空调机组启动顺序为通风机→冷凝风机→压缩机。

4.3.6　压力波控制

通常时速达到 120 km 的地铁列车或者时速达到 160 km 的市域(郊)列车需要配置空调系统压力波保护装置。城市轨道车辆的信号系统能实时感知车辆所处的精确位置、运行速度和整条线路的物理信息，因此当列车将要进出隧道时车载信号系统可以提前发出关闭压力波控制装置的指令。另外还有一种方式是采用高速列车常用的空气压力波传感器，空气压力波传感器安装在头车上，当检测到车内外压差变化超过控制设定值时立刻发出关闭指令。一旦收到指令，司机室电器柜内的压力波控制中间继电器立即动作，驱动各车空调控制柜内的中间继电器全部动作，控制各车安装在空调机组新风进气口和废排口的压力保护阀快速动作，迅速关闭新风进气口和废排口，同时停止废排风机。此时空调系统以全回风方式运行。当列车离开气压突变区域，延时一段时间后，通过空调控制器打开空调机组新风进气口和废排口的压力波保护阀，并且启动废排风机，保持空调机组的正常状态运行。压力波保护阀有气动式和电动式两种结构，压力波保护阀主要由动力部件、动力部件安装板、活动板、压力波阀安装板、密封胶条及支撑杆等组成(见图 4-44)。

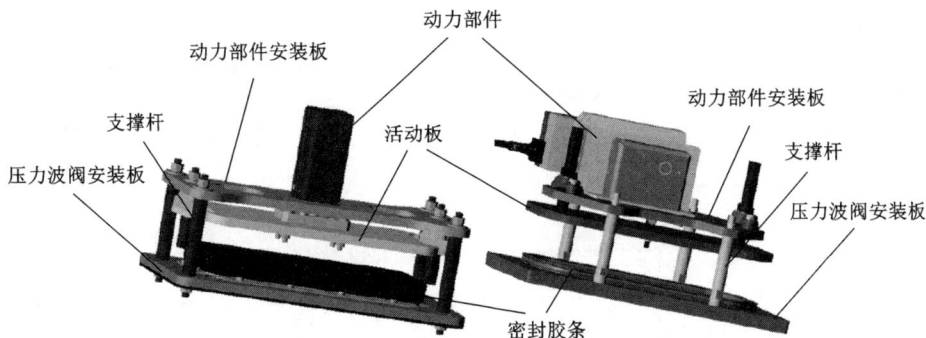

图 4-44　压力波保护阀结构

气动式压力波保护阀动力部件为气缸，通过气源方向控制气缸伸出/收缩，从而带动活动板动作，关闭/打开压力波保护阀。气缸伸出/收缩速度较快，一般在 1 s 内实现压力波保护阀的关闭/打开，动作迅速。高速列车必须采用这种气动式压力波保护阀，城市轨道列车也可采用，但是成本较高。电动式压力波保护阀动力部件为电动旋转式执行器，通过电源控制执行器顺时针/逆时针旋转，从而带动活动板动作，关闭/打开压力波保护阀。电动式压力波保护阀执行器旋转速度稍慢，一般在 8 s 内实现压力波保护阀的关闭/打开，成本相对低。对于须同步响应气压变化的高速列车不适用，但对于可提前得到信号将要产生压力变化的城市轨道列车可采用。

4.3.7　司机室空调机组控制

根据实际情况需要，列车司机室可选择设独立空调机组或司机室通风单元。由于司机室不存在人员变化，而且空间相对较小，因此司机室一般采用经济型的定频带电加热器式空调机组，并由独立的司机室空调控制盘控制。司机台上设置空调模式选择转换开关、温度选择开关和风速选择开关。工作前模式选择转换开关处于"停止"位。通常有通风、制冷、半暖、全暖 4 个工作挡位可供选择；温度选择开关有 5 个挡位，并与制冷工况联动，仅在制冷时有效；风速选择开关有"高速"和"低速"两挡可选，对风速进行控制。空调机组的运行状态可通过司机室空调界面进行查询。

4.3.7.1　司机室空调温度设定

司机室空调系统设有新风温度传感器、回风温度传感器。制冷工况时的制冷目标温度（T_{ic}）是在温度选择开关上手动设置，可在 19 ℃、21 ℃、23 ℃、25 ℃ 和 27 ℃ 这 5 个值中任选一个。制热目标温度（T_{ih}）根据外界环境温度确定，可通过软件调整设定值。当检测到外界环境温度（T_e）≥−5 ℃，且持续 60 s 后，自动将 T_{ih} 设为 15 ℃；当 T_e <−5 ℃，且持续 60 s 后，自动将 T_{ih} 设为 13 ℃。制冷和制热均设一个温度回差值 ΔT，通常将该值设定为 2 ℃。

4.3.7.2　司机室空调运行模式

（1）通风模式

当控制器检测到模式选择开关处于"通风"位时，进入"通风"模式。若风速选择开关处于"低速"位，则送风机低速运行；若风速选择开关处于"高速"位，则送风机高速运行。通风模式下压缩机、冷凝风机、电加热停止运行。

（2）制冷模式

当控制器检测到模式选择开关选择处于"制冷"位，持续 2 s 后进入"制冷"模式，送风机启动运行；当检测到机组回风温度 T_{in} >T_{ic}+ΔT 时，则机组进行制冷运行，启动冷凝风机，5 s 后启动压缩机；当检测到机组回风温度 T_{in} <T_{ic}−ΔT 时，持续 2 min，机组进入制冷待机模式（仅送风机运行）。压缩机停止后，需强制停机 3 min 以上才允许再次启动。制冷与制热互锁，制冷模式下，电加热不运行。

（3）半暖模式

当控制器检测到模式选择开关选择"半暖"时，进入"半暖"模式，送风机运行（风机的运行模式根据风速选择开关进行切换）；当检测到机组回风温度 $T_{in}<T_{ih}-\Delta T$ 时，机组启动运行时间少的一组电加热管，进入制暖运行，若运行时电加热管发生过热保护，则自动切换至另一组电加热管运行；当检测到机组回风温度 $T_{in}>T_{ih}+\Delta T$ 时，持续 2 min，则机组进入半暖待机模式，停止电加热，送风机保持运行，半暖模式下，压缩机、冷凝风机不运行，只运行一组电加热管。

（4）全暖模式

当控制器检测到模式选择开关选择"全暖"，持续 2 s 后，进入"全暖"模式，送风机运行（风机的运行模式根据风速选择开关进行切换）；当检测机组回风温度 $T_{in}<T_{ih}-\Delta T$ 时，则机组进行制暖运行，启动运行第一组电加热管，延时 3 s 后，启动第二组电加热管；当检测到机组回风温度 $T_{in}>T_{ih}+\Delta T$ 时，则机组进入全暖待机模式，停止运行全部电加热，送风机运行保持运行。每个电加热需强制停止 3 min 后，才允许再次启动。全暖模式下，压缩机、冷凝风机不运行。

（5）停止模式

停止模式下，送风机、压缩机、冷凝风机及电加热不运行。

4.3.8　司机室通风单元控制

在不设司机室独立空调机组的头车上，一般设置司机室通风单元。通风单元自身不具备制冷和提供新风的能力，制冷时依靠通风机将靠近司机室一端客室空调的部分冷空气引入司机室内，为司机室降温并带入新鲜空气。司机室通风单元直接由安装在通风单元盖板上或司控台上的功能选择开关、风速选择开关及温控器进行空调控制。

功能选择开关有 4 个工作挡位，分别是"停机""半暖""全暖"和"通风"，除"停机"位外通风机均工作，由风速选择开关控制送风速度，其上有"Ⅰ""Ⅱ"2 个挡位。打在"半暖"或"全暖"位时，通风单元内的电加热启动。可在温度控制器设定司机室内目标制热温度值，温控器的制热温度范围为 14~28 ℃。当室外温度为-5 ℃时，可维持司机室温度不低于 14 ℃。若温度传感器检测到司机室温度到达了设定温度，温控器断开内部触点，停止电加热；若温度传感器检测到司机室温度低于设定温度，温控器闭合内部触点，启动电加热。防止电加热频繁启动和停止，温控器内设有温度误差。

4.4　风道及车厢气流组织

风道和气流组织设计是地铁车辆空调系统设计中的重要环节，但与干线铁路车辆相比相对简单。在干线铁路车辆章节已对风道的设计原则、风道内风速的确定、风道材料的选择做了介绍。地铁车辆风道设计中同样遵从这些规则，在此不再赘述。本节重点介绍地铁车辆空调系统中普遍采用的准静压风道的结构、计算方法和地铁车辆的气流组织。

地铁车厢是一个人员高度密集的空间，各处的散热散湿量差别不大，为了保证车厢内温度的一致性，首先要保证各送风断面上的出风量相等。地铁车辆空调系统多采用均匀侧孔送风管道出流，经过准静压腔进行二次平衡后再向外送风的准静压风道。

4.4.1 准静压风道送风原理

准静压风道主要有两种形式，一种是将主风道分为左右两个腔室，如图 4-45 所示。主腔室与空调机组出风口相连，引入空调空气，通过一侧的细长孔进入准静压腔(由于车辆可用空间小，不能够提供完全满足静压平衡所需的空间，因此工程实践中主腔室的来流部分静压后就送入车内)，由准静压腔下部的出口通过送风口送入车厢内。另一种是将主风道分成左、中、右三个腔室，如图 4-46 所示。中间的主腔室与空调机组出风口相连，引入空调空气，通过两侧的细长孔分别进入左、右两侧的准静压腔，最后送入车厢内。来自主腔室的空调空气通过细长孔进入准静压腔后流通面积扩大，风速迅速下降，空气动压减小静压增加，起到一定的静压复得效果。

采用准静压风道送风时，不是直接通过主风道将空调机组的出风送入车内，而是中间通过准静压腔的过渡和分隔，并且改变空气出流方向，因此具有一定的降噪消音作用，这是准静压风道的另一优点。准静压风道的不足点是加大了风道总体断面面积，占用空间大，风道材料消耗多，增加了风道质量。

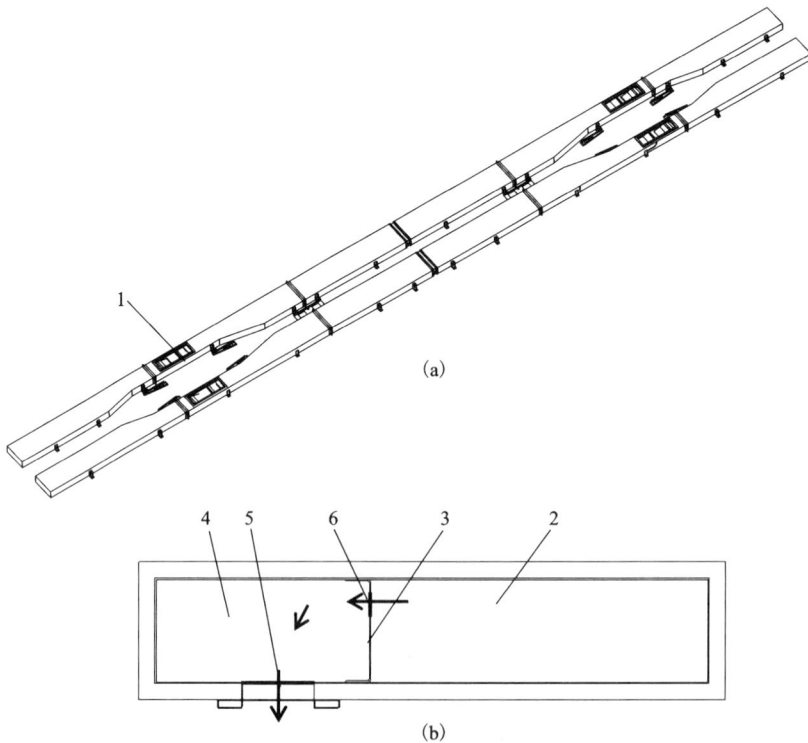

1—风道入口；2—主腔室；3—准静压腔隔板；4—准静压腔；5—准静压腔出口；6—准静压腔隔板条缝风口。

图 4-45 单侧准静压送风道

(a)

(b)

气流方向

A—A

(c)

B—B

(d)

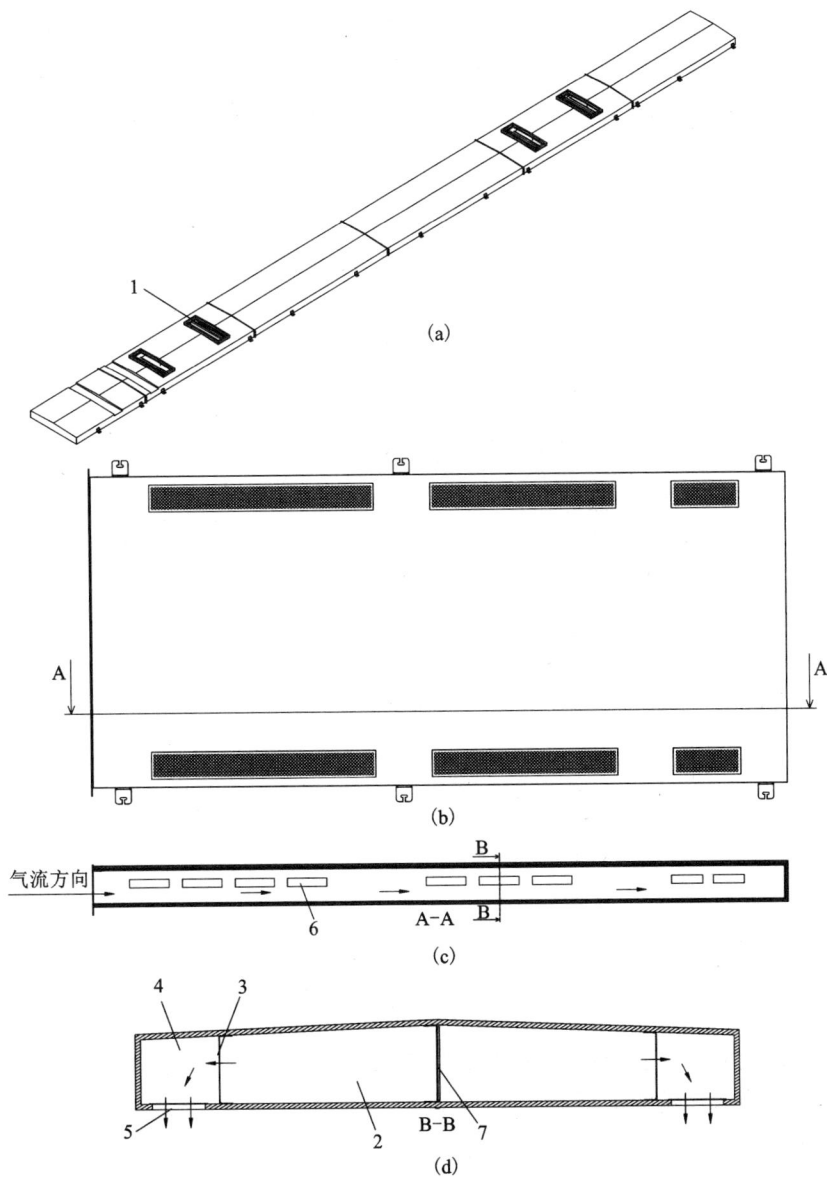

1—风道入口；2—主腔室；3—准静压腔隔板；4—准静压腔；5—准静压腔出口；6—准静压腔隔板条缝风口；7—加强筋。

图 4-46　双侧准静压送风道

4.4.2　准静压风道设计计算

4.4.2.1　均匀送风管道设计的基本原理

空调工程中，常采用均匀送风管道进行供风。它是在圆形(矩形)管道的侧壁开出成排的孔口或接出一段短管。送风管道内流动的空气在通过侧孔时，将同时受到垂直于风道壁面的静压和平行于风道轴线的动压作用。在静压 P_j 作用下，空气沿侧孔口出流，并产生一垂直于风道侧壁的速度，称为静压速度 v_j（见图4-47）。从风道内流出的空气实际出流速度是静压速度和风道内气流速度的合速。为达到均匀送风目的须综合考虑孔口的实际出流速度和有效出流面积。

$$v_j = \sqrt{\frac{2P_j}{\rho}} \qquad (4-2)$$

在动压 P_d 作用下，风道内气流速度为 v_d。

$$v_d = \sqrt{\frac{2P_d}{\rho}} \qquad (4-3)$$

式中：P_j 为风道内空气的静压，Pa；P_d 为风道内空气的动压，Pa。

当空气从孔口流出时，它的实际流速和出流方向不只取决于静压产生的流速和方向，还受风道流速的影响，如图4-47所示。在风道内流速的影响下，孔口出流方向发生偏斜，实际速度是静压速度和动压速度的合成速度 v_z。

$$v_z = \sqrt{v_j^2 + v_d^2} = \sqrt{\frac{2}{\rho}(P_j + P_d)} \qquad (4-4)$$

空气的实际速度与风道轴线的夹角称为空气的出流角 α。

$$\tan\alpha = \frac{v_j}{v_d} = \sqrt{\frac{P_j}{P_d}} \qquad (4-5)$$

孔口实际流速：

$$v = \frac{v_j}{\sin\alpha} \qquad (4-6)$$

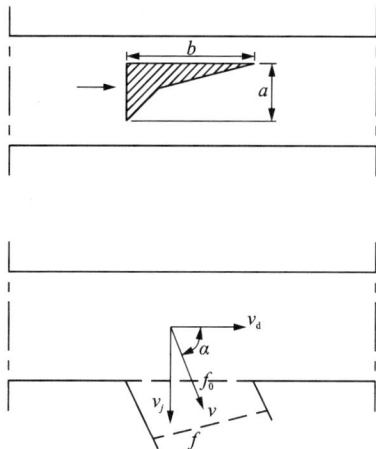

图 4-47

可见侧孔出流方向与静压和动压之比有关，静压越大，动压越小，则出流角 α 越大，气流方向越接近与风道壁面垂直。

孔口出风量：

$$V = 3600\mu \cdot f \cdot v \qquad (4-7)$$

式中：μ 为出风孔口的流量系数；f 为出风孔口在气流垂直方向上的投影，m^2。由图4-47可知：$f = f_0\sin\alpha = f_0\dfrac{v_j}{v}$；$f_0$ 为出风孔口的实际面积 ab。

则

$$V = 3600\mu \cdot f_0 \cdot \sin\alpha = 3600\mu \cdot f_0 \cdot v_j = 3600\mu \cdot f_0 \cdot \sqrt{\frac{2P_j}{\rho}} \qquad (4-8)$$

空气在孔口面积 f_0 上的平均速度 v_p 为

$$v_p = \frac{V}{3600f_0} = \mu \cdot v_j \qquad (4-9)$$

4.4.2.2 孔口面积不变的均匀送风道

从孔口出风量(V)计算中可以看出,对侧孔面积f_0保持不变的均匀送风管,要使各侧孔的出风量保持不变,必须保证各侧孔的静压P_j和流量系数μ相等。下面分析如何实现两个基本条件要求:要使出口气流尽量保持垂直,即出流角接近$90°$。

(1)保持静压恒定

按流体流动基本规律,要保持风道断面1-1和断面2-2(见图4-48)的静压相等,则必须使断面1-1全压P_{q1}与断面2-2的全压P_{q2}之差等于两断面之间能量损失之和。

$$P_{q1}=P_{q2}+(RL+Z)_{1-2} \qquad (4-10)$$

$$P_{q1}=P_{j1}+P_{d1} \qquad (4-11)$$

$$P_{q2}=P_{j2}+P_{d2} \qquad (4-12)$$

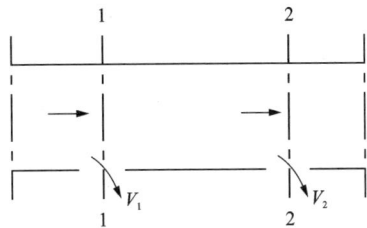

图 4-48

式中:P_{j1}、P_{j2}分别为断面1-1、断面2-2处的静压,Pa;P_{d1}、P_{d2}分别为断面1-1、断面2-2处的动压,Pa;RL为管长1-2摩擦阻力,Pa;Z为管道1-2局部阻力,Pa。

$$P_d=\frac{\rho v_d^2}{2} \qquad P_j=\frac{\rho v_j^2}{2} \qquad (4-13)$$

由式(4-10)~式(4-12)得

$$P_{j1}+P_{d1}=P_{j2}+P_{d2}+(RL+Z)_{1-2} \qquad (4-14)$$

静压恒定,则$P_{j1}=P_{j2}$。

$$P_{d1}-P_{d2}=(RL+Z)_{1-2} \qquad (4-15)$$

$$\frac{\rho}{2}(v_1^2-v_2^2)=(RL+Z)_{1-2} \qquad (4-16)$$

这表明,两侧孔间静压保持相等的条件是两侧孔间的动压降等于两侧孔间的阻力。

(2)保持各侧孔流量系数相等

流量系数(μ)与风口形状、出流角(α)及孔口流出风量(V)与孔口前风量(V_z)之比τ_0(即$\frac{V}{V_z}=\tau_0$)因素有关。

如图4-49所示,对于锐角孔口$\alpha\geqslant60°$时,τ_0在0.1~0.5范围内,对锐角出风口可近似认为$\mu=0.6$为常数,因此,$\frac{v_j}{v_d}=\tan\alpha\geqslant1.732$或$\frac{p_j}{p_d}\geqslant3$。

增大空气出流角α是保证均匀送风的重要条件,最好使第一个风口出流角$\alpha\geqslant60°$,这样可使出流角向风道末端逐渐增大,最理想的是使气流垂直于管壁。

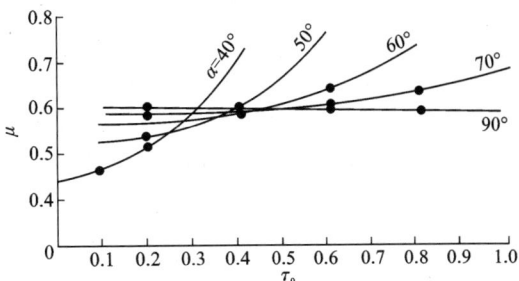

图 4-49　锐角孔口的流量系数μ

（3）孔口面积不变均匀送风道的计算过程

孔口面积不变均匀送风道的计算须根据风道结构预先设定孔口数量 n、孔口间距和每个孔口出风量，然后计算孔口面积、送风管道尺寸及阻力。

①根据风道总风量 V_z 计算出单个孔口的通风量 $V=V_z/n$。

②设定孔口平均速度 v，通常控制在 5 m/s 左右，计算静压速度 $v_j=v/\mu$ 和孔口面积 $f_0=V/v$，根据面积 f_0 确定孔口的高度 h 和长度 L，通常孔口的高度 h 应小于主风道高度的 1/5。如果某些段的空气出流角 $\alpha<60°$ 或 τ_0 不在 0.1~0.5 范围内，μ 须按图 4-48 进行修正。

③计算孔口静压 $P_j=\dfrac{\rho v_j^2}{2}$，取各孔口静压相等，即：$P_j=P_{j1}=P_{j2}=P_{j3}$。

④按 $v_j/v_d \geqslant 1.73$ 以及主风道最大风速不大于 8 m/s 原则，确定第一节风道空气流速 v_d。

⑤确定第一个风口前风道截面面积 $S_1=V/v_d$。

⑥计算两孔口之间通风管道单位摩擦阻力及局部阻力，为简化计算，在工程中可用采用上一段主风道内的风速代替本段风速计算阻力。

⑦计算第二段风道截面面积 S_2，由前面分析知：

$$P_{d2}=P_{d1}-(RL+Z)_{1-2} \tag{4-17}$$

即

$$\frac{\rho v_2^2}{2}=\frac{\rho v_1^2}{2}-(RL+Z)_{1-2} \tag{4-18}$$

计算可得：

$$v_2=\sqrt{v_1^2-\frac{2(RL+Z)_{1-2}}{\rho}} \tag{4-19}$$

按照主风道的流量计算可得：$V_2=(V_z-i\cdot V)/S_2$，如果是单侧出风，式中 i 取值为 1；如果两侧出风，式中 i 取值为 2。

从两个角度计算出的 S_2 应该相等，因此可以推导出第二管段的面积：

$$S_2=\frac{V_z-i\cdot V}{\sqrt{v_1^2-2(RL+Z)_{1-2}/\rho}} \tag{4-20}$$

⑧计算管段 2~3 阻力，依次求各断面处风管面积。

⑨结合第一段风道的全压值、前端连接风道的阻力、静压腔的压力损失和车内所须维持的静压值校核空调机组出风口的静压和动压。

地铁车辆空调的一个重要特点是送风量大、风道短、出风口密集，两相邻侧孔间隔小。在这种情况下，若要保证两侧孔间的动压降等于两侧孔间阻力，要么采用变截面风道，要么在风道内增加不同高度的阻力挡板。变截面风道制作相对复杂。但风道内增加挡板会增加送风机的功耗、激发二次噪声，而且不利于清扫，早期有过应用案例，现在基本不采用。

4.4.2.3 变孔口面积的均匀送风道

地铁准静压风道主风道部分的设计大多采用变孔口面积的均匀送风道，风道主腔室纵向断面保持不变，一侧或两侧细长孔的高度不变，长度改变，需要时还可配以孔口数量的增减(图 4-46 所示件号 6)。空调空气从准静压风道的主腔室通过细长孔进入准静压腔,其过程相当于风道侧孔淹没出流。

变孔口面积的均匀送风道须根据风道结构预先设定孔口数量 n、布置好各个孔口中心线的位置,然后计算孔口的高度和各孔口的长度。

①设定主风道第一段的最大风速 v_{max}(为了控制噪声,最大风速一般不超过 8 m/s),根据主风道总送风量(V_z)计算出风道的断面面积,并根据车辆内顶可用空间确定送风道的宽度(A)和高度(B)。

②预设一个孔口中位流速 v,通常 v 设定在 5 m/s 左右,根据风道总送风量(V_z)计算条缝所需总面积 $f=\dfrac{V}{0.6v}$,根据风道结构估算条缝总长度(L),一般按最大允许开条缝长度的 75% 计,并计算出条缝的高度 $h=f/L$。

③计算单个孔口的送风量 $V=V_z/n$ 并设定第一个孔口的开孔长度(l_1),计算第一个孔口的平均出流速度 $v_1=V/(h \cdot l_1)$,第一个孔口静压速度 $v_{j1}=v_1/\mu$,应注意的是若 τ_0 不在 0.1~0.5 范围内时,μ 须按图 4-49 进行修正,然后计算第一个孔口的静压 $P_{j1}=\dfrac{\rho v_{j1}^2}{2}$。

④计算第一和第二孔口之间通风管道单位摩擦阻力及局部阻力 $(RL+Z)_{1-2}$。

⑤计算第二个孔口处的静压 $P_{j2}=(v_1^2-v_2^2)-(RL+Z)_{1-2}$。

⑥计算第二个孔口处静压速度 $v_{j2}=\sqrt{\dfrac{2P_{j2}}{\rho}}$ 和平均出流速度 $v_2=\mu \cdot v_{j2}$。

⑦计算第二个孔口的长度 $l_2=\dfrac{V}{h \cdot v_2}$。

⑧以此类推,依次计算出各个孔口的开孔长度。对于等截面风道,平均最大出风速的孔口位于风道最末端。若该处风速过大,须重新预设孔口中位流速 U_0,从而改变条缝高度值 h,并按以上步骤再次计算。

⑨结合第一段风道的全压值和前端连接风道的阻力校核空调机组出风口的静压和动压。

4.4.2.4　准静压均匀送风道结构设计注意事项

第一是由于空调机组的出风口与车内的风道入口非常近,而且机组的出风流向与风道的走向也不完全一致,所以,在主风道的前端存在大量的涡流区,气流特别紊乱,与计算时的理想情况存在较大的偏差。第二是由于从主风道内送入准静压腔的气流不是垂直流入,而是斜向流入(与主风道风速成锐角关系),会在前端准静压腔造成二次涡流,并有一段从前向后的纵向流,会削弱准静压腔的静压平衡能力。第三是主风道短,且内四壁光滑平整,沿程阻力小,易造成前部主风道送入准静压箱的风量较中后部风道明显偏小。为了弥补设计计算与实际工程的偏离,在空调风道正式装车前一般需要进行地面风道台架试验。为了补偿前端送风量的损失,可在前部风道内增加孔口面积(见图 4-46 中的件号 6)或增加挡板,迫使主风道前部送入准静压箱的风量增多,同时也可使主风道出风口类似垂直出流,减少纵向流,以使前、中、后部风道达到均匀送风目的。

4.4.3 气流组织

各送风口送风均匀是保证车厢内空调效果及乘客的舒适性的前提条件。但是气流组织的好坏也是影响空调效果的重要因素。如果气流组织不好局部气流不畅，会导致车厢内冷热不均，也可能出现空调短路，部分空调空气未经过与车厢空气进行热湿量交换就回到空调机组造成能量的浪费。地铁车辆都是由带司机室的头车(T_c 车)和中间座车(M_p 车、M 车)两类车辆编组而成。图 4-50 和图 4-51 是时速 120 km 以下地铁 $T_c/M_p/M$ 车的气流组织。时速 120 km 及以上车辆只是采用强迫废排，其余气流组织形式一样。

$T_c/M_p/M$ 车空调机组分别设置在车辆车顶的 1/4 和 3/4 处。新风从空调机组新风口吸入，经新风过滤网过滤后，与空调回风在机组蒸发器前混合。经蒸发器处理被冷却除湿（以制冷为例），通过客室送风道和散流器送入客室内，吸收客室内余热余湿后，一部分空气经废排装置排出车外，另外一部分空气经空调机组的回风口进入机组，如此循环。

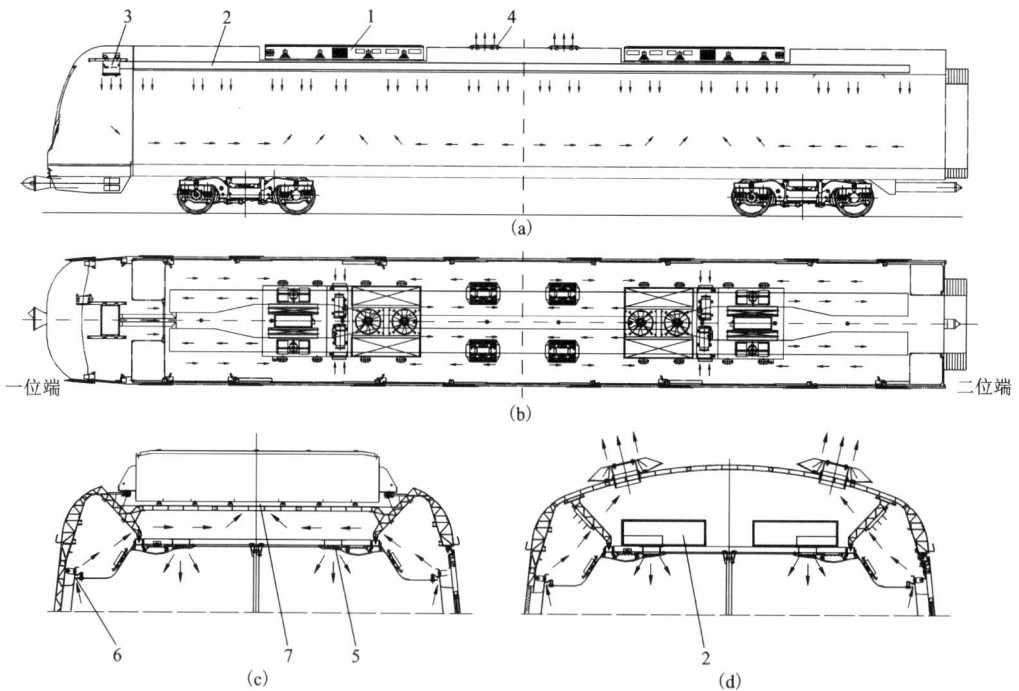

1—空调机组；2—送风道；3—通风单元；4—废排装置；5—散流器；6—侧墙回风口；7—机组回风口。

图 4-50　T_c 车车厢气流组织

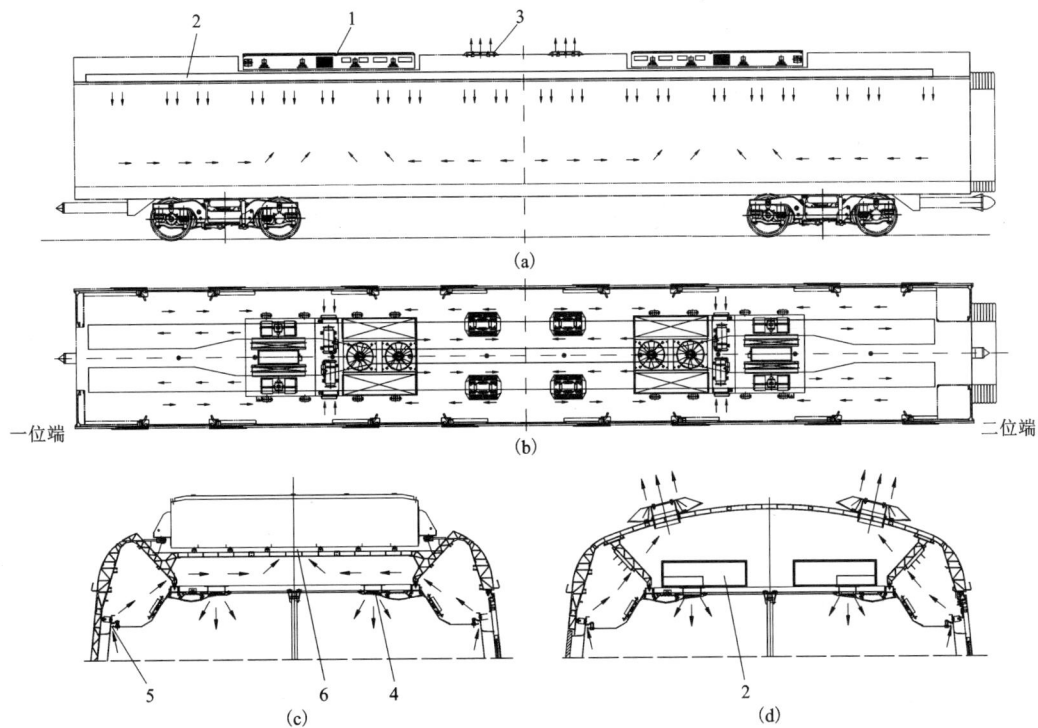

1—空调机组；2—送风道；3—废排装置；4—散流器；5—侧墙回风口；6—机组回风口。

图 4-51　M_p/M 车车厢气流组织

第5章

空调机组制冷量测试原理及技术

5.1 空调机组的测量参数

空调机组性能测试过程需要测试以下参数。

①温度：空气干球温度、湿球温度，制冷剂温度。

②压力(差)：空气静压、动压、全压、流动压差，制冷剂静压、动压、全压、流动压差。

③电量参数：电流、电压、有功功率、功率因素。

通过测量上述参数，可以计算得到以下参数。

①通风量：即空调机组的送风量，可以通过风量测量机构的流动差压计算得到。例如，利用喷嘴、皮托管等测量机构，就可以通过下式计算得到：

$$V = \alpha_V A \sqrt{\Delta P / \rho} \tag{5-1}$$

式中：V 为空调机组通风量，m^3/s；α_V 为流量系数；A 为测量空气流通断面面积，m^2；ΔP 为流量机构测得的静压差，Pa；ρ 为空气密度，kg/m^3。

②机外余压与机外静压：空调机组的机外余压是空调机组中通风机全压克服内部阻力后，在空调机组出风口剩余的全压，包括机外静压和机外动压。机外静压就是空调机组出风口的静压。机外静压等于机外余压减去出风口动压。

③制冷量：对于车辆空调机组而言，根据有关标准，制冷量采用空气焓差法原理测得。

$$Q_C = \alpha_{QC} V \rho (h_i - h_o) \tag{5-2}$$

式中：Q_C 为空调机组制冷量，kW；α_{QC} 为综合系数；h_i 为空调机组进风焓值，kJ/kg；h_o 为空调机组出风焓值，kJ/kg。

④制热量：对于热泵型空调机组，在制热模式下运行，可以测得制热量。计算公式类同式(5-2)，但空调机组制热过程，室内换热器表面为加热过程，可以用温差来计算该换热量，如下式：

$$Q_H = \alpha_{QH} V \rho C_P (t_i - t_o) \tag{5-3}$$

式中：Q_H 为空调机组制热量，kW；α_{QH} 为综合系数；C_P 为空气的定压比热容，kJ/(kg·℃)；t_i 为空调机组进风干球温度，℃；t_o 为空调机组出风干球温度，℃。

⑤三相电流/电压不平衡度：

在三相四线制中，三相负荷(相线对中性线)分布不均匀，将产生零序电压，使零点移位。一相电压降低，另一相电压升高，导致电压偏差增大。电压的不平衡会导致数倍的电流不平衡发生。相与相之间短路、相与零线短路，都会造成三相电压/电流不平衡。

电压的不平衡将诱导电动机中逆扭矩增加使温度上升，效率降低，损失增加，发生震动，导致输出功率降低。若电压偏差增大至一定程度，则将导致电气设备烧毁。

三相电流/电压不平衡是指三相电流/电压在幅值上不同或其相位差不是 120°。三相电流/电压的不平衡程度称为"三相电流/电压不平衡度"或者"三相电流/电压不平衡率"，常用负序或零序电流/电压与正序电流/电压之比的百分数表示。

三相电流/电压不平衡度 δ 有两种常用计算方法。

①电流最大波动值与最大电流之比，即：

$$\delta = \frac{I_{max} - I_{min}}{I_{max}} \times 100\% \tag{5-4}$$

②相对三相平均电流的最大波动值与三相平均电流之比，即：

$$\delta = \frac{\max(I - I_p)}{I_p} \times 100\% \tag{5-5}$$

式中：I_{max} 为三相电流最大值，A；I_{min} 为三相电流最小值，A；I、I_p 分别为三相电流、三相电流平均值，A。

对于轨道交通车辆空调机组的检修测试而言，常用三相电流/电压不平衡度评价压缩机、风机等具有电机负载的电气性能，且规定三相电流/电压不平衡度在 10% 以内为检修合格。

在进行检修测试时，输入电源的三相电压不平衡度直接影响空调机组的三相电流/电压不平衡度的测量结果。因此，可以通过两种措施解决输入电源的三相电压不平衡度影响问题：一是设置稳压电源，使输入电压平衡；二是通过算法消除输入电源的三相电压不平衡度。

5.2　用空气焓差法测量空调机组制冷量

轨道交通车辆空调机组通过换热器与车外环境、车内环境进行热交换，从而实现从车内到车外的热量转移。夏季，室内侧空气经过蒸发器降温减湿后以"冷风"状态送入车内；冬季，热泵型空调机组以制热模式运行，室内侧空气经过冷凝器加热升温后以"热风"状态送入车内。因此，轨道交通车辆空调机组的制冷量/制热量可以采用空气焓差法进行测量。

5.2.1 焓的测量

在热力学中，焓是一个与温度、湿度、压力等有关的参数。测量焓值需要先测量温度、湿度、压力等直接参数，然后利用空气状态参数关系式进行计算求得。换言之，焓是间接测量参数。

在用空气焓差法测量空调制冷量时，测量焓值是一项重要内容。焓值的测量有多种方式，工程应用中，需要专门研究。

5.2.1.1 通过测量干球温度、湿球温度来测量焓值

湿空气的状态参数之间存在如下关系式。通过这些关系式，在大气压一定时，已知湿空气任意两个参数，就可以求出其他参数。

(1) $T = 273.15 + t$

(2) 饱和水蒸气压力 $P_{q,b}$

当 $t = 0 \sim 200\ ℃$ 时，$\ln(P_{q,b}) = \dfrac{c_8}{T} + c_9 + c_{10}T + c_{11}T^2 + c_{12}T^3 + c_{13}\ln(T)$ (5-6)

式中：$c_8 = -5800.2206$，$c_9 = 1.3914993$，$c_{10} = -0.04860239$，$c_{11} = 0.41764768 \times 10^{-4}$，$c_{12} = -0.14452093 \times 10^{-7}$，$c_{13} = 6.5459673$。

(3) 水蒸气压力 P_q

$$P_q = P_{q,b} - A(t - t_s)B \tag{5-7}$$

式中：A 可根据风速 v 大小计算，$A = \left(65 + \dfrac{6.75}{v}\right) \times 10^{-5}$。

(4) 相对湿度 φ

$$\varphi = \frac{P_q}{P_{q,b}} \times 100\% \tag{5-8}$$

(5) 含湿量 d

$$d = 622 \times \frac{P_q}{B - P_q} \tag{5-9}$$

(6) 湿空气的焓 h

$$h = 1.01t + 0.001d(2501 + 1.84t) \tag{5-10}$$

式中：t、t_s 分别为湿空气的干、湿球温度；B 为大气压；h 为湿空气的焓。

空气状态参数中，干球温度、湿球温度、大气压力、相对湿度均可以用温度、压力、湿度仪表直接测量得到，其余参数则需要通过直接测量参数与关系式计算，间接得到。焓与干球温度、湿球温度的关系可以表示为

$$h = f(B, t, t_s) \tag{5-11}$$

由式(5-11)及空气状态参数之间的关系式，测量空气的干湿球温度后，可以计算出对应的焓值。

5.2.1.2　通过测量干球温度、相对湿度来测量焓值

通过测量空气的干球温度(t)、相对湿度(φ)，由上述空气状态参数之间关系式，经过迭代计算可以得到空气的焓(h)：

$$h = \psi(B, t, \varphi) \tag{5-12}$$

在工程应用中，温度传感器、相对湿度传感器以及两者的组合温湿度传感器都广泛用于布点方式测量空气温度、相对湿度。与取样方式测量空气的干球温度、湿球温度相比，布点方式测量误差较小，使用方便，运行维护简单。

5.2.1.3　湿球温度的测量

根据热质交换理论，在绝热条件下，测量湿球温度需要在温度传感器感温部位创造空气-水的平衡状态，即湿球温度下的饱和状态。绝热条件是指空气与水进行热质交换时，没有其他热源与空气或水进行热交换。平衡且饱和状态的水或饱和空气与感温部位达到热平衡，这时温度传感器测得的温度就是空气湿球温度。工程上，采用在温度传感器上包裹湿球纱布，将湿球纱布浸入水中，通过毛细吸水原理将水抽吸至温度传感器的感温部位。然后，在一定风速下，令被测试的空气与纱布的水进行热质交换，直至热交换达到平衡状态。可以看出，湿球温度的测量与以下因素有关：绝热条件的获得；传感器的感温部位湿球纱布的热湿平衡状态；风速。

（1）绝热条件的获得

热质交换理论涉及的绝热条件是只有空气与水的热质交换，没有外界向空气与水传热。在湿球温度测量装置中，若要满足绝热条件，则需要从装置的外壳实施保温，并试图截断通过传感器电缆、温度计、补水管路向水的导热，以及截断通过取样装置的外部空气与内部空气温差传热、辐射传热等。

工程上，需要观测内部水位、纱布包裹状态等，或者需要对湿球补水。这就必须处理好传热的问题。

（2）传感器的感温部位湿球纱布的热湿平衡状态

依据热质交换理论，经过无限长时间，湿球测量装置中的水与被测量的空气之间的热质交换达到充分、稳定的状态，即热湿平衡状态。这种状态下的水温才是被测空气的湿球温度。

假定空气干球温度为 t，含湿量为 d，湿球温度计纱布表面温度为 t_s，贴近其表面的空气含湿量为 d_s；假设湿球与周围物体表面间辐射换热可忽略，对玻璃水银或乙醇温度计，半径为 R 的球形测头的毕渥数为

$$Bi = \frac{\alpha L_c}{\lambda} = \frac{\alpha R/3}{\lambda} \leqslant 0.1 \tag{5-13}$$

因此，测头的换热可以用集中参数法分析，设测头体积为 V_c，对流面积为 A_c，其瞬态传热方程为

$$\begin{cases} \alpha(t - t_s) - h_d(d_s - d)r = \dfrac{\rho V_c c_p \mathrm{d}t_s}{A_c \mathrm{d}\tau} \\ \tau = 0, \ t_s = t \end{cases} \tag{5-14}$$

利用刘伊斯关系式$\dfrac{\alpha}{h_d}=c_p$，可得：

$$t_s=t-\frac{r(d_s-d)}{c_p}\cdot\left(1-\mathrm{e}^{-\frac{A_c\alpha}{\rho V c_p}\tau}\right)$$

在特定条件下，当$t=20\,℃$、$r=2501\ \mathrm{kJ/(kg\cdot K)}$、$d_s=14.7\ \mathrm{g/kg}$、$d=8.73\ \mathrm{g/kg}$、$c_p=1.4\ \mathrm{kJ/(kg\cdot K)}$、$\alpha=20\ \mathrm{W/(m^2\cdot ℃)}$时，得到$t_s$随$\tau$的变化如图 5-1 所示。

由此可见，水与被测量的空气之间达到热湿平衡状态的时间取决于空气流速、水量、水与空气的接触面积等。在工程应用的条件下，水与被测量的空气之间达到热湿平衡状态的时间需要 1000 s 左右。图 5-1 说明，经过一定的平衡时间(约 1000 s)后，测得的温度才能当作湿球温度，否则就会导致较大的误差。

湿球温度测量时，需要一次性灌注足量的蒸馏水，从绝热要求上说不能进行补水。但是，湿球纱布上水与空气热平衡后，湿球温度盒中的水量会随着时间减少，直至完全气化。湿球温度盒中的水量对应的完全气化时间可以分析得出。在上述湿球纱布模型下，存在着热平衡：

$$\alpha(t-t_s)A=h_d(d_s-d)rA_c \tag{5-16}$$

将刘伊斯关系式$\dfrac{\alpha}{h_d}=c_p$代入上式，得：

$$\Delta d=\frac{c_p\cdot(t-t_s)}{r} \tag{5-17}$$

假设加湿盒水量为$V(\mathrm{mL})$，则完全气化时间τ：

$$\tau=\frac{V\rho_s}{h_d\Delta dA_c}=\frac{V\rho_s r}{\alpha(t-t_s)A_c} \tag{5-18}$$

由此，得到湿球温度盒中的水量(V)与完全汽化时间(τ)的关系，如图 5-2 所示。

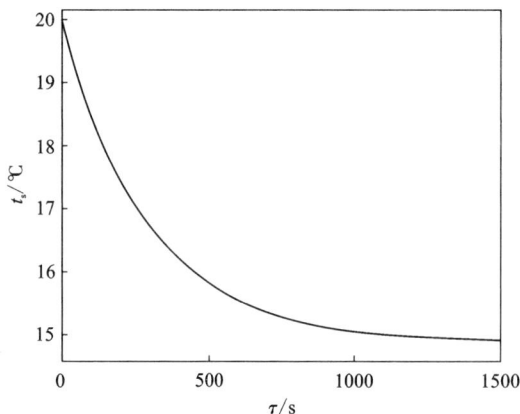

图 5-1　湿球温度测量需要的平衡时间曲线

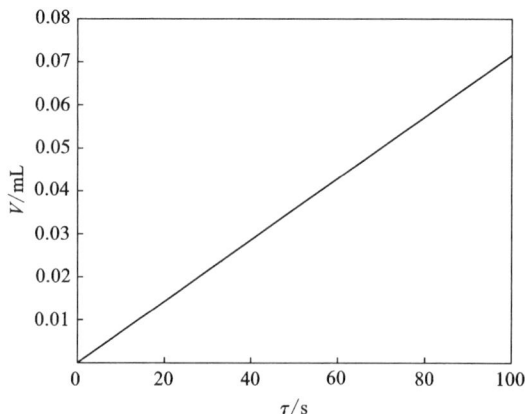

图 5-2　湿球温度盒中的水量(V)与完全汽化时间(τ)的关系

湿球温度盒容积越大，一次性加注水量越多，则水完全气化经历的时间就越长。对于连续性使用的系统，需要足够长的汽化时间。但湿球温度盒容积越大，一次性加注水量越多，对水与空气的平衡时间有一定影响。这种影响来源于湿球温度盒中未达到热平衡的水温差传热。

（3）风速

湿球温度测量过程中的风速主要影响热湿平衡状态的时间。已有的研究结论基本认为，这一风速应达到 4~5 m/s 及以上才有利于热湿平衡。在一些测试标准中也有规定，这一风速应达到 5 m/s。

事实上，湿球温度测量过程中的风速大小并不直接影响测量误差，而是通过平衡时间影响测量误差。换言之，任何风速下，只要时间足够长，都能达到热湿平衡状态，这时测得的温度就是空气的湿球温度。而在工程应用实践中，无限长或足够长的时间或许难以保证，因此，有一个权宜风速。

此外，当风速大到一定程度时，在湿球纱布孔内会出现气流吹掉夹带水滴的现象，在温度感温部位的质交换并不充分，使感温部位温度偏向空气干球温度。在湿球温度测试装置中，过高的风速增加采样风机的功耗和噪声。结合研究成果，建议风速不超过 10 m/s。

5.2.1.4　取样方式测量空气干湿球温度的技术措施与误差分析

对于空气焓值测量，许多标准中仍然推荐用取样方式测量空气干湿球温度，进而计算得到空气的焓值。这种测量方式便于采用一次仪表进行测量校验。但是，实际应用时需要解决一些技术问题。

测量空气焓时，取样测量装置如图 5-3 所示。

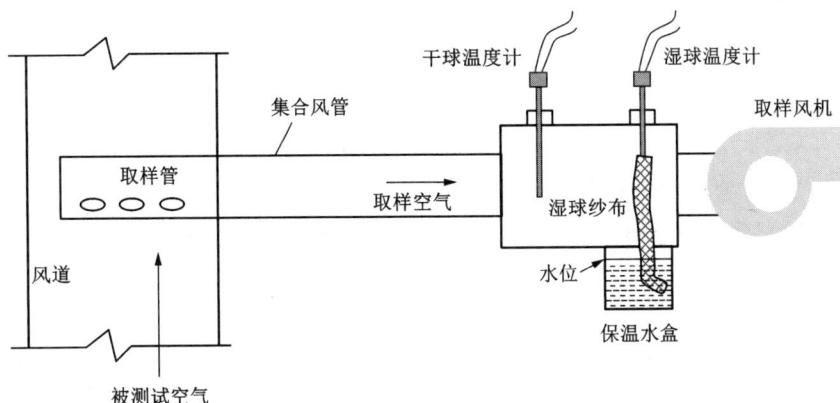

图 5-3　测量空气干湿球温度的取样测量装置

该取样测量装置包括取样管、集合风管、风量调节机构、取样风机、取样盒、温度计（或温度传感器）、保温层等。

（1）取样测量装置的保温措施分析

因为湿球温度测量有绝热要求，所以，取样盒的外部、湿球温度测量部位需要保温。

至于取样装置的外部其余部位，不一定需要保温。在图 5-3 中，存在环境空气通过集合风管与取样空气的传热，在集合风管外部保温或不保温两种情形下，从取样管出口（空气状态点 1）至取样盒入口（空气状态点 2）之间，空气的状态变化过程焓湿图见图 5-4。

由图 5-4 可以看出，在取样空气中没有液滴夹带的情况下，取样装置集合风管内空气状态变化过程（1→2 或者 2→1）为干式加热（降温）过程。这时，尽管空气的温度、相对湿度、焓等参数会改变，但可以认为空气的含湿量不

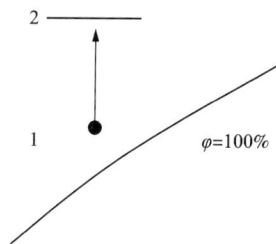

图 5-4 取样装置集合风管内空气的状态变化过程焓湿图

变。由取样盒测得的空气干湿球温度可以计算得到空气的含湿量，再将该含湿量与取样管空气干球温度一起作为取样管处的空气参数，进而求得该处空气的焓。因此，取样测量装置的保温只须对取样盒保温，省去了集合风管保温，这有利于取样装置集合风管较长的应用场合。

（2）取样与温湿度布点两种测量方法的误差分析

取样装置方法是通过取样装置抽取被测空气样品，测量取样空气的干湿球温度，并将测得的干湿球温度当作取样断面被测空气的干湿球温度。温湿度布点测量方法是直接在指定的空气流通断面布置若干个干球温度、相对湿度传感器，测得该断面空气的温湿度。

在测量工程应用中，测量误差来源较多，主要有系统误差、随机误差、疏失误差。在计算机自动化测量系统中，不考虑疏失误差。系统误差中的传感器误差、过程误差可以通过分析找到，并予以消除。在取样装置测量干湿球温度的过程中，除温度传感器误差外，外界传热、热质交换不平衡及风速不当等也会导致过程误差或测量方法误差。这里分析取样装置的测量误差、布点测量误差，并进行测量误差对比分析。

为了简单起见，只讨论一个测量参数的误差导致焓值的误差情况。

①焓与干球温度的关系式及其误差传递。

焓与干球温度的关系式如下：

$$h = 1.005t + d(2051 + 1.86t) \tag{5-19}$$

式中：t 单位为℃；d 单位为 $kg/kg_{干空气}$。

以焓差法测量空调机组制冷量时常用的空气状态点（29 ℃、60%）为例，根据误差传递原理，得到焓与温度误差的关系：

$$\Delta h = 1.029\Delta t \tag{5-20}$$

故当空气干球温度误差 $\Delta t = 0.1$ ℃，则导致焓的误差 $\Delta h = 0.1029$ kJ/kg。

②焓与湿球温度的误差传递。

对于常用的空气状态点（29 ℃/23 ℃、60%），利用 $\Delta h = 2.86\Delta t_s$ 计算误差不大，故当空气湿球温度误差 $\Delta t = 0.1$ ℃时，导致焓的误差 $\Delta h = 0.286$ kJ/kg。

③焓与相对湿度的关系式及其误差影响。

同样，假设布点相对湿度的测量误差值 $\Delta\varphi$，可以求得对应的焓的计算误差 Δh。

利用空气焓湿表，在湿空气的干球温度为 20 ℃，大气压为 101325 Pa，饱和水蒸气压力为 2338.80 Pa 时，利用 Matlab 软件数据拟合出 34 组数据的焓与相对湿度的关系为

$$h = 37.37\varphi + 19.9\,(R^2 = 1) \tag{5-21}$$

故当空气相对湿度误差 $\Delta\varphi = 1\%$ 时，导致焓的误差 $\Delta h = 0.3737$ kJ/kg。

5.2.2　用空气焓差法测量制冷量的原理

根据热力学第一定律及状态方程的基本理论，不可压缩流体一维定压稳定流动过程中，过程的换热量等于流体过程前后的焓差。

$$\mathrm{d}q = \mathrm{d}h \tag{5-22}$$

或者

$$Q = G \cdot \Delta h \tag{5-23}$$

式中：G 为流体的质量流量。

轨道交通车辆空调机组的空气处理过程可以近似不可压缩流体一维定压稳定流动，则可以用空气进出空调机组(蒸发器)的焓差作为单位质量流量空气时的制冷量。

空调机组蒸发器侧的空气处理过程如图 5-5 所示，对应的空气处理过程焓湿图如图 5-6 所示。

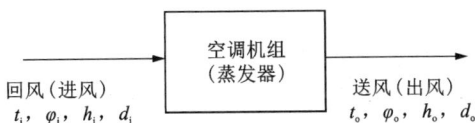

图 5-5　空调机组蒸发器侧的空气处理过程

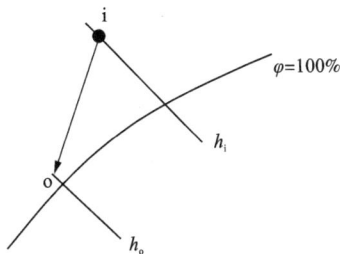

图 5-6　空调机组蒸发器侧的空气处理过程焓湿图

空气焓差法测量制冷量的计算公式见式(5-2)。

5.2.3　用空气焓差法测量制冷量的测试系统

用空气焓差法测量空调机组的制冷量，相应的测试系统形式如图 5-7、图 5-8、图 5-9 所示。

上述测量系统均可以用于空调机组制冷量测试。但每一种测试系统形式都有各自特点。结合轨道交通车辆空调检修测试的情况，应优先考虑以下方面。

(1)占地面积

轨道交通车辆空调检修测试是检修过程的环节之一，在检修过程中进行。由于检修测试设备安装在检修场地，而不是专门的测试中心，所以以检修测试设备的场地面积受到较大限制。必须选择更适合现有场地面积的测试系统形式。从这一指标考虑，最佳的系统形式为环路式空气焓差法制冷量测试系统。

(2)测试效率

轨道交通车辆空调检修测试与车辆检修量有关。在进行检修测试时，既要兼顾测试过程的技术要求，又要兼顾检修任务的完成。若空调机组日检修任务量达到 6 台，8 h 工作制满负荷测试状态下，每台空调机组的测试允许时间只有 1.3 h，实际上还可能会小于 1.3 h。而且空调机组检修任务量每天超过 6 台的情况很普遍，这就要求轨道交通车辆空调检修测试有较高的效率。

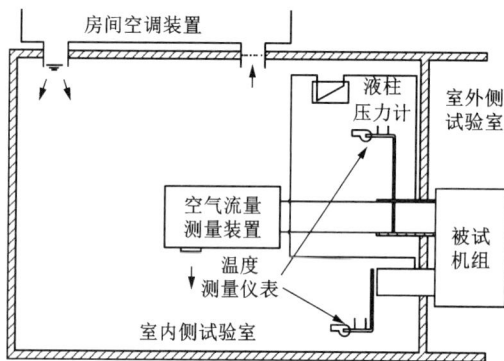

图 5-7　风洞式空气焓差法制冷量测试系统

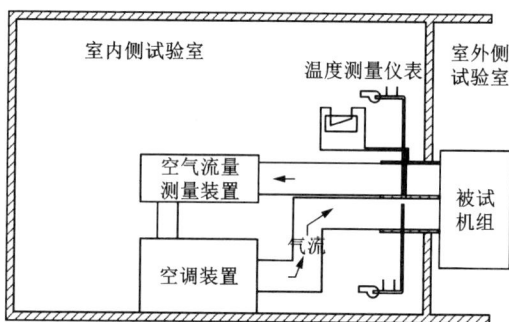

图 5-8　环路式空气焓差法制冷量测试系统

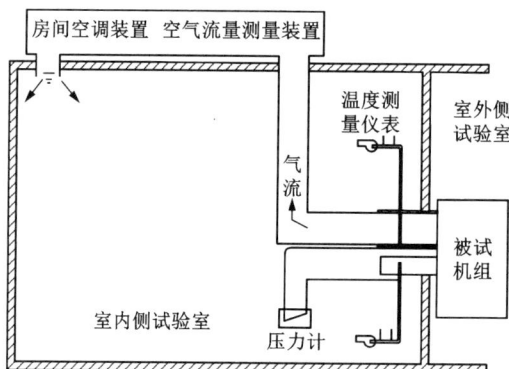

图 5-9　房间式空气焓差法制冷量测试系统

5.3　基于新造空调机组型式试验标准的空调机组测试系统

空调机组测试系统就是依据相应的测试标准，构建测试系统，满足测试工况的要求、空调机组的电源和控制要求、空调机组的机械接口要求。

5.3.1　测试工况

不同用途的空调机组适用相应的制造与测试标准，测试工况也不尽相同。对于轨道车辆空调机组，适用《铁道车辆空调 空调机组》(TB/T 1804—2017)，测试工况见表 5-1。

表 5-1　测试工况 　　　　　　　　　　　　　　　　　　单位：℃

试验项目		室内侧进风参数		室外侧进风参数	
		干球温度	湿球温度	干球温度	湿球温度
制冷	额定制冷	29	23	35	—
	最大负荷制冷	32.5	26	45	—
	超低温制冷	21	15.5	高原 5, 平原 10	—
	低温工况	21	15.5	21	—
	凝露	27	24	27	—
制热	热泵额定制热	20	15(最大)	7	6
	热泵最大运行制热	27	—	24	18
	自动融霜	20	12(15 以下)	2	1
	电热额定制热	20	—		
	热泵极限工况	20	12(15 以下)	−7	−8

测试工况包括室内侧进风参数(干球温度、湿球温度)和室外侧进风参数(干球温度、湿球温度)。空调机组测试系统的原理如图 5-10 所示。

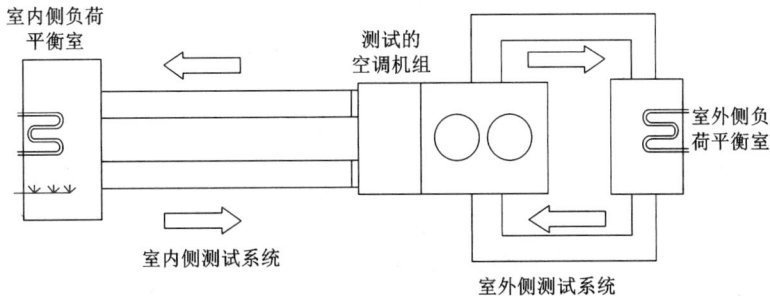

图 5-10　空调机组测试系统的原理

对额定制冷工况而言,当被测试的空调机组在制冷工况运行时,空调机组的室内侧出风温度(也称"送风温度")低于进风温度(也称"回风温度"),室外侧对外散热,机组的冷凝出风温度高于冷凝进风温度。要获得所需的测试工况,室内侧测试系统需要完成热湿平衡,即提供与机组制冷量相等的热量,以使进风温度稳定在额定制冷工况规定的室内侧进风温度。提供与机组制冷减湿相等的加湿量,以使进风相对湿度稳定在额定制冷工况规定的湿球温度或相对湿度。同样,室外侧测试系统也需要完成热湿平衡,即提供与机组冷凝热量相等的冷量,以使进风温度稳定在额定制冷工况规定的室外侧进风温度。

室内侧测试系统的空气处理过程焓湿图(见图 5-11)中空气状态点 J、C 分别为空调机组室内侧进、出风状态,空气状态点 1、2 分别为加热、加湿后的状态。实线与虚线分别表示两种空气处理过程：包含干蒸汽加湿、加热的空气处理过程($J\rightarrow C\rightarrow 1\rightarrow J$)；包含雾化加湿、加热的空气处理过程($J\rightarrow C\rightarrow 1\rightarrow 2\rightarrow J$)。

室外侧测试系统的空气处理过程焓湿图(见图5-12)中室外侧空气被空调机组冷凝器加热后携带热量进入室外侧房间(即$4\rightarrow 3$)，环境空调机组提供冷量，对热空气降温(即$3\rightarrow 4$)，维持恒定的室外温度。

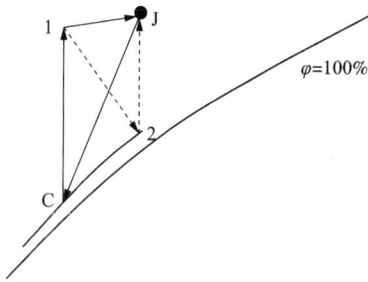

图 5-11 空调机组室内侧测试系统的
空气处理过程焓湿图

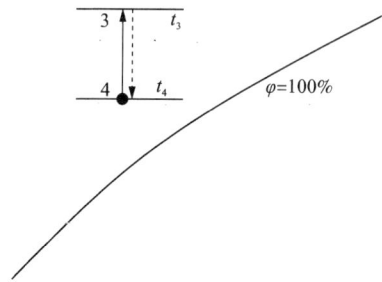

图 5-12 空调机组室外侧测试系统的
空气处理过程焓湿图

5.3.2 控制工况的热湿平衡

空调机组制冷量测试系统由室内侧测试系统、室外侧测试系统组成。室内侧测试系统包含蒸发器运行参数控制的全部功能，如蒸发器进风温湿度的控制、风量与出风压力的控制、参数的测量等。室外侧测试系统包含冷凝器运行参数控制的全部功能，如冷凝器进风温湿度的控制、参数的测量等。测试工况就是这些温湿度、压力和风量参数的组合。

空调机组室内侧测试系统要通过热湿平衡，控制相应的工况稳定。制冷量测试时，空调机组的蒸发器从室内侧测试系统吸收热量Q_c，此时需要专门加热器提供一定的加热量Q_h，就可以控制室内侧测试系统环境的温度，即蒸发器进风温度。而在空调机组制冷运行时，还存在除湿量m_c，需要提供等量的加湿量M_v予以平衡，从而控制室内侧测试系统环境的含湿量与相对湿度，即蒸发器进风相对湿度或湿球温度。

空调机组室外侧测试系统要用辅助空调的制冷量$Q_{c,a}$平衡被测试空调机组冷凝器的散热量Q_{cond}，以保持相应的工况稳定。制冷量测试时，空调机组冷凝器向室外侧测试系统放出热量Q_{cond}，此时需要辅助空调机组提供一定的制冷量$Q_{c,a}$，就可以控制室外侧测试系统环境的温度，即冷凝器进风温度。

对于图5-13所示的测试系统，存在以下热湿平衡：

室内侧测试系统热平衡：

$$Q_1+Q_h=Q_c \tag{5-24}$$

室内侧测试系统湿平衡：

$$M_v=m_c \tag{5-25}$$

室外侧测试系统热平衡：

$$Q_2+Q_{c,a}=Q_{cond} \tag{5-26}$$

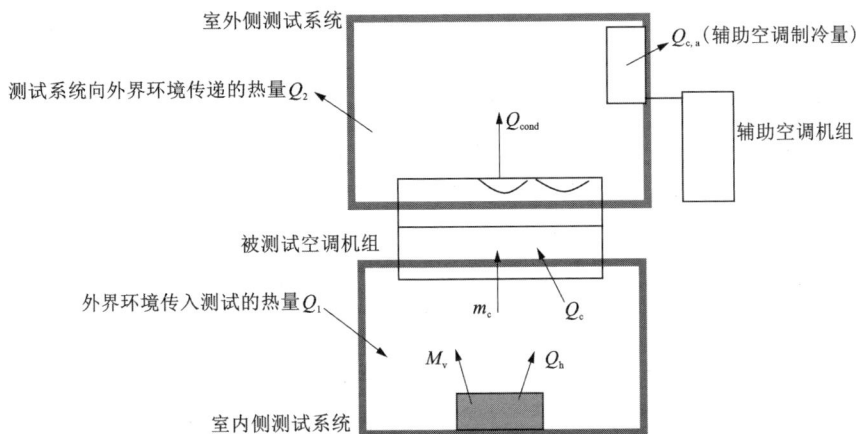

图 5-13　空调机组制冷量测试系统热量、湿量平衡图

5.3.3　热湿平衡技术及分析

（1）加热技术

在上述室内侧测试系统中，当进行空调机组制冷量测试时，需要提供加热量，以平衡测试的空调机组的制冷量。电、燃气、废热蒸汽等都可以用作热源。对于被测试的空调机组制冷量不超过 100 kW 的测试系统，电加热是常用方法，燃气加热系统复杂得多。而蒸汽加热只适用于有蒸汽源的应用场合。

电加热的优点是系统简单、热量调节方便、技术成熟、温度控制精确，其缺点是消耗了高品位电能，经济性差。电加热可以采用热泵供热技术，通过热泵方式提供加热量。一般来说，这种加热方式，效率可提高 3 倍以上。但初投资增加较多，且热泵供热方式的热量或者温度控制稳定性、精度稍差，需要进一步研究。

当对被测试的空调机组进行制冷量测试时，冷凝器侧释放热量。这一热量也有利用价值，甚至是免费热量。利用方案有很多，例如，通过逆流式板式换热器，将该冷凝热量传递给测试空调机组蒸发器侧的出风加热。

如图 5-14 所示，气-气换热器中气流 A、B 两种流体进行非接触换热，其显热交换效率 η 定义为

$$\eta = \frac{t_{B2} - t_{B1}}{t_{A1} - t_{B1}} \qquad (5-27)$$

金属材料的板翅式显热交换效率为 60%~85%。

假设：测试的空调机组蒸发器侧送风温度为 20 ℃（图 5-14 中 B 气流），冷凝器出风温

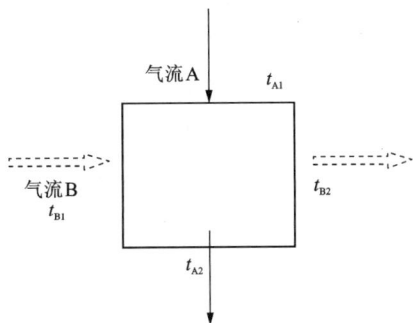

图 5-14　气-气换热器模型

度为 48 ℃（图 5-14 中 A 气流），气-气换热器显热交换效率为 70%，则由公式（5-27）可以得到 $t_{B2} = 39.6$ ℃。这说明当气-气换热器显热交换效率为 70% 时，用冷凝器排出的热量可

以将测试的空调机组出风由 20 ℃ 加热到 39.6 ℃。这样，可减少相应的加热量。

（3）供冷技术

对测试空调机组散热的试验环境控制，要采用空调制冷予以平衡。常用的制冷系统有直接蒸发式空气冷却系统、冷水机组+室内盘管系统。

直接蒸发式空气冷却系统的形式有单元式空调机组、分体柜式空调机组、分体吊顶式空调机组等。

在空调机组测试系统中，室外侧模拟环境维持的温度较高，平衡该环境热量的直接蒸发式空气冷却系统的蒸发器进风温度也较高。因此，需要研究这种应用工况下直接蒸发式空气冷却系统的特性。不能简单地按照直接蒸发式空气冷却系统的名义工况或其他设计工况的制冷量等数据选型。

表 5-2 是空调机组的名义设计工况。

表 5-2　空调机组的名义设计工况　单位：℃

工况类别		室内侧状态		室外侧状态			
		进风温度		风冷式		水冷式	
		干球温度	湿球温度	干球温度	湿球温度	进口水温	出口水温
制冷	名义制冷工况	27	19	35	24	30	35
制热	热泵名义制热工况	20		7	6		
	电加热装置名义制热工况	20					

用于空调测试系统室外侧环境模拟的空调机组的运行工况是回风温度 35 ℃，冷凝器进风温度 35 ℃；用于空调测试系统室内侧环境模拟的空调机组的运行工况是回风温度 27~29 ℃，冷凝器进风温度 35 ℃。

图 5-15、图 5-16 所示为一种名义制冷量 80 kW 单冷空调机组的性能曲线，制冷剂均为 R410A，t_j 是空调机组冷凝器进风温度。

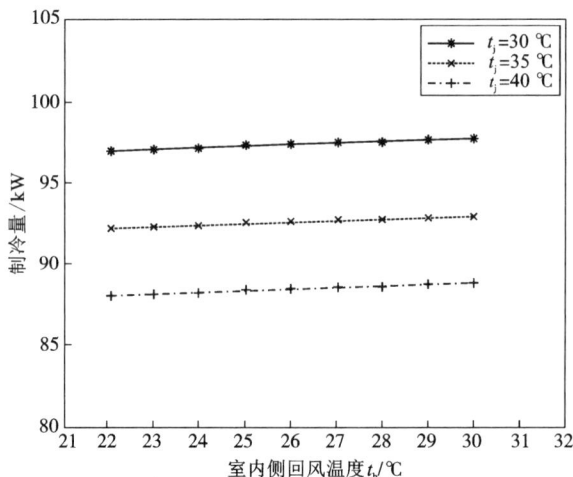

图 5-15　当冷凝温度一定时，制冷量随蒸发器回风温度的变化曲线

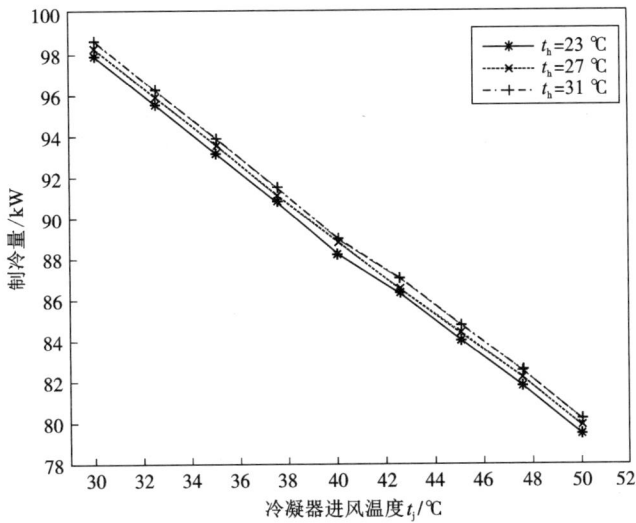

图 5-16　当蒸发温度为 15 ℃时，制冷量随冷凝器进风温度的变化曲线

　　由图 5-15、图 5-16 可见，空调机组的实际制冷量会随运行工况变化，要考虑工况偏离后带来的不利影响。表 5-3 是某种风冷空调机组在不同工况下制冷量修正系数。

表 5-3　不同工况下某风冷空调制冷量修正系数表

室内进风温度/℃		室外进风干球温度/℃				
湿球	干球	25	30	35	40	43
16	23	0.98	0.94	0.89	0.85	0.82
18	25	1.05	1	0.95	0.9	0.87
19	27	1.1	1.05	1	0.95	0.91
20	28	1.12	1.07	1.02	0.96	0.93
22	30	1.19	1.13	1.08	1.02	0.99
24	32	1.26	1.20	1.15	1.08	1.05

　　利用 AMESim 软件模拟风冷空调机组的制冷量随蒸发温度的变化曲线，如图 5-17 所示，其中，冷凝温度为 35 ℃，制冷剂为 R134a。

　　(4)加湿技术

　　空调机组性能测试系统的加湿方法有干蒸汽加湿、超声波加湿、水蒸发等。不同的加湿方法对应的空气处理过程不同，设计计算也不同。图 5-11 是不同加湿过程的空气处理过程焓湿图。

　　对于包含干蒸汽加湿的空气处理过程，干式加热过程的加热量 Q_h，空调出风含湿量 $d_c=d_1$，出风焓 h_C。状态 1、2 对应的焓 h_1、h_2。干蒸汽加湿过程为等温加湿过程。加湿过程所需热量 Q_w，加湿后的进风状态 J 的含湿量 d_J、焓 h_J，空调机组的制冷量 Q_C，去湿量 M_C，通风量 G，具有以下热湿平衡关系：

热平衡：

$$Q_C = Q_h + Q_w \qquad (5-28)$$

湿平衡：

$$M_C = G(d_J - d_1) \qquad (5-29)$$

对于包含绝热加湿的空气处理过程，干式加热过程的加热量 Q_h，空调出风含湿量 $d_c = d_1$，出风焓 h_C，状态 1、2 对应的焓 h_1、h_2。超声波加湿或喷循环水加湿过程近似于绝热加湿过程。而绝热加湿过程为等焓加湿过程。2→J 为再热过程，对应的加热量为 Q_{h2}，进风含湿量 $d_2 = d_J$，具有以下热湿平衡关系：

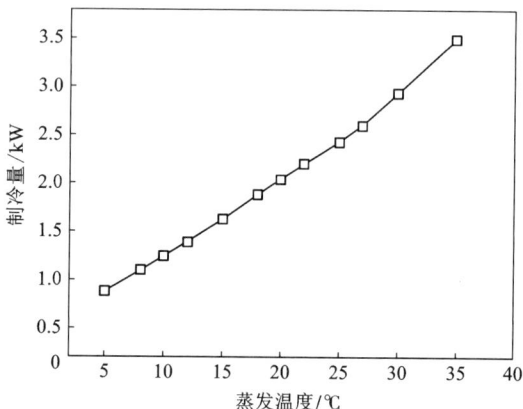

图 5-17 风冷空调机组性能曲线

热平衡：

$$Q_C = Q_h + Q_{h2} \qquad (5-30)$$

湿平衡：

$$M_C = G(d_2 - d_1) \qquad (5-31)$$

由上述平衡公式可以看出，具有干蒸汽加湿的空气处理过程加热量 Q_h，而包含绝热加湿的空气处理过程加热量为 $(Q_h + Q_{h2})$。两种加湿技术对应的加湿量相等，均为 $M_C = G(d_2 - d_1) = G(d_J - d_1)$。

5.3.4　风量的控制

在采用焓差法测量空调机组的制冷量时，还需要控制、测量蒸发器的通风量。由于测试系统的加入，增加了空调机组的出风阻力，导致实际风量降低。因而需要用辅助风机予以补偿，以抵消测试系统增加的阻力。

5.3.4.1　指定风量测试时风量控制

轨道交通空调机组制冷量指定风量测试就是按照额定风量进行测试。例如，铁路客车单元式空调机组机型系列有 KLD9 型、KLD29 型、KLD40 型、KLD53 型等，其额定风量见表 5-4。

表 5-4　单元式空调机组额定风量　　　　　　　　　　　单位：m³/h

风量类型		KLD9 型	KLD29 型	KLD40 型	KLD53 型
强风	通风量	1800	4500	6000	6000
	新风量	600	1500	2000	2000
弱风	通风量	1500	3000	4500	4500
	新风量	500	1000	1500	1500

测试系统借助辅助风机,将流过空调机组蒸发器的风量控制在额定风量,再配合规定工况进行测试。这种测试属于验证性测试,不同厂家的机组、同一厂家不同机组的通风系统性能差异被掩盖了。

常用的风量控制方法有辅助风机变频控制、阻力调节两种。

如图 5-18 所示的空调机组风量调节与测量系统中,设计风量为空调机组的最大通风量 V_{max}。假设流量测量装置、风管、风阀等阻力为 ΔP,阻力曲线如图 5-19 中曲线 1,风机曲线 a、b、c 都可以满足选型要求。

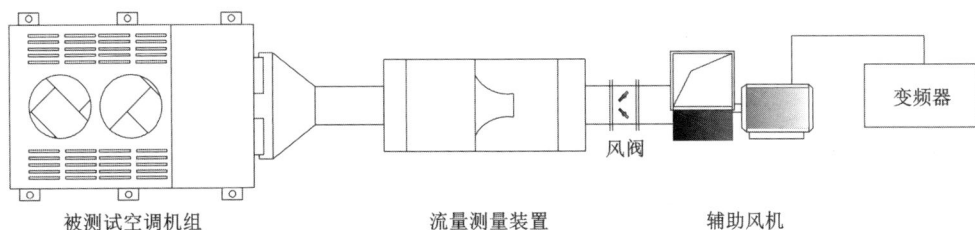

图 5-18　空调机组风量调节与测量系统

辅助风机的功率(N)按照式(5-32)选择:

$$N = \frac{1.2\Delta P \cdot V_{max}}{\eta} \quad (5-32)$$

(1)辅助风机变频控制

辅助风机变频控制能实现无级调节。随着变频技术的发展,变频器的成本降低。系统硬件因此简化,变频控制得到了广泛应用。借助 PID 控制算法,就能获得较好的控制效果。对于一个设定的调速目标值,

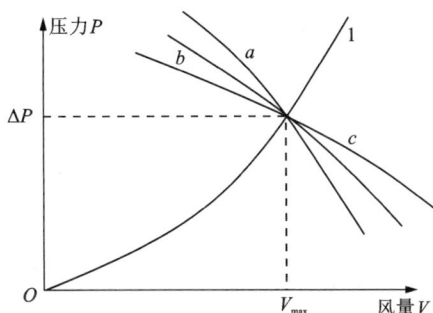

图 5-19　辅助风机与风量系统的匹配

15~30 s 即能达到控制精度。采用变频技术调节风量需要解决信号干扰问题,见后续讨论。

在进行变频器选型时,容量应在上述风机额定功率的基础上增加 10%~20%。在进行实际风量调节时,运行频率应在 20~50 Hz。

(2)阻力调节

变频技术调节风量存在信号干扰问题,解决不好,将导致测试数据的不准确、不稳定。采用流量调节机构(如风阀等)进行阻力调节,实现风量调节控制,能克服变频调节带来的干扰。因此,阻力调节是一种经济适用的风量控制技术。相比变频调节而言,这种技术调节特性不同,调节的平稳性较差,过渡过程时间稍长。以风阀+电动执行器为例,对开式多叶调节风阀的调节特性曲线如图 5-20 所示。

在图 5-20 所示的对开式多叶调节阀的调节特性曲线中,左侧两种曲线属于快开型,关闭的风阀角度大于 0°后,较小的角度变化也会使风阀的流量有较大改变;右侧两种曲线

属于慢关型，关闭的风阀角度大于 0°后，较大的角度变化，风阀的流量改变较小，但风阀叶片角度超过 50°后，较小的角度变化也有较大的风量改变。

所选用的对开多叶调节阀特性曲线不同，对应的控制逻辑也不同。控制输出的时间间隔也应调整。这样，才能快速控制得到所需的目标风量。

对开式多叶调节阀的阻力特性曲线如图 5-21 所示。

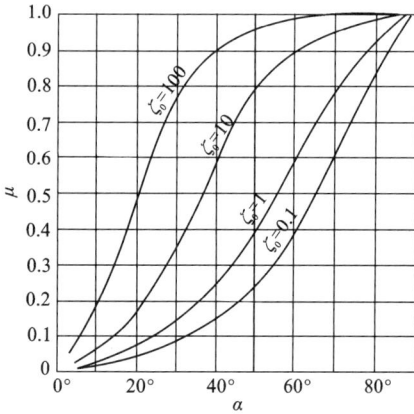

α 为风量开启角度，$\alpha=0$ 时为全关；

μ 为风量调节比，$\mu=L/L_0$；

L 为各开启度所通过的体积流量；

L_0 为风阀全开时通过的最大体积流量；

ζ_0 为所在系统除风阀外的全部阻力系数。

图 5-20　对开式多叶调节阀的调节特性曲线

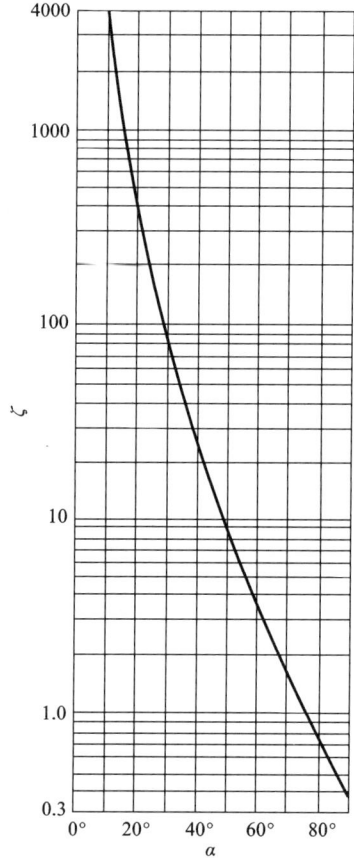

图 5-21　对开式多叶调节阀的阻力系数曲线

风圈式风量调节阀阻力系数 ζ 与阀门开度 R 的关系式：

$$\zeta = ae^{R/b}+c \qquad (5-33)$$

式中：a、b 为常数；c 为修正系数。

对于 DN200 风圈式风量调节阀，$a=11794.35$，$b=-0.00811$，c 与阀门开度 R 有关。当阀门开度 R 小于 0.05 m 时，c 可忽略不计；当阀门开度 R 大于 0.05 m 时，

$$c = 1216.8R^2-300R+17.656 \qquad (5-34)$$

风圈式风量调节阀阻力特性曲线如

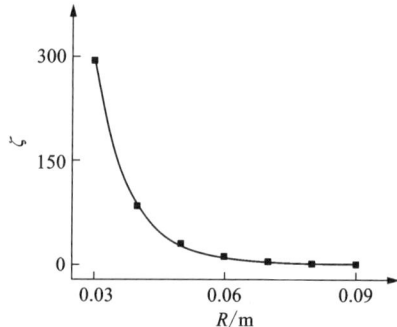

图 5-22　风圈式风量调节阀阻力特性曲线

图 5-22 所示。

风阀电动执行器通过提供扭矩,使风阀叶片从 0~90° 旋转。电动执行器从 0~90° 需要运行 25~30 s 的时间,对控制信号的响应时间为 2~5 s。在制定控制策略时,要考虑这两个时间特点。若采用步进式控制,则控制信号发送的时间间隔宜在 10 s 左右。

5.3.4.2　实际风量测试时风量控制

对于空调机组的型式试验,或者更换了通风机等影响空调机组送风侧风量的验证性测试,或者需要测量风量及机外余压,均应测量空调机组的实际风量。

实际风量测试的前提就是要消除(图 5-18)空调机组风量调节与测量系统中流量测量机构、风机、风管及风阀等带来的附加阻力。在空调机组出风口专门测压管路上,设置压力测量传感器。通过调节风机风量,使压力传感器数值为 0 或者为空调机组出风静压值 P_r,测得空调机组的空载最大送风量、额定静压 P_r 下送风量。对于变频控制风量的系统,也需要设置风阀,当测量系统附加阻力达不到出风静压值时,关小风阀开度。

空调机组风量调节与测量系统中流量测量机构、风机、风管及风阀等带来的附加阻力与风机平衡工作点如图 5-23 所示,其中曲线 1 和 1′ 为测量风管系统的阻力曲线,曲线 a 和 a' 为风机工频性能曲线。

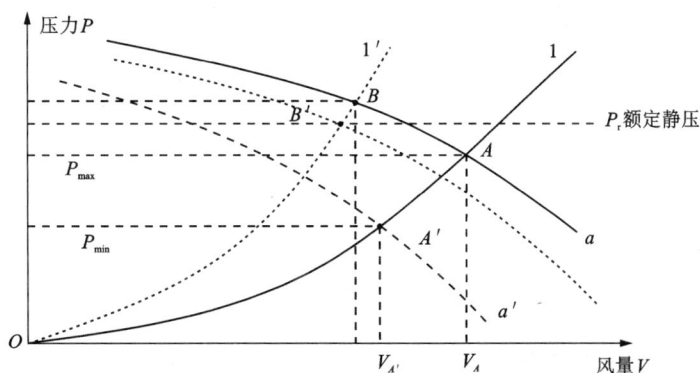

1—无风阀时测量系统阻力曲线;1′—有风阀时测量系统阻力曲线;a—50 Hz 时风机性能曲线;
a'—频率小于 50 Hz 时风机性能曲线;A、A'—无风阀测量系统 50 Hz、小于 50 Hz 时的工作点;
B、B'—有风阀测量系统 50 Hz、小于 50 Hz 时的工作点。

图 5-23　变频调速+风阀调节风量及送风静压原理

可以看出,若变频调速测试系统工作点最大阻力 $P_{max} < P_r$,则改变频率使工作点向 A' 点移动,但这无法控制 P_r。若借助风阀调节,增加系统阻力,使系统阻力曲线改变为 1′ 曲线,则变频器输出 50 Hz 时系统工作点为 B,对应的阻力大于 P_r。将变频器输出频率调节到小于 50 Hz 时,系统工作点调整为 B',对应的阻力可以达到 P_r,即完成额定静压调节。

5.4 轨道交通车辆空调机组测试要求

5.4.1 干线铁路车辆空调机组测试要求

客车运行区间跨度大，南北地形、气候差异大，车上乘客数量不稳定，使客车空调机组处在室内外条件剧烈变化的状况下长时期运行。此外，我国干线铁路旅客列车多次提速，普遍运行速度达到 160 km/h 及以上。当列车高速行驶时，车体两面的压力升高，穿越隧道时，还有"活塞效应"，加上列车运行中的振动，开停时的惯性作用，所有这些因素都恶化了客车空调机组的运行条件，使客车单元式空调机组的故障发生率远高于一般的家用空调。

轨道交通车辆的空调机组随着车辆运行，除压缩机的震动外，整机还与车辆一起颠簸震动。这种特定的运行环境，对空调机组内的压缩机、风机等运转设备的电机轴承、轴及转子形成潜在的危害。同时，对空调机组内管路、配件的螺纹接头等产生潜在的危害。随着运行时间的累积，某些潜在的危害可能变成直接的故障。

对于城市轨道交通车辆而言，车辆只在特定的城市运行。在连续的运行班次内，气候变化的影响几乎可以忽略。然而，对于干线铁路客车车辆而言，一趟列车在一个班次内可能在不同的气候类型环境中运行，既要穿越南方温热气候，又要进入北方寒冬气候。所以，铁路客车车辆的空调机组经历更为严峻的气候条件，有的时段甚至要运行冬夏两种不同的工况模式。此外，铁路客车车辆的运行环境普遍恶劣，风沙、扬尘、雨雪等，对其空调机组形成腐蚀、冲刷或撞击等危害。

为了确保轨道交通车辆的正常运行，对包括空调机组在内的车载设备，制定了定期检修规程。客车定期检修修程规定如下。

非提速客车(22 型、25B 型、25G 型客车等最高运行速度不超过 120 km/h 的客车)按《关于印发非提速客车实行按走行公里检修的规定与实施办法的通知》(铁运函〔2003〕470 号)规定，分三级修程：厂修(A4)、段修(A3)和辅修(A2)。具体修程周期为：

①厂修周期为运行 240×10^4 km($\pm 60 \times 10^4$ km)，或 22(23)型客车距新造或上次厂修 8 年，其余各型客车 10 年。

②段修周期为运行 60×10^4 km($\pm 20 \times 10^4$ km)，或 22(23)型客车距新造或上次段修及以上修程 2 年，其余各型客车 2.5 年。

③辅修周期为运行 20×10^4 km($\pm 2 \times 10^4$ km)，或距上次辅修及以上各修程 8 个月。

④非提速客车的各级修程检修周期循环为新造—20×10^4 km 辅修—40×10^4 km 辅修—60×10^4 km 段修—80×10^4 km 辅修—100×10^4 km 辅修—120×10^4 km 段修—140×10^4 km 辅修—160×10^4 km 辅修—180×10^4 km 段修—200×10^4 km 辅修—220×10^4 km 辅修—240×10^4 km 厂修。

国家铁路客运车辆一直按照这些规程进行定期检修。城市轨道交通车辆则参照国家铁路客运车辆定期检修规程进行检修。在客车进行段修(A3)、厂修(A4)时,除车体外,车辆装备都需要进行相应的检修,空调机组也在检修的装备范畴。

我国干线铁路车辆空调机组的投入应用始于 20 世纪 80 年代末,检修始于 20 世纪 90 年代初。按照定期检修规程,根据车辆的运营里程由低到高,其空调机组分别执行段修、中修及大修。空调机组的段修主要测试运行电流、进出风温度;空调机组的中修、大修除了测试运行电流、进出风温度,还要测试工况参数、制冷量等指标。

车辆空调机组定期检修包括清扫、修理、换件、测试等工艺流程。其中,空调机组的测试是较为复杂的检修工艺。

轨道交通车辆空调机组的运用与定期检修测试包括以下模式:

(1)运用检修测试模式

这种测试模式是指在车辆未达到段修或厂修标准前空调机组不下车检修测试。借助车下电源和测试系统,使空调机组在自然环境条件下进行通风、制冷、制热或采暖运行,测量该机组电源输入端的电流、功率等电气参数,并测量空调机组的进出风温度。

运用检修测试模式时,测量工况为自然环境,测试结果往往不是唯一确定的,而是一个范围内的某些值。例如,在某一个测试条件下,KLD29 型空调机组的压缩机输入电流测量为 8 A。根据应用经验,KLD29 型空调机组在可以启动压缩机的条件下(一般是进风温度达到 20 ℃ 及以上),其压缩机输入电流在 6~10 A 均属于正常范围。因此,如果在上述运用检修测试模式下测得压缩机输入电流为 8 A,则可以判定空调机组的该指标处于正常状态。但是对同一套空调机组在不同时段进行相同参数测试,得到的结果可能不相同。

在运用检修测试模式下,通风机输入电流测量结果受环境条件的影响较小,除非制冷工况下蒸发器阻力因凝结水而变化。所以,这一参数的测量值具有一定的评判价值。

空调机组全冷工况的进出风温度之差可以反映机组的制冷能力。在铁路客车空调机组的设计制冷工况下,空调机组全冷工况的进出风温度之差为 7~8 ℃。在运用检修测试模式下,空调机组全冷工况的进出风温度之差不低于 5 ℃,即可认为该机组的制冷能力正常。

可以看出,运用检修测试模式下测得的空调机组的参数值受环境条件的影响,这些参数的测量值只能用来粗略评价或判断相关性能。

(2)空调机组下车的段修检测模式

轨道交通车辆运行到规定里程后,需要安排在车辆运用单位(如车辆段)进行维保、修理,即“段修”。与此同时,空调机组也要求从车辆上拆下来,在车间进行专门检修。相应的,也称为空调机组的“段修”。

对下车后的空调机组进行性能测试是空调机组段修的重要内容。下车后的空调机组出现积灰、结垢、缺氟、风量降低、压缩机磨损等现象。这些现象将影响空调机组的制冷、制热性能。出现在换热器表面的积灰、结垢,导致空气与制冷剂的传热热阻加大,传热性能下降,最终降低空调机组的制冷量。在对空调机组进行段修时,清洗空调机组能较好地消除换热器表面积灰、结垢的不利影响。

空调机组制冷系统管路裂纹、配件连接处松动等,会导致制冷系统内制冷剂的泄漏,严重时,会出现制冷剂缺失的情况。制冷剂的泄漏,必将导致空调机组制冷量降低。

空调机组风量是由离心通风机及蒸发器的性能综合决定的。下车后的空调机组风量降低的原因除去积灰、结垢外，主要是风机叶轮流道变化、风机转子轴承间隙增大等。

压缩机是制冷系统的核心部件，经过长期连续运行后，压缩机内部磨损加剧，增大的间隙可能降低压缩机的输气量，从而降低空调机组的制冷量。

对于空调机组的段修测试，需要测试电气参数、制冷量、压差等，需要根据制冷量的测试结果进行分析评价，从而判定空调机组的性能是否合格，是否能继续装车使用。

（3）空调机组下车的厂修检测模式

轨道交通车辆达到规定的运营里程或时间就需要返回制造厂进行大修。空调机组作为车辆的重要装备也随之进入厂修。从检修工艺要求来看，空调机组厂修内容包括分解、更换零部件。空调机组厂修对性能测试的要求与段修基本一致，都需要进行制冷量、制热量、通风量等性能测试。

在空调机组厂修过程中，由于分解制冷系统，更换换热器（蒸发器、冷凝器）、压缩机等，制冷系统需要重新焊接并充注制冷剂。这种新组装的制冷系统必须进行制冷量、制热量测试，才能判定能否满足性能要求。因此，空调机组制冷量测试装置是空调机组厂修测试必不可少的装备。

5.4.2 城市轨道交通车辆空调测试要求

20 世纪 90 年代末，以上海、广州地铁运营为标志，城市轨道交通车辆空调机组开始普及应用。21 世纪初，城市轨道交通的空调机组进入检修期。但是，城市轨道交通车辆及其空调机组的运行环境较好，所以，空调机组的检修周期间隔较长。一般而言，城市轨道交通车辆空调机组自从投入运营 5~6 年后，才进行首轮检修。从时间角度看，城市轨道交通车辆及其空调机组的检修比国家铁路车辆空调机组检修晚 18~20 年。

城市轨道交通空调机组以落地检修为主，在检修体系中基本不采用运用检修、厂修两种模式。

5.4.2.1 城市轨道交通车辆空调状态检修测试

城市轨道交通车辆空调机组主要结构形式是车顶安装的单元式，蒸发器、压缩机及其组件、冷凝器、电加热器、空气净化装置及新回风调节装置等集成在一个机体内。城市轨道交通车辆空调机组与干线铁路空调机组的结构有所不同，主要表现在以下方面：

①城市轨道交通车辆空调机组送回风口均在空调机组的底部，常见的风口布置形式是中部一个回风口，两侧各一个送风口。

②城市轨道交通车辆空调机组新风口在机组两侧，这一布置比干线铁路空调机组一端布置新风口，受车辆行进方向的影响小，性能更稳定些。

③城市轨道交通车辆空调机组冷凝器从两侧进风，上部出风。这种气流安排适应两侧新风入口结构。干线铁路空调机组冷凝器从上部进风，两侧出风。

④城市轨道交通车辆空调机组电气接口多数布置在四周，干线铁路空调机组航插多数在下部回风口。

5.4.2.2　城市轨道交通地铁空调机组检修要求及特点

城市轨道交通地铁车辆在服务的城市运行，城际铁路在两个邻近城市运行，相比干线铁路大跨度(跨越多个省份或者不同气候区域)运行，城市轨道交通地铁车辆的运行环境更好，气候变化较小。这就决定了城市轨道交通车辆空调机组检修需求比干线铁路空调机组的低。

城市轨道交通车辆空调机组检修测试需求有以下层次：

①简单运转测试。

②控制工况测试。

③全性能测试。

5.4.2.3　简单运转测试

空调机组下车后，在检修库支架上(或专门箱式支座)，借助配套的控制柜系统，对空调机组进行运转测试，采集空调机组蒸发器进出风温度、环境温度、电量参数等。这种测试模式的基本思路是通过检查空调机组内各个电器部件运转状态及制冷系统制冷剂是否明显泄漏，来判断空调机组的性能状态，如图 5-24 所示。

(a)

(b)

图 5-24　简易空调运转试验台

检测的电气参数包括：压缩机的电压、电流、功率；室内侧风机的电压、电流、功率；冷凝器侧风机的电压、电流、功率。通过这些电气参数，可以判断压缩机、通风机的性能状态。

检测的空调机组热工参数包括蒸发器进出风温度、环境温度。通过环境温度决定其制冷还是制热模式，通过温升（温降）可以判断热泵空调制热能力和性能状态。通过温降可以判断空调制冷能力和性能状态。

如果空调机组的电器存在故障，其余系统无故障，表现为电气性能参数不正常、蒸发器侧空气温升、温降较小甚至为0。空调机组性能状态不合格。

如果空调机组的电器无故障，制冷系统制冷剂泄漏，表现为电气性能参数中压缩机电流较低、蒸发器侧空气温升（或温降）较小甚至为0。空调机组性能状态不合格。

如果空调机组的电器无故障，其余系统无故障，表现为电气性能参数正常、蒸发器侧空气温升、温降有合理值。空调机组性能状态合格。

简单运转测试模式存在的问题是对于单冷+电辅热的空调机组，若在气温低于18 ℃时进行制冷温降测试，就可能因机组低温保护而无法启动制冷。

5.4.2.4 控制工况运转测试

上述简单运转测试模式存在的问题需要通过控制空调机组运行工况来避免。因此，就出现"控制工况运转测试"。

实践中，控制工况运转测试有两种情况：一种是控制蒸发器回风工况；另一种是同时控制蒸发器、冷凝器进风工况。

控制蒸发器回风工况的空调运转测试设备在城市轨道交通车辆空调检修中大量使用。

控制回风工况的试验台在全年检修时，能保证空调机组按照制冷模式运行。然而，冷凝器进风工况未被控制，压缩机的工况就没有确定，压缩机压比、耗功及对应的电流等都是变化的。因此，难以客观评价压缩机的性能状态。

同时控制蒸发器进风工况、冷凝器进风工况的运转试验台如图5-25所示。

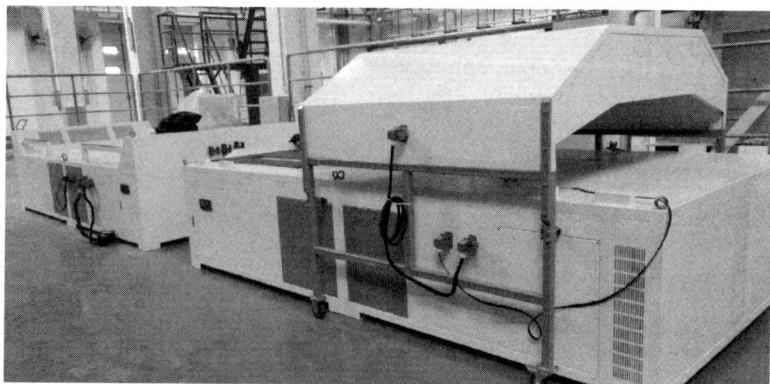

图5-25 同时控制蒸发器、冷凝器进风工况的空调运转试验台

5.4.2.5　全性能测试

在上述同时控制蒸发器、冷凝器进风工况的试验台中，蒸发器侧通风机的风量与空调机组的制冷量有密切关系。空调机组下车后安装在试验台上，风道系统的阻力及对应的风量与装车状态相比，有明显不同。因此，要用空调机组铭牌参数作为检修测试的比较标准，就需要把空调机组在试验台上的工况、风量控制在铭牌参数对应的工况，即需要进行全性能测试。全性能测试系统在前面章节已经详述。

第6章

空调机组试验测控系统设计

空调机组性能测试是空调出厂试验一个不可缺少的环节，需要配置环境调节设备，用以控制空调机组室内侧温湿度、室外侧空气温度，保证试验工况符合有关标准。由于试验过程中调控参数、采集参数较多，不能以单纯的人工操作方式完成整个试验，通常采用以计算机为核心的自动测控系统，实现测试过程控制与参数的采集处理自动化，实时采集空调机组的热工参数和电气参数。热工参数包括被测空调机组的两个换热器工况参数、空气压力等。电气参数包括空调机组各电器的三相电流、三相电压、功率等。测试系统计算出三相不平衡度、风量，通过空气焓差法来计算被测空调机组的制冷量。利用专家知识对空调机组电气性能、制冷剂量、制冷能力等进行综合评判。同时，把数据保存在数据库中，可以打印，对历史记录进行检索、追踪，体现现代测控、管理一体化的理念。

无论什么样的控制系统，其设计均有共性：一是需要相关领域的专业知识。只有充分了解对象，才能规划资源配置，设计出完善的主电路与控制电路，才能了解其在运行过程中可能出现的问题。二是需要了解控制系统的功能需求。对于不同的计算机控制系统，系统设计的要求不尽相同。只有充分了解功能需求，才能选择合适的器件，设计好正确的业务流程。一个控制系统的构成多种多样，但无论复杂或简单，总可以分为硬件和软件两大部分。本节讨论空调性能计算机测控系统硬件、软件系统设计的基本原则。

6.1 硬件设计基本原则

6.1.1 了解试验标准与用户需求，设计经济合理的系统

关于单元式空调机组试验，典型的标准有《铁道车辆空调机组》(TB/T 1804—2017)和《铁路客车电气装置检修规则(试行)》(铁总运〔2015〕29号)。这些标准规范了试验要求以及试验内容，规定了相应的测试条件。对额定制冷量不超过60 kW的客车车顶单元式空调机组综合性能测试，有如下要求：

（1）试验环境要求

蒸发器侧进风温度取值范围：20~40 ℃。

蒸发器侧进风湿度取值范围：40%~90%。

冷凝器侧进风温度取值范围：30~50 ℃。

（2）测量精度要求

测量精度要求：温度 0.5%，电量 0.5%，湿度 2%，压力 0.2%。

工况控制精度：冷凝器侧进风温度±0.5 ℃，蒸发器侧进风温度±0.5 ℃，蒸发器侧进风相对湿度±5%。

（3）加湿量：≤60 kg/h 可调

在硬件电路设计方面，应充分了解用户需求。基于用户性能需求与有关标准，尽可能降低成本，以设计性价比高、可靠性高的硬件系统，提升产品的市场竞争力。

6.1.2　安全可靠

硬件设计要考虑工作环境的因素。当在较为恶劣的环境下工作时，需要选择高等级的器件或者采用其他的策略，保证在规定的工作环境下系统的性能稳定、工作可靠。要了解空调机组的工作原理、结构组成、工作参数、工作时可能出现的故障及危害，设计其相应的启动、停止、联锁、互锁电路。设计的系统要有完善的保护功能，器件的选择要留有裕量，防止因过欠压、过流、过载、短路、漏电对设备和人员造成的危害。

6.1.3　要考虑兼容性

控制系统核心控制器可以选取微机、PLC、单片机微控制器。一般情况下这些控制器都能满足产品的功能需求。但编程的复杂度、开发周期、运算速度、存储容量、兼容性特别是支持的外设都是需要考虑的要素。就 PLC 而言，其性能可靠、技术成熟，在工控场合应用较为普及。但在支持外设方面存在不足，仅能支持有限型号的打印机。因此，在用户对打印机有特定需求的场合要折中考虑这一要素。

6.1.4　系统的故障自诊断

空调机组制冷量测试装置的硬件系统较为复杂，执行机构、测量传感器众多，一旦出现故障，查找和排除故障都极为不易。因此，在系统设计上，一方面，应设计指示灯来清晰指示器件、回路、参量的状态；另一方面，应设计执行机构、传感器自检电路，通过 DI 或 AI 信号反馈给计算机，便于故障诊断与维护。

6.1.5　有足够的抗干扰能力

控制系统在工业应用过程中会存在各种干扰，这些干扰往往是非线性的、随机的。根据干扰的来源,通常把它们分为两种:一种是外部干扰,另一种是内部干扰。外部干扰是由使用条件和外界环境因素所决定的干扰,来自自然界和周围的电气设备。在工业使用场合,行车的启停、变频器的运转、可控硅等器件的使用等会产生冲击、高频干扰。而控制系统内部元件的运行会产生热噪声,也会对系统内部的元器件引起各种干扰。

良好的抗干扰措施,可以保证系统的精度、工作正常和不产生错误。在考虑抗干扰时,强电弱电之间应采取隔离、屏蔽电磁干扰。同时设备要有正确、良好的接地,保证接地电阻小于 4 Ω。

6.2　软件设计基本原则

一个完善的自动测控系统,软件和硬件应互为支撑,本系统中的软件设计遵循以下几个方面的原则。

(1)结构合理

程序应该采用模块化设计。模块化设计便于程序的扩充,也便于维护。在进行模块化设计时,尽量在业务上降低模块间的依赖。当存在多个业务模块的依赖关系且其关系结构复杂时,须对业务进行重新定义或拆分,使程序的层次分明。

(2)交互友好

操作人员通过外部输入设备(键盘、鼠标等)实现与试验系统的交互。在程序开发时,要考虑如何降低对操作人员专业知识的要求,操作指向应清晰,不会产生歧义。对于非法的操作,软件应给出相应的提示。

(3)具有完善的自检、保护功能

测控软件的设计需要考虑实际过程中可能出现的各种情况。在实际工业过程中,系统本身因为温漂、时漂的影响,传感器断线、损坏,传感器的输出会发生变化。因此,系统应设计有相应的自检模块。同时,系统因为某些原因会出现故障,导致一侧物理量异常,软件应具有相应的保护功能。

6.3　工况控制的节能技术

从试验原理和方法来看,封闭式空调机组试验装置具有一定的创新性。结构上,巧妙地利用了空调机组自身的结构和其试验小车载体将温度场分为室内侧和室外侧两个部分。室内侧利用室外侧的热量调节进风温度,具有节能的功能。

室内侧工况与风量调节回路、室外侧工况调节回路图分别如图6-1、图6-2所示。

6.3.1　室内侧环境控制

空调在制冷过程中,室内侧空气温度、湿度降低,即空气被冷却减湿。要稳定工况,

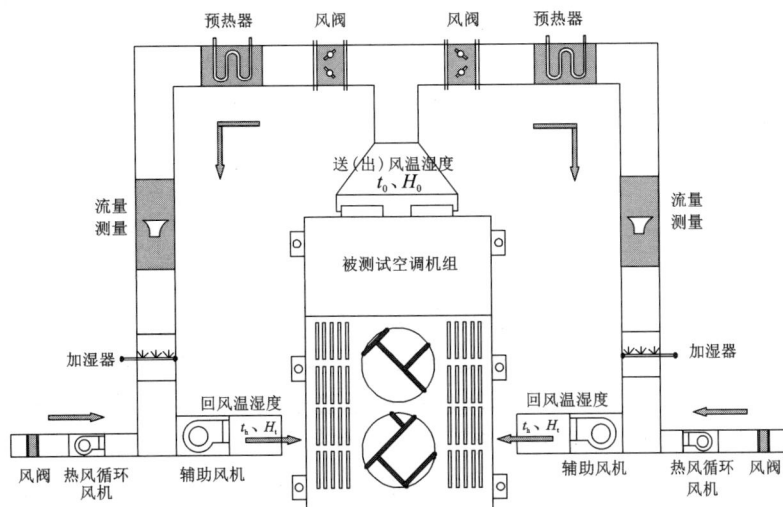

图 6-1　室内侧工况与风量调节回路

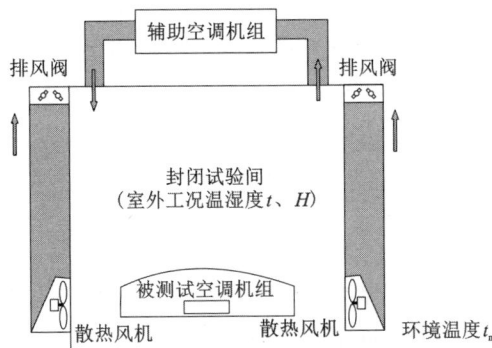

图 6-2　室外侧工况调节回路

必须达到室内侧空气循环系统的热量、湿量平衡。

（1）室内侧湿度控制

在回风管道设置了加湿器，由电加热器产生蒸汽。加湿量与被测试的空调机组减湿量相同，保证试验过程中的空调机组进风相对湿度为 60%～70%。加湿量由计算机通过 PID 控制算法实现。

（2）室内侧温度控制

在名义工况下测试时，室内侧回风温度要控制在 29 ℃，湿度控制在 60%。在室内侧风道内布置了加湿器、风道预热器、辅助风机、热风循环风机。辅助风机用于克服管道的阻力，保证被试机组的风量达到额定通风量。相应的，在风道里设置了风阀，通过风阀来调节风量，风阀的开度由计算机通过 PID 算法来控制。

为了节能降耗，试验时，通过热风循环风机将室外侧部分热量引入室内侧。引入的热量由热风调节风阀来实现。热量引入室内侧与空调送风混合后送入回风口，将回风温度控制在 29 ℃。当回风温度达不到要求时，通过风道内置的风道预热器补充。风道预热器采用无级调压模块来调节输出电压,从而调节加热量,达到热平衡。

6.3.2 室外侧环境控制

在空调机组试验时,室外侧高温可达到 55 ℃。根据试验标准中的名义工况,需要将室外侧温度控制在 35 ℃。因此,在室外侧设计有新风机、新风阀、冷凝散热风机、排风阀和辅助空调。

当环境温度低于 30 ℃时,关闭新风阀,启动辅助空调室内机送风机,直至机组间温度达到 35 ℃。若在规定的时间内没有达到 35 ℃,则开启辅助空调加热。之后,开启新风阀,并通过 PID 控制新风阀,在一定的时间内检查是否稳定到额定工况温度 35 ℃,若超过 35 ℃,则关闭辅助空调加热,运行监测;若低于 35 ℃,则关闭排风阀。

当室温大于 30 ℃时,新风阀关闭,启动辅助空调通风,隔一定时间后,根据试验空调机组额定制冷量启动辅助空调全冷或半冷。试验空调机组额定制冷量 5 ~ 15 kW(5 < Q_c ≤ 15,如 KLD9)时只保持通风。试验空调机组额定制冷量 15 ~ 30 kW(15 < Q_c ≤ 30,如 KLD29)时启动半冷,试验空调机组额定制冷量大于 30 kW(Q_c > 30,如 KLD40、KLD53)时启动全冷,然后用新风阀进行 PID 调节,直至机组间温度达到 35 ℃为止。

根据环境温度的高低,通过控制新风阀的开度实现工况的稳定控制。

6.4　干扰抑制

在实际工业过程中,计算机控制系统工作环境中的干扰源有很多。干扰的存在,使得测量的数据不准确,跳动量大。根据干扰的来源可分为外部干扰、内部干扰。这些干扰通过电、磁耦合影响测量信号。通常从硬件、软件两方面着手来抑制这些干扰。

6.4.1 硬件上的抗干扰措施

本系统中的干扰信号主要是工频干扰,采用如下抗干扰措施:
①对控制电路的交流电源采用电源滤波器,滤除从电源耦合进来的噪声。
②信号线尽量同走一根缆,采用双绞屏蔽线,并将屏蔽层接地,使磁场干扰信号相互抵消。
③外部输入信号经过光耦隔离再送入计算机采集处理。
④信号线与功率线分开走线。
⑤信号在端子板上经过了一级无源 RC 滤波器,然后送计算机采集处理。

6.4.2 数字滤波

要消除干扰除了采用硬件滤波外,还需要采用软件滤波即数字滤波。数字滤波有如下独特的优点:

①数字滤波是用程序实现的，不需要增加硬设备，可靠性高，稳定性好。

②数字滤波可以对频率很低（如 0.01 Hz）的信号实现滤波，克服了模拟滤波器的缺陷。

③数字滤波器可以根据不同信号，采用不同的滤波方法或滤波参数，具有灵活、方便、功能强的特点，应用面广。

本系统中被测量较多，针对不同的物理量特点采用相应的软件滤波策略。电量参数动态响应较快。温度参数具有时滞的特点，执行机构动作以后，要经过一定的时间，温度才能发生变化。

从特性上看，温度是一个变化较为缓慢的物理量，不会突变。因此采用了滑动平均值滤波、限幅滤波、限速（限制变化率）滤波。滑动平均值滤波可以使相邻两个数据之间跳动量少，而限幅滤波、限速（限制变化率）滤波可以抑制脉冲扰动。

综合硬件、软件滤波策略，温度信号的处理流程如图 6-3 所示。

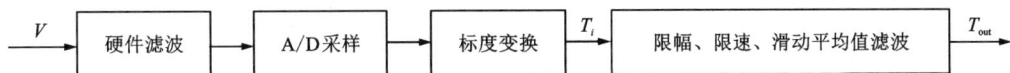

图 6-3　温度信号的处理流程图

①温度传感器输出电压信号 V，经过硬件滤波、A/D 采样、标度变换后，得到温度测量值 T_i；

②判断 T_i 是否在一个区间内变化 $T_i \in [T_{min}, T_{max}]$，当属于该区间时，认为是真值；当超出上限时，取上限值，$T_i = T_{max}$；当低于下限时，取下限值，$T_i = T_{min}$。

③用限速滤波算法与上次计算出的温度值对比。当其增量的绝对值超出某个给定的值 ΔT 时（给定值的大小取决于实际物理量），取上次的采样值作为本次采样值。这种方式对偶然的脉冲干扰有较好的滤波效果。算法如下：

$$\begin{cases} |T_i - T_{i-1}| \leqslant \Delta T, \ 取\ T_{iout} = T_i \\ |T_i - T_{i-1}| > \Delta T, \ 取\ T_{iout} = T_{i-1} \end{cases} \tag{6-1}$$

式中：T_i、T_{i-1} 分别为第 i、$i-1$ 次采样值；T_{iout} 为第 i 次滤波结果；ΔT 为相邻两次采样的最大增量。

④对所采集的数据进行滑动平均值滤波。每进行一次采样，就可计算出一个新的平均值，这种方式得到的数据跳动量小。

6.5　误差分析与数据处理

任何测量结果都包含一定的测量误差，这是测量过程中各环节一系列误差因素共同作用的结果。误差主要来源于两个方面：系统误差、偶然误差。系统误差是方法、仪器、本身理论近似等原因造成的误差，依据测量原理、方法、器件的不同而不同。本系统中电量测量的系统误差主要是互感器、传感器、A/D 转换器、计算字长引起的。而非电量（如温湿度、压力)主要由传感器、A/D 转换器、计算字长引起。此外,电网电压波动、温度不稳定这些环境参数不稳定也会引起偶然误差。

6.5.1 系统的误差分配

设计一个数据测控系统,在给定的系统总精度要求的前提下,首先要根据需求,初步确定系统的结构,给各个环节分配误差,以便选择合适的元件。当一个系统的测量精度由若干个选择元件精度决定时,选择元件的精度至少要比要求的总精度高一个等级以上。并且按核算的实际误差绝对值和的形式或平方和再开根的形式综合各类误差,检查总误差是否满足给定的要求。如果不合格,则重新选择元件,并进行误差分析,直至测量误差达到要求为止。

在测控系统中,主要考虑传感器、放大器、A/D 转换器等的精度。对大电流测量而言还需要考虑电流互感器精度。同时要考虑各环节误差的传递,包括系统误差的传递和偶然误差的传递。

通常选择器件保守的原则是:每一个元件的精度指标应优于系统规定的指标的 5~10 倍。对该系统中的电量测量,测量的主要元件为测量互感器、传感器、A/D 转换器。各器件的精度选为 0.2%。

以电流测量为例,假设互感器、传感器、A/D 转换器整体误差分别为 ε_1、ε_2、ε_3,k_1、k_2、k_3 分别为其理想的变换系数。当电流为 I 时,其输出数字量 D 应为

$$D=(1+\varepsilon_1)(1+\varepsilon_2)(1+\varepsilon_3)k_1k_2k_3I \tag{6-2}$$

输出的真值应为 $D_0=k_1k_2k_3I$。

因此,相对误差应为

$$e=\varepsilon_1+\varepsilon_2+\varepsilon_3+\varepsilon_1\varepsilon_2+\varepsilon_1\varepsilon_3+\varepsilon_2\varepsilon_3+\varepsilon_1\varepsilon_2\varepsilon_3 \tag{6-3}$$

通过上式可以进行误差的分配与计算。

6.5.2 误差的传递

本系统中有直接测量量,也有间接测量量。这些间接测量量主要是制冷量、风量。因此,必须考虑误差的传递。

(1)以风量为例

风量:

$$V=\alpha_V A\sqrt{\frac{\Delta P}{\rho}} \tag{6-4}$$

式中:ΔP 为流量机构测得的静压差,Pa;其余都为常数。

根据函数误差传递算法,压力测量误差 $\varepsilon_{\Delta P}$ 对风量计算 ε_V 造成的误差大小为

$$\varepsilon_V=\frac{1}{2}\varepsilon_{\Delta P} \tag{6-5}$$

由上式可知，若压力测量误差满足系统要求，则风量测量误差一定满足要求。

同样，对于其他计算类变量也可以分析出直接测量误差对间接量的影响。

（2）电流不平衡度计算

引起三相电流不平衡的要素有供电电压不平衡、负载不平衡。本系统是在假定电压均衡的基础上考察三相负载不平衡引起的电流不平衡现象。

假设测得的三相电压为 U_A、U_B、U_C，测得的三相电流为 I_A、I_B、I_C，为了抵消电压不平衡对电流的影响，需要把电压换算到一个固定值如三相平均值再计算电流不平衡度。

$U_{AVR} = (U_A + U_B + U_C)/3$，令

$$\begin{cases} K_A = \dfrac{U_{AVR}}{U_A} \\[2mm] K_B = \dfrac{U_{AVR}}{U_B} \\[2mm] K_C = \dfrac{U_{AVR}}{U_C} \end{cases} \qquad (6-6)$$

则各相电流换算到平均电压下的值应为

$$\begin{cases} I'_A = K_A I_A \\ I'_B = K_B I_B \\ I'_C = K_C I_C \end{cases} \qquad (6-7)$$

采用换算后的电流进行三相不平衡度计算，就能消除电网电压波动的影响。

6.6　自动测试技术

本系统的构成复杂，牵涉的测试量多，同时还牵涉到复杂的计算、工况调节控制，单纯采用人工完成试验不仅会造成人工误差，也难以实现。本系统采用计算机为核心的全自动测试技术。

全自动测试技术依赖于传感器获取物理信息，通过计算机对物理量进行采集、数据分析处理、结果显示、打印、查询。全自动测试技术包含硬件和软件两个方面。软件通常可以采用组态软件或 C、VC++ 等其他具有端口访问能力的语言编程来实现。

6.6.1　硬件系统设计

随着通信技术与控制技术的不断融合，控制系统的拓扑结构也发生了变化，出现了分散型控制系统。这种结构减少了大量的物理连线，但会使分散控制器的设计过于复杂。针对本系统试验间场地面积不大的特点，采用传统的集中式控制器体系结构。数据的采集与控制（AI、AO、DI、DO）采用研华板卡来实现，其组成结构如图 6-4 所示。

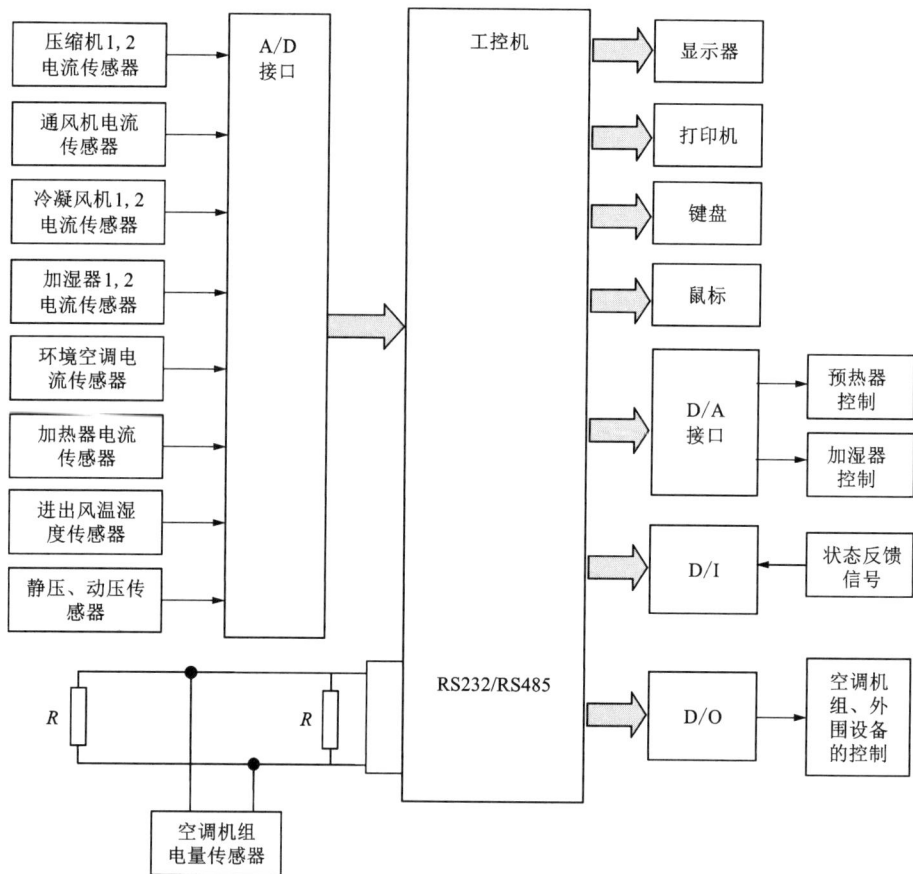

图 6-4　控制系统的组成结构

6.6.1.1　环境调节组件

为了保证全天候试验，使试验工况达到名义工况，需要配备相应的环境调节设备。

主要有辅助空调 80 kW、预热器 50 kW、加湿器 25 kW、辅助风机 4 kW、循环风机 0.5 kW、冷凝散热风机 0.75 kW、室内侧风量调节风阀、热风调节风阀、新风阀、排风阀等。

①加湿器、预热器的供电控制以及加湿器进、排水采用数字量控制。加湿器加湿量、预热器加热量的调节采用可控硅移相来实现，采用 PID 控制算法计算出控制量，通过 12 位 D/A 变为模拟信号接入移相模块中进行控制。

②辅助空调设置有 0、0.25、0.5、0.75、1 五种冷量工作模式。通过数字开关量来控制。

③冷凝散热风机、辅助风机、循环风机的启停，通过数字开关量来控制。

④室内侧风量调节风阀、热风调节风阀、新风阀、排风阀采用电动调节器来调节，计算机通过 PID 算法来改变电动调节器的电压，从而改变调节阀开度。

6.6.1.2　传感器测量系统

本系统中测量的物理量较多,主要有电压、电流、温度、湿度、压力等物理量。通常采用传感器将这些物理量转换为标准的电量供计算机采集处理。传感器主要按精度、测量范围、线性度、灵敏度、稳定性、频率响应、重复性等指标选取。本系统中试验空调机组及各种环境调节设备都使用同一个供电回路,因此电压测量只需要一个传感器。

①空调机组试验过程中总电流、电压、有功功率由电量传感器 6830 模块采集,该模块输出接口为 RS485,通过 RS485 串行总线传送给工控机。由于工控机没有 RS485 接口,需要外购一个 RS232/RS485 转换器,将工控机上的 RS232 串口转换为 RS485。采用主从式方式通信,6830 通信波特率最小为 2400 bit/s,最大为 19200 bit/s,采用 MODBUS-RTU 通信协议,字符数据格式为 1 个起始位、8 位数据位和 1 个停止位,无奇偶校验位,其帧结构如下所示。

8 bit 地址	8 bit 功能码	N * 8 bit 数据	16 bit CRC 校验码

采用 Modbus 规约的 RTU(Remote Terminal Unit)方式,每个字节以十六进制数传输,有效的数据范围为 00H~FFH。采用 CRC 循环冗余校验对一个数据块(frame)校验一次。在 Modbus 规约中,生成多项式为

$$G(s) = x^{15} + x^{13} + 1 \qquad (6-8)$$

②空调机组中压缩机、冷凝风机、通风机以及环境调节设备加湿器、加热器、环境空调电流、空调进出风温湿度、空调回风道压力通过相应的传感器变为标准的电压(如 0~5 V)、电流(4~20 mA)信号。为了减少干扰,本系统中采用电流输出形式的传感器,在输出端加 250 Ω 电阻后变为 1~5 V 电压信号送 12 位 A/D 转换器,将模拟量转换为数字量,再经过标度变换后计算出一次侧的物理量。表 6-1 给出了本系统中总电压、电流传感器的选型。

表 6-1　系统中传感器类型与精度

序号	传感器类型	测量范围	测量精度	传感器电压/V	输出电流/mA
1	压缩机/预热器电流传感器	0~30 A	0.2 级	DC24	4~20
2	冷凝风机电流传感器	0~5 A	0.2 级	DC24	4~20
3	通风机电流传感器	0~5 A	0.2 级	DC24	4~20
4	环境空调总电流	0~100 A	0.2 级	DC24	4~20
5	回风电加热总电流	0~50 A	0.2 级	DC24	4~20
6	加湿器 1,2 电流	0~50 A	0.2 级	DC24	4~20
7	温度传感器	-10~50 ℃	±0.5 ℃	DC24	4~20
8	湿度传感器	0%~100%	2%	DC24	4~20
9	压力传感器	0~100 Pa	0.2 级	DC24	4~20

6.6.1.3　机组运行控制电路

为了正常进行试验，需要设计一个空调机组的运转电器系统，电器系统的设计包含主电路与控制电路。

（1）主电路设计

主电路要根据机组组件的特性来设计。以 KLD40 机组为例，空调机组包含两台功率为 7.5 kW 的压缩机、两台功率为 0.75 kW 的冷凝风机、1 台 1.8 kW 具有双绕组的通风机，通过绕组的切换实现通风机高低速运行。高速运行时通风机功率约为 1.8 kW，低速运行时功率约为 1.3 kW。压缩机内部有高、低压保护触点，一旦出现非正常工作状态，能停止机组的试验，保护相应的元件。此外，压缩机采取了过流保护、高低压保护，冷凝风机和通风机采取过热保护；供电回路有欠压与失压、断相与相序保护。为了对空调机组进行可靠保护，采取硬件和软件保护两种策略。

（2）控制电路设计

控制电路设计比较复杂，要结合空调机组实际运行过程来设计。设计有相应的互锁、联锁电路，防止误操作造成的危害。设计有完善的保护电路，包括过载、短路、过流、欠压与失压、断相与相序保护、联锁等保护电路，防止发生人身事故和设备损坏事故。计算机通过 DO 信号来控制继电器的通断，进而控制接触器的通断来实现主回路压缩机、冷凝风机、通风机电机的启停。

6.6.1.4　状态反馈信号

设置有工作状态、故障状态、保护状态、主要执行机构状态反馈功能，便于计算机进行系统自检与故障诊断。如热继电器、高低压保护继电器、压缩机高低压等保护信号通过合适的信号变换电路，将触点的通断变为低压电平信号，由计算机 DI 通道采集，便于设备的故障诊断。

6.6.2　软件系统设计

（1）软件架构

界面设计要求人机交互方便，提高程序操作的直观性、易用性。软件基于 Windows 操作系统开发，软件的架构如图 6-5 所示。

①"信息录入"用于录入试件和试验人员的相关信息，如生产厂家、机组编号、测试人员姓名，录入后将保存在数据库中，便于质量跟踪管理。

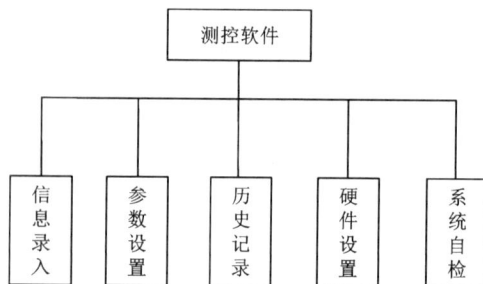

图 6-5　软件构架

②"参数设置"用于设置被测件的判定标准值和相关测试参数。

③"历史记录"可查询、打印、删除测试记录。在查询界面中可按车号、型号、编号、

时间段等方式对测试记录进行查询。各查询方式并可按"与"的方式进行组合，以实现对测试记录的精确查询；也可以选中某条记录，进行删除。

④"硬件设置"界面为系统运行的关键数据，如传感器参数。本功能的设置还有利于设备的维护管理。若更换不同规格的器件，则只需要设置相关参数即可。不正确的修改可导致测试系统无法运行，因此，本项功能只开放给工程师。

⑤"系统自检"用于设备传感器、执行器的诊断。

（2）标度变换

本系统中采用 12 位 A/D 转换器，将传感变送器输出的标准信号变为数字量。为了运算、显示或打印输出，需要把数字量转换成一次侧的物理量。本系统中采用的传感器输出都是线性的，故采用线性参数标度变换方法。

假设传感器输出电压为 $V \in [1, 5]$，对应的一次侧物理量的大小为 $A \in [A_{min}, A_{max}]$，A/D 转换后对应的数字量为 $D \in [819, 4096]$。本系统中，若定标为数字量 819 对应 A_{min}，4096 对应 A_{max}，实测得到的数字量为 D_x，则对应的一次侧物理量大小 A_x 为

$$A_x = A_{min} + (A_{max} - A_{min}) \frac{D_x - 819}{3277} \tag{6-9}$$

根据上式，压缩机/预热器电流计算公式为

$$I_x = 30 \times \frac{D_x - 819}{3277} \tag{6-10}$$

同样，可计算出其余电流、湿度、压力的值。

温度的计算公式为

$$T_x = -10 + 60 \times \frac{D_x - 819}{3277} \tag{6-11}$$

式中：D_x 为实测的数字量；I_x、T_x 为对应的电流值、温度值。

（3）控制算法

本系统采用数字增量型控制算法。增量型 PID 算法只须保持前 3 个时刻的偏差值，不需要做累加。计算误差或精度对控制量的计算影响较小。而位置型算法要用到过去误差的所有累加值，容易产生大的累加误差。增量型 PID 算法如下：

$$\Delta u(k) = K_P [e(k) - e(k-1)] + K_i e(k) + K_d [e(k) - 2e(k-1) + e(k-2)] \tag{6-12}$$

式中：$K_i = K_P \dfrac{T}{T_i}$；$K_d = K_P \dfrac{T_d}{T}$。

6.6.3　测试流程

6.6.3.1　主程序流程图

系统的主程序流程图如图 6-6 所示，采用模块化设计，每个工况调节子程序都设有一个软件计时器。若在指定的时间内调节的工况没有达到指定的要求，则提示用户检查相关传感器或执行器是否存在故障。在相关的界面内设置有功能键，测试界面设有数据采集、

数据清空、数据保存功能键。当测试工况达到指定的目标值时，用户可以通过按键完成想要的操作。查询界面设置有查询、打印、删除功能键。用户可以根据自己的需要进行操作，也可以通过工具栏进行某些特定功能的操作。

由空调试验系统的组成可知，空调试验过程中需要控制的对象有室内侧湿度、室内侧温度、室外侧温度。室内侧湿度会影响温度，两个参数之间存在耦合。通常是先控制室内侧温度，再调节室内侧湿度。待室内侧温、湿度稳定后，再控制室外侧温度。限于篇幅，有关的程序流程不再赘述。

6.6.3.2 软件界面

（1）登录界面

双击计算机桌面上的"空调机组测试装置测试软件"图标就进入了登录界面，如图 6-7 所示。需要输入正确的密码才能使用该软件，防止未授权用户非法使用。

（2）空调测试界面

如图 6-8 所示，空调测试界面右边设计有人机交互操作部分。右上为信息，用于录入试件和试验人员的相关信息，如生产厂家、机组编号、测试人员姓名；右中设计有试验项目选择区，用于选择不同的试验项目；右下部分为数据操作区，有数据采集、数据清除、数据保存三个按钮。点击"数据采集"按钮，采集当前的测试数据，一般是当机组达到了名义工况时进行操作；点击"数据清除"按钮，清除所有（当前选中）的测试数据；点击"数据保存"按钮，测试数据保存在数据库中。

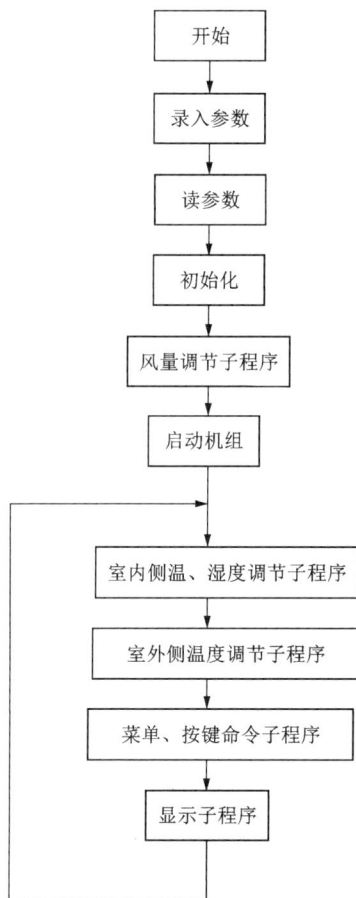

图 6-6　测控系统主程序流程图

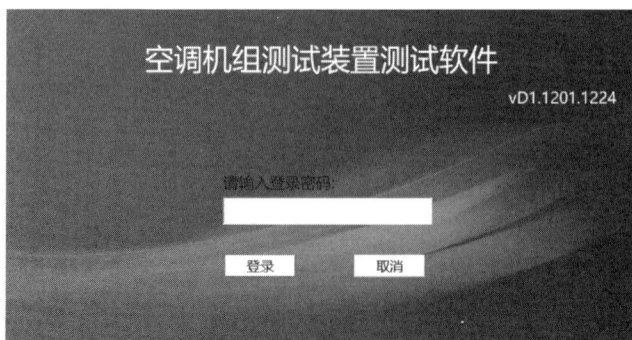

图 6-7　测控软件登录界面

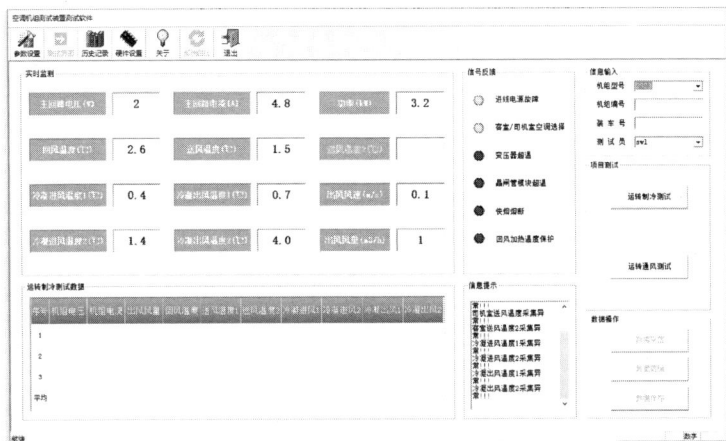

图 6-8　测试界面

（3）参数设置

点击工具栏上的"参数设置"按钮，进入"参数设置"界面，如图 6-9 所示，该界面主要设置系统工作参数。

（4）数据查询与打印

点击"历史记录"按钮，进入"数据查询"界面，如图 6-10 所示。

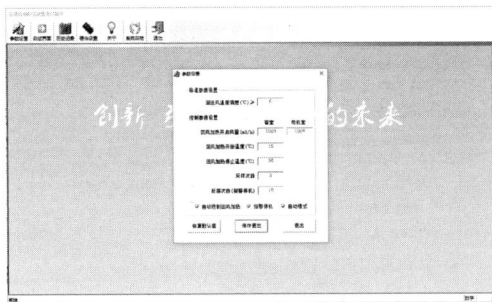

图 6-9　参数设置界面

图 6-10　数据查询界面

①在测试界面中可通过选中按车号、按型号、按编号、按时间段等方式对测试记录进行查询，各查询方式可按"与"的方式进行组合以实现对测试记录的精确查询。

②选中查询项，在该项后面的输入框中输入查询条件，然后点击"查询"按钮，符合查询条件的记录将显示在记录列表中。

③如需删除一条记录，先用鼠标选中该记录，然后点击"删除"按钮（删除的记录将无法恢复）。

④通过鼠标选中单条或多条记录，然后点击"打印"按钮打印测试记录。打印预览界面，如图 6-11 所示。

司机室空调机组测试装置测试报告

测试数据单位—电压：V，电流：A，温度：℃，风量：m³/h

机组型号	2323	机组型号	12		机组装车号	1212		
空调机组运转制冷测试数据								
序号	机组电压	机组电流	出风风量	回风温度	送风温度	回送风温差	冷凝进风温度1	冷凝进风温度2	冷凝出风温度1	冷凝出风温度2
1	587	30.8	167	9.1	9.0	0.1	9.2	9.3	9.2	9.4
2	587	30.8	0	9.1	9.0	0.1	9.2	9.3	9.1	9.4
3	587	30.8	0	9.1	9.0	0.1	9.2	9.3	9.1	9.4
平均	587	30.8	56	9.1	9.0	0.1	9.2	9.3	9.1	9.4
运转制冷温差结论	不合格									

测试员 swl   测试日期 2020-12-24

图 6-11　打印预览界面

（5）硬件设置

点击工具栏上"硬件设置"按钮，输入正确的密码后进入硬件设置界面，如图 6-12 所示。硬件设置主要用于设置 AI、AO、DO、DI 信号与外部传感器、执行器之间的对应关系。配置数据为系统运行的关键数据。因为不正确的修改可导致测试系统无法运行，所以该界面只开放给工程师。

图 6-12　硬件设置界面

第7章

空调机组性能测试新方法

7.1 车辆空调机组测试的特殊性及存在的矛盾

轨道交通车辆空调机组检修测试贯穿空调机组应用全寿命周期中，是这一领域空调机组应用的特点。因此，需要大量的空调机组性能测试设备。

车辆空调机组检修测试设备都按相应的标准设计建造，并且按照其中的规定工况进行测试。这种检修测试，既要满足空调机组制冷量测试的技术要求，又要满足检修能力要求，表现出特有的矛盾。在实际应用中，这种试验设备在空调机组日检修数量大于6台时，就会暴露出它的缺点和不足。

（1）耗时长

在测试过程中，外界各种因素的扰动会造成试验工况不稳定。因此，试验设备自动稳定试验工况需要较长时间。试验中用于工况调整的时间往往占整个测试时间的50%以上。一台空调机组测试时间总共需约2 h，其中工况的稳定可能需超过1 h。如果严格按标准取样测试做完试验，所需时间则更长。因此，测试时间长与工效要求形成尖锐的矛盾。

（2）耗能高

能够测试制冷量40 kW空调机组的试验设备，其用电负荷见表7-1。

表 7-1 试验设备的功率配置   单位：kW

被测试空调机组功率	室内侧电加热功率	室外侧辅助空调机组功率	加湿器功率	其他设备功率	合计
20	45	30	30	6	131

可见，试验设备的用电负荷达到最大测试制冷量的3~4倍。若一台被测试的空调机组名义工况制冷量测试需要2 h，则电耗会达到260 kW·h。若再做其他工况制冷量测试，电耗还会增加。

（3）试验设备初投资高

若不计入设备所需的土建费用、配电费用，一套空调机组测试设备的购置费用至少在百万元水平。

（4）不能反映空调机组实际通风量

机组使用一个中（大）修期且经过中（大）修后，机组内蒸发器翅片污垢等原因一方面会导致通风量下降，影响蒸发器换热效果，降低了机组的制冷量；另一方面会导致机外余压下降。

名义风量下制冷量试验结果能反映换热器结垢及制冷系统的工作状况，但不能反映实际通风量及余压变化的影响。因此，在对大（中）修后的机组进行性能试验时，需要测试额定机外余压下的实际通风量。

针对上述问题分析，不难发现，空调机组试验设备的投资、能耗和试验时间花费都是为了获得稳定的额定试验工况（如"名义制冷工况"）。检修的空调机组铭牌上都标明该机组形式试验时名义制冷工况的制冷量。把被测试的空调机组在名义工况下测得的制冷量与铭牌上名义制冷量进行比较，根据其差别的大小，判定检修空调机组性能衰减程度，做出测试结论。

因此，在进行检修测试时，只有在名义工况下测得的制冷量才有比较的基础数据。由于目前空调机组资料未向用户提供非名义工况性能数据，在其他工况下对空调机组的制冷量测试，其测试结果就没有可对比的基础数据，也就无法判定空调机组性能是否合格。

反之，如果已知空调机组形式试验时任意工况下制冷量等性能数据（可作为被测试空调机组制冷量等性能数据的理论基准值），则空调机组的检修测试方法可大大改进。

7.2 基于基准模型的任意稳定工况下空调制冷量的测试方法

正如前面所述，空调装置制冷量测试主要依照相关标准及焓差法原理进行。这种测试方法实质是在规定工况下进行测试，离不开复杂的工况控制和风量控制等硬件设备，几乎被局限于实验室应用。但是，空调装置制冷量测试的需求普遍存在于空调装置的应用过程中。例如，车载空调装置的应用极为广泛，但因故障率远高于普通的家用空调器，所以，需要经常离线或在线测试其制冷量。其中的制冷量测试需求往往是非标准工况的测试。非标准工况测试理论与方法的研究较少。而基于基准模型的空调装置任意稳定工况下的制冷量测试新方法是一种创新尝试。

基于基准模型的空调装置任意稳定工况下的制冷量测试方法的基本原理是：针对某种空调机组，通过深入研究其制冷量、电流与各个输入参数之间的关系，建立空调机组制冷量、电流模型，构造制冷量、电流与各输入参数之间的数学模型，并采用包括名义制冷工况在内的多组样本参数进行拟合修正。以此模型得到的数据作为这种空调机组在任意稳定运行工况下空调机组的制冷量、电流的标准值。

上述任意稳定工况测试，是指在空调机组运行允许的任意工况下进行性能测试。测试时，工况应该稳定，但并不要求达到标准（如 TB/T 2432—2017）规定的名义工况。用某一工况下空调机组制冷量的测量值与其型式试验对应工况的制冷量值进行对比，也能得出测试结论。这种测试方法的思想是建立空调机组制冷量等性能丰富的理论基准值，从而在检修测试过程中放宽试验工况限制，节省设备投资和运行费用，缩短试验时间。该方法以基准试验样机全性能数据为基础。

7.3　空调机组基准样机的性能模型

7.3.1　基准试验样机

轨道交通车辆空调机组都有其系列。如铁路客车空调机组有 KLD9、KLD29、KLD40 等系列或型号。不同厂家都有对应的系列产品。因此，必须定义"基准试验样机"。"基准试验样机"必须满足下列假设条件。

①通风量、名义工况制冷量符合铭牌规定。

②符合《铁路客车车顶单元式空调机组技术条件》(TB/T 2431—97)中的技术要求。

③空调机组处于出厂合格状态。

④容量相同的空调机组，部件选型不同导致的整机性能差别可以忽略。

在上述假定条件下，得到"基准试验样机"模型。这种假定的必要性就如同只能理想化用 29 kW 和 40.7 kW 作为不同厂家生产的 KLD29 型和 KLD40 型空调机组在名义工况的制冷量一样。

7.3.2　基准试验样机制冷量测试的全工况正交设计

单元式空调机组基准试验样机的制冷量测试的全工况是无数的。理论上，需要进行的工况试验越多越好。但实际上，太多的工况试验也难以做到。因此，希望只选做其中的一部分工况试验，就能较好地反映全工况制冷量性能。这就需要对工况试验进行方案设计。

通常称两个因素以上的试验为多因素试验。试验设计是以概率论和数理统计为理论基础，结合系统的专业技术知识和丰富的实际经验，研究如何合理地安排试验以使试验次数尽可能少，并能正确地分析试验数据，从而达到尽快地获得优化方案的目的。目前，国内外广泛采用的是正交试验设计。它使用正交表安排试验并对结果进行统计分析，迅速找出最优化方案。正交试验法科学地、合理地安排试验，减少试验次数，缩短试验周期，提高经济效益。尤其当因素、水平较多时，效果就更为显著。

正交试验设计时，要明确以下几点。

(1)试验指标

试验设计中，根据试验目的而选定的用来考察或衡量试验效果的特性值。在对空调机组进行制冷量性能测试时，主要考察其制冷量 Q 和功耗(额定电压下用对应的电流 I 表示)。因此，选定 Q 和 I 作为试验指标。

（2）试验因素

试验因素是指对试验指标特性值可能有影响的原因或要素。在确定试验因素时，必须以专业技术和实践经验为基础，应尽可能列出与研究对象目标有关的各种因素，然后判断哪些是需要探索的因素。

在单元式空调机组基准样机的试验中，把空调制冷系统视为一个整体，在名义通风量下，影响制冷量 Q_c、功耗（电压一定时对应的电流 I）的外界因素有蒸发器回风温度 t_h、相对湿度 φ_h，冷凝器进风温度 t_c、相对湿度 φ_c、风量 V 等参数。基准空调样机参数的输入输出关系可以用图 7-1 表示。

图 7-1　空调机组系统参数的输入输出

空调机组在实际运行中，通风机的风量不是一成不变的，主要受电压波动和风机叶轮积灰等原因影响。但是，通风机的风量变化相对较小。因此，为了简化问题起见，忽略通风量变化而将其作为常量对待。

通过在标准试验台上对 KLD29 型、KLD40 型两种空调机组基准样机进行变工况性能试验，分别研究了通风量一定时空调机组蒸发器回风温度 t_h、相对湿度 φ_h 变化对机组制冷量的影响，以及通风量一定时冷凝器进风温度 t_c、相对湿度 φ_c 对机组制冷量的影响。发现蒸发器回风温度 t_h、相对湿度 φ_h 及冷凝器进风温度 t_c 变化对制冷量的影响较明显。而在试验精度范围内，当冷凝器进风湿度 φ_c 改变时，机组制冷量变化不明显。从传热学角度分析，冷凝器外侧空气与换热器表面进行对流换热，非饱和空气的湿度大小通过空气密度参数反映对流换热系数差异。由于湿空气密度变化较小（1.28 kg/m³ 左右），因此，对流换热系数的影响小。基于这一点，在后续研究中将忽略冷凝器进风湿度对机组制冷量的影响。

综上所述，确定空调机组基准样机试验指标制冷量 Q、功耗（用对应的电流 I 表示）的 3 个影响因素为蒸发器回风温度 t_h、相对湿度 φ_h、冷凝器进风温度 t_c。

（3）因素水平

在正交试验设计中，所选定的因素所处的状态和条件（即"水平"）不同，引起指标特性值的不同。

对于一个有 r 个因素，且每一因素有 s 个水平的正交试验来说，所采用正交表的符号为 $L_n(s^r)$。其中 L 为正交表符号；n 为正交表安排的试验次数，即正交表行数；表的列数为 r。

根据空调机组制冷工况正常运行允许的参数，确定各因素的水平见表 7-1。

表 7-1　因素水平表

水平	因素		
	回风温度 $A/℃$	冷凝进风温度 $B/℃$	回风相对湿度 $C/\%$
1	18	20	40
2	22	25	50
3	26	30	60
4	30	35	70
5	34	40	80

对于这 3 因素 5 水平的试验问题，若做全面试验，即将所考虑的各种因素的各种水平做全面搭配，则要进行 $5^3 = 125$ 次试验，试验工作量较大难以实现。为此考虑用正交表来安排试验。

在正交表 $L_{25}(5^6)$ 中，把 A、B、C 三个因素依次填入 1、2、3 列上方，进行表头设计。各列中的数字"1""2""3""4""5"分别代表该列所填因素的相应水平，而每一行就是一个试验方案。例如：第 6 行就是第 6 号试验，其试验条件是 $A_2B_1C_2$，即回风温度取 22 ℃，冷凝进风温度取 25 ℃，回风相对湿度取 55%，其余各号试验条件依此类推。KLD29、KLD40 型空调机组制冷量正交设计方案分别见表 7-2、7-3。

表 7-2　KLD29 型空调机组制冷量正交试验设计

试验号	列号			制冷量 Q/kW	电流 I/A
	$A(1)$	$B(2)$	$C(3)$		
1	18	20	40		
2	18	25	50		
3	18	30	60		
4	18	35	70		
5	18	40	80		
6	22	20	50		
7	22	25	60		
8	22	30	70		
9	22	35	80		
10	22	40	40		
11	26	20	60		
12	26	25	70		
13	26	30	80		
14	26	35	40		
15	26	40	50		
16	30	20	70		
17	30	25	80		
18	30	30	40		
19	30	35	50		
20	30	40	60		
21	34	20	80		
22	34	25	40		
23	34	30	50		
24	34	35	60		
25	34	40	70		

表 7-3　KLD40 型空调机组制冷量正交试验设计

试验号	列号			制冷量 Q/kW	电流 I/A
	A(1)	B(2)	C(3)		
1	18	20	40		
2	18	25	50		
3	18	30	60		
4	18	35	70		
5	18	40	80		
6	22	20	50		
7	22	25	60		
8	22	30	70		
9	22	35	80		
10	22	40	40		
11	26	20	60		
12	26	25	70		
13	26	30	80		
14	26	35	40		
15	26	40	50		
16	30	20	70		
17	30	25	80		
18	30	30	40		
19	30	35	50		
20	30	40	60		
21	34	20	80		
22	34	25	40		
23	34	30	50		
24	34	35	60		
25	34	40	70		

因此,在给定各因素水平下,通过正交表 $L_{25}(5^6)$ 确定了单元式空调机组基准样机全工况制冷量正交试验方案,总共只须做 25 次试验。

7.3.3　正交试验数据分析

正交试验数据的分析方法有两种：极差分析法和方差分析法。极差分析法直观、简单，但过于粗糙。方差分析法是利用方差分析来处理由正交表安排的多因素试验结果，把因素水平的改变所引起的试验结果的波动与由试验误差引起的试验结果的波动进行比较，并提供一个标准来判断因素的作用是否显著。方差分析法较为常用。

$$\overline{Q} = \frac{1}{25} \sum_{i=1}^{25} Q_i \tag{7-1}$$

$$S_{\mathrm{T}} = \sum_{i=1}^{25} (Q_i - \overline{Q})^2 = \sum_{i=1}^{25} Q_i^2 - n\overline{Q}^2 \tag{7-2}$$

$$S_j = \frac{25}{5} \times \sum_{i=5}^{5} \left(\frac{T_{ij}}{\frac{25}{5}} - \overline{Q}\right)^2 = \frac{25}{5} \times \sum_{i=5}^{5} T_{ij}^2 - n\overline{Q}^2 , \ j=1,2,\cdots,6 \tag{7-3}$$

式中：T_{ij} 表示正交表的第 j 列的第 i 水平的实验结果 Q_i 之和；S_{T} 反映了全部试验结果之间的差异程度，称其为总变差平方和；S_j 反映了正交表 $L_{25}(5^6)$ 中第 j 列所排因素的不同水平之间的差异程度，称其为第 j 列变差平方和。

以 f_{T} 表示 S_{T} 的自由度，f_j 表示 S_j 的自由度，则 $f_{\mathrm{T}}=25-1$，$f_j=5-1$。由数理统计的定律可知，$\dfrac{S_j}{\sigma^2} \sim \chi^2(f_j)$，$j=1,2,\cdots,6$。

对于用正交表 $L_{25}(5^6)$ 所确定的试验安排，只考虑了 3 个因素的影响，所以必定有三列未排上因素（即为空列），则该列的列变差平方和当作随机误差平方和。如表 7-4 所示，S_4、S_5 和 S_6 均为误差平方和。将所有误差平方和相加，记为 S_{e}，相应的自由度也相加，记为 f_{e}，有 $S_{\mathrm{e}}=S_4+S_5+S_6$，$f_{\mathrm{e}}=f_4+f_5+f_6=4+4+4=12$，即可导出 $\dfrac{S_{\mathrm{e}}}{\sigma^2} \sim \chi^2(f_{\mathrm{e}})$，且与其他的 S_j 相互独立。由式（7-3）知，若 S_j 偏大，则有理由认为相应的第 j 列所排因素对试验结果有明显影响。当各因素作用不显著时，构造统计量：

$$F_j = \frac{S_j/f_j}{S_{\mathrm{e}}/f_{\mathrm{e}}} \sim F(f_j, f_{\mathrm{e}}), \ j=1,2,3,4 \tag{7-4}$$

于是，对应给定的显著水平 α，当 F_j 值大于 $F_{1-\alpha}(f_j, f_{\mathrm{e}})$ 时，则在检验水平 α 下，可推断该因素作用显著；否则认为不显著。

在实际应用中，常先算出各列的平均变差平方和 $\overline{S}_j=S_j/f_j$，当 $\overline{S}_j$ 比 $\overline{S}_{\mathrm{e}}$ 还小时，S_j 就可以当作误差平方和，并入 S_{e} 中。将全部可以当作误差的 S_j 皆并入 S_{e} 后得到新的误差平方和，记为 S_{e}^{Δ}，相应的自由度 f_j 也并入 f_{e}，并记为 $-f_{\mathrm{e}}^{\Delta}$，然后对其他的 S_j 用式（7-5）作检验。

$$F_j^{\Delta} = \frac{S_j/f_j}{S_{\mathrm{e}}^{\Delta}/f_{\mathrm{e}}^{\Delta}} \sim F(f_j, f_{\mathrm{e}}^{\Delta}) \tag{7-5}$$

于是，当 $F_j^\Delta > F_{1-\alpha}(f_j, f_e^\Delta)$ 时，则以检验水平 α 推断该因素作用显著；否则认为不显著。

本例中，查 F 检验的临界值表可知：

$F_{0.10}(4, 16) = 2.333$，$F_{0.05}(4, 16) = 3.007$，$F_{0.01}(4, 16) = 4.773$。

$F_{0.10}(4, 12) = 2.480$，$F_{0.05}(4, 12) = 3.259$，$F_{0.01}(4, 12) = 5.412$。

计算结果如表7-4所示。

表7-4 方差分析表

列数	1	2	3	4	5	6
KLD29-Q						
误差来源	A	B	C	随机误差		
S_j	58.05	218.19	2.38	2.97	2.37	1.99
自由度f_j	4	4	4	4	4	4
$\overline{S}_j$	14.51	54.55	0.59	0.74	0.59	0.50
F_j^Δ	23.92	89.92	0.98	1.22	0.98	0.82
显著性	* * *（极显著）	* * *（极显著）	—（不显著）			
KLD29-I						
误差来源	A	B	C	随机误差		
S_j	0.65	3.46	0.34	0.18	0.29	0.26
自由度f_j	4	4	4	4	4	4
$\overline{S}_j$	0.16	0.86	0.09	0.04	0.07	0.06
F_j^Δ	2.69	14.24	1.42	0.74	1.20	1.05
显著性	*（显著）	* * *（极显著）	—（不显著）			
KLD40-Q						
误差来源	A	B	C	随机误差		
S_j	81.88	521.11	6.61	0.58	12.71	3.64
自由度f_j	4	4	4	4	4	4
$\overline{S}_j$	20.47	130.28	1.65	0.15	3.18	0.91
F_j^Δ	13.92	88.57	1.12	0.10	2.16	0.62
显著性	* * *（极显著）	* * *（极显著）	—（不显著）			

续表 7-4

列数	1	2	3	4	5	6
			KLD40-I			
误差来源	A	B	C	随机误差		
S_j	1.51	8.94	0.24	0.78	0.46	0.59
自由度 f_j	4	4	4	4	4	4
$\bar{S}_j$	0.38	2.24	0.06	0.20	0.11	0.15
F_j^Δ	2.94	17.34	0.46	1.52	0.89	1.14
显著性	* （显著）	* * * （极显著）	— （不显著）			

由方差分析结果可知,蒸发器回风温度 t_h 及冷凝进风温度 t_c 对机组制冷量的影响很明显,而蒸发器回风相对湿度 φ_h 影响较小;冷凝器送风温度 t_c 对机组电流的影响很明显,蒸发器回风温度 t_h 较明显,而蒸发器回风相对湿度 φ_h 影响不明显。

7.3.4　基准试验样机制冷量测试

对于某一种型号的空调机组,选取不同厂家(三个厂家的产品超过 90% 份额)的出厂状态的空调机组,在同一空调制冷量试验装置进行制冷量测试。对三个主要厂家的三台同型号产品进行测试,对三台测试数据平均后,再进行分析处理,作为对应型号的基准样机的性能数据。

空调制冷量试验装置外观如图 7-2 所示。

图 7-2　空调机组测试装置外观

被测试的空调机组放置在专门安装箱体上(图 7-2),自动对接回风、送风口,再将空调机组及其箱体推进试验房,与测试系统自动对接。连接电源线、控制线与信号线等,关闭试验房门，就可开始测试。

试验操控均在控制室计算机测控系统完成，包括被测试机组的信息管理、测试工况设定、测试过程管理等。

按照表7-2、表7-3进行试验，记录试验数据分别见表7-5、表7-6。

表7-5　KLD29型空调机组正交试验的测试数据

试验号	列号			制冷量 Q/kW	电流 I/A
	$A(1)$	$B(2)$	$C(3)$		
1	18	20	40	33.2	5.8
2	18	25	50	32.1	5.9
3	18	30	60	30.6	6.2
4	18	35	70	27.7	7.0
5	18	40	80	25.4	7.1
6	22	20	50	35.5	5.6
7	22	25	60	33.1	6.0
8	22	30	70	31.5	6.8
9	22	35	80	28.7	6.9
10	22	40	40	25.9	7.0
11	26	20	60	36.3	6.0
12	26	25	70	36.1	6.3
13	26	30	80	34.2	6.8
14	26	35	40	30.6	7.0
15	26	40	50	28.9	7.1
16	30	20	70	37.1	6.3
17	30	25	80	36.3	6.5
18	30	30	40	32.5	6.2
19	30	35	50	30.8	6.8
20	30	40	60	28.2	6.9
21	34	20	80	37.0	6.5
22	34	25	40	35.8	6.8
23	34	30	50	32.9	7.0
24	34	35	60	33.5	7.1
25	34	40	70	29.9	6.9

表 7-6　KLD40 机组制冷量测试数据

试验号	列号			制冷量 Q/kW	电流 I/A
	$A(1)$	$B(2)$	$C(3)$		
1	18	20	40	47.8	10.6
2	18	25	50	46.1	10.9
3	18	30	60	43.5	11.2
4	18	35	70	39.9	11.3
5	18	40	80	35.4	11.8
6	22	20	50	49.7	10.8
7	22	25	60	48.0	11.0
8	22	30	70	46.5	11.3
9	22	35	80	40.8	11.9
10	22	40	40	34.0	12.0
11	26	20	60	51.9	10.1
12	26	25	70	47.5	10.3
13	26	30	80	46.6	11.8
14	26	35	40	43.1	12.1
15	26	40	50	38.3	12.3
16	30	20	70	51.9	10.7
17	30	25	80	49.1	10.5
18	30	30	40	48.5	10.5
19	30	35	50	41.6	11.2
20	30	40	60	40.2	12.3
21	34	20	80	52.2	11.1
22	34	25	40	50.1	10.8
23	34	30	50	48.4	12.0
24	34	35	60	46.8	12.3
25	34	40	70	40.9	12.6

7.3.5　基准试验样机的全工况制冷量模型

7.3.5.1　神经网络模型

1. BP 神经网络算法

人工神经网络(artificial neural network，ANN)是指由大量与自然神经系统细胞类似的人工神经元互联而成的网络，是在现代生物学研究人脑组织所取得的成果基础上提出的。

20 世纪 70 年代，Groossberg 和 Kohonen 以生物学和心理学证据为基础，提出几种具有新颖特性的非线性动态系统结构。Werbos 开发了一种反向传播算法（BP）。Hopfield 在神经元交互作用的基础上引入一种递归性神经网络——Hopfield 网络。20 世纪 80 年代中期，以 Rumelhart 和 McClelland 为首提出了多层前馈网络（MFNN – multilayer feed – forward neural network）的反向传播（BP–back propagation）学习算法，简称 BP 算法，是有导师的学习，它是梯度下降法在多层前馈网络中的应用。

BP 网络的基本思想是把一个输入向量经过隐层变换成输出向量，实现了从输入空间到输出空间的映射，该映射是与网络权值和阈值有关的。因此，BP 网络的重要任务是寻找一组权值来实现希望的映射。当参数适当时，此网络能够收敛到较小的均方差。BP 神经网络是目前应用最广的网络之一。

多层前馈网络结构如图 7-3 所示，u、y 分别为网络的输入、输出向量，每一神经元用一个节点表示，网络由输入层、隐层和输出层节点组成，隐层可一层，也可以是多层（图中是单隐层），前层至后层节点通过权连接。由于用 BP 算法，所以常称为 BP 神经网络。

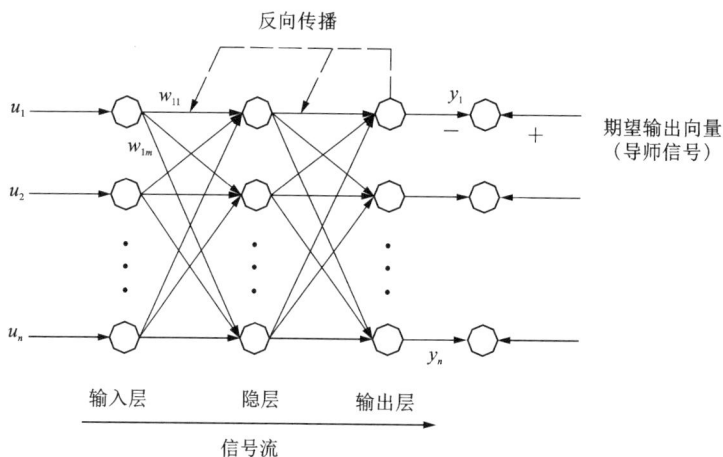

图 7-3　多层前馈网络结构

2. 空调机组的 BP 神经网络模型

由于空调机组各部件热力过程复杂、关联因素多，通过热力过程分析建立的数学模型往往与空调机组的实际运行过程偏离较大；而通过试验数据拟合经验方程则需要得到不同工况下的试验数据，试验工作量大。且由于方程的形态不明确，使拟合方程的精度受到影响。特别是变量较多时，拟合方程的形态更复杂，拟合精度将更低。对于空调机组这样的复杂设备或整个系统，由于机制复杂、众多变量相互耦合，也难以建立纯数学模型。而 ANN 的特点使得它在建模方面有着天然的优势：

首先，ANN 模型属于黑箱建模。用户无须知道对象的内部信息和输入、输出变量之间的关系（传递函数），而这种传递函数可能是很复杂的，甚至无法求解。

其次，能很好地模拟如空调机组这样的非线性系统，而且学习结束后的网络将样本模式以连接权和阈值的形式分布记忆于网络中。

最后, 对于参数过多的对象, 可自动忽略非关键因素。

(1)输入、输出变量的确定

一方面, 在设计空调机组的 BP 算法神经网络模型结构时, 系统的输入、输出变量的选择将决定一个模型的使用方向和利用价值; 另一方面, 空调机组的影响因素很多, 这里暂不考虑系统内部参数和一些次要因素, 同时考虑到时间的合理性, 输入、输出参数不宜过多。

根据神经网络的特点, 用于空调机组性能分析的神经计算网络中的输入参数应该是用户可以方便地确定、不带主观因素的实际值。在单元式空调机组全性能试验中, 应该是可以控制的变量或对系统起决定性影响的变量, 图 7-4 列出了几个输入参数。同样, 输出参数应该是一些结论性的、容易测量的客观参数, 模型以最终直接用来选择压缩机、热交换器等设备的负荷容量作为输出参数, 如实际制冷量 Q、功率 W 和冷凝器换热量 Q_{cond}, 见图 7-4。

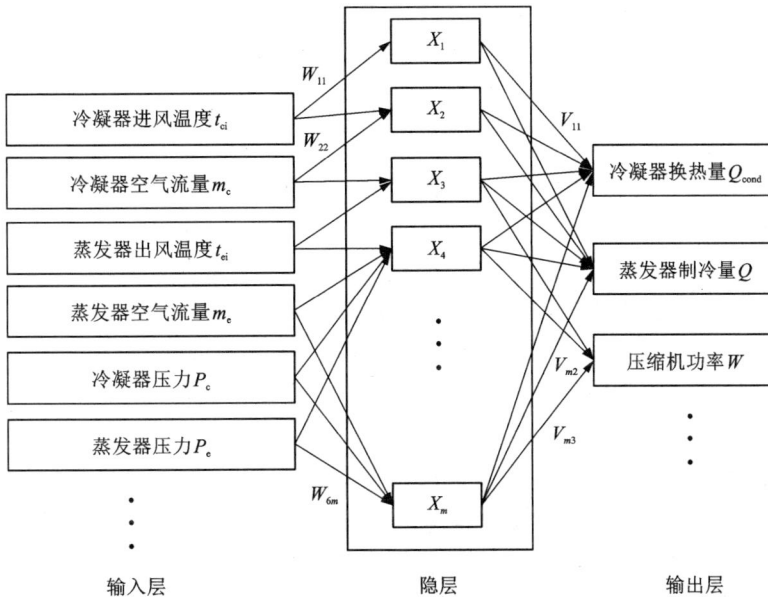

图 7-4 空调机组性能分析用神经网络结构

经过反复权衡分析, 对于空调机组热力系统, 输入信号取蒸发器回风温度 t_h、相对湿度 φ_h、冷凝器进风温度 t_c、蒸发器风量(空调机组通风量)V 等, 输出(或响应)选择制冷量 Q、功耗 W(或电流 I)。

(2)隐含层层数、隐含单元数及初始权值的确定

对人工神经网络而言, 连接输入和输出单元之间的隐藏层像一个"黑箱", 真正的网络模型就是由这个"黑箱"来决定的。一般而言, 输入层和输出层直接相连的两层模型往往只是在输入模式和输出模式非常类似的情况下可行, 一旦输入模式和输出模式不同时, 就需要设计隐层, 形成输入信号的中间转换。

对于多层神经元网络而言, 其面临着要选用几层隐含层的问题。虽然增加隐层数目可增加人工神经网络的处理能力, 但是也必将使训练复杂化, 并增加训练样本数目和训练时

间。而且网络在训练过程中，也更容易陷入局部最小误差而无法摆脱。网络的连接权系数矩阵也难以调整到最小误差处。如果有足够的隐层，输入模式也总能转换为期望的输出模式。

隐含层单元数的选择是一个十分复杂且关键的问题。在处理较复杂的问题时，选用的隐含层单元数不能太多，也不能太少，隐含层单元数存在一个最佳值。目前隐含层单元数的选择大多还是以经验为主。1987 年 Hecht-Nielsen 在讨论了具有单隐蔽层的 ANN 的功能之后，指出它可实现输入的任意函数，并提出隐含层节点的数目为 $2N+1$，其中 N 为输入的节点数。

根据应用经验，可以从较少的隐含层单元数试起，选择合适的准则来评价网络的性能，训练并检验网络的性能。然后，增加隐含单元数，再重复训练和检验。

在网络运行初始，模型中各层节点的权值都要赋予不同的初始值，一般都是随机产生。由于系统是非线性的，初始值对于学习过程是否收敛和是否会陷入局部最小有很大的影响。初始权值取 $(-0.3, 0.3)$ 之间的 BP 神经网络训练速度也快于初始值取在 $(-1, +1)$ 之间的 BP 神经网络，并总能使网络处于最好的开始状态。

(3) 神经网络的算法优化

算法和学习算子的选取不当，造成网络收敛速度慢甚至难以收敛，因此出现了许多改进算法。本网络模型采取了动量法的策略。标准的 BP 算法实际是一种简单的梯度下降寻优，没有考虑到以前积累的经验，即以前时刻的梯度方向，从而常常使学习过程发生振荡，收敛很慢。而动量法则引用动量因子，改进了权值调整算法，即

$$w(t+1) = w(t) + \eta \times [(1-mc) \times dw(t) + mc \times dw(t+1)] \qquad (7-6)$$

式中：η 为学习算子 (也称为学习率)，$\eta > 0$；mc 为动量因子，$0 \leqslant mc < 1$。

这种方法所加入的动量项实质上相当于阻尼项，它减小了学习过程的振荡趋势，从而大大改善了收敛性。

学习率 η 直接控制着连接权矩阵变化的范围和速率。η 越大，权值变化的范围也越大，网络训练得也越快，但容易形成大幅振荡，使网络的自激励加强，严重时可能会使网络无法收敛而发散。当 η 太小时，连接权矩阵的变化范围速率很小，网络训练很慢。所以，也存在最佳学习率。各国学者通过实践和经验总结出学习率的初始值最好处于 $0.25 \sim 3.0$，但具体如何确定最佳学习率仍无定论。只有在训练过程中不断地对其进行自适应调整。

(4) 网络样本数据的采集

为了得到空调机组网络模型，ANN 要求有足够的数据对神经网络进行训练。如果训练数据的样本量达不到要求，那么神经网络很难收敛，或者即使收敛，由于样本的局限性也有可能不能完整地反映系统的性能。所以利用神经网络辨识系统模型，对样本的要求很高。尤其是对于空调机组这样的复杂系统，不仅要求各变量的变化范围足够，而且要求能够采集到各种运行工况下的样本值。样本尽量通过试验方法测量得到，厂家提供的性能曲线图只能作为参考。

总之，样本数据最好是实际工程中得到的、由一组输入产生的相应输出数据，以保证这些数据是准确可靠的。

在此基础上，建立 KLD29 型空调机组制冷量的神经网络模型如图 7-5 ~ 图 7-7 所示。

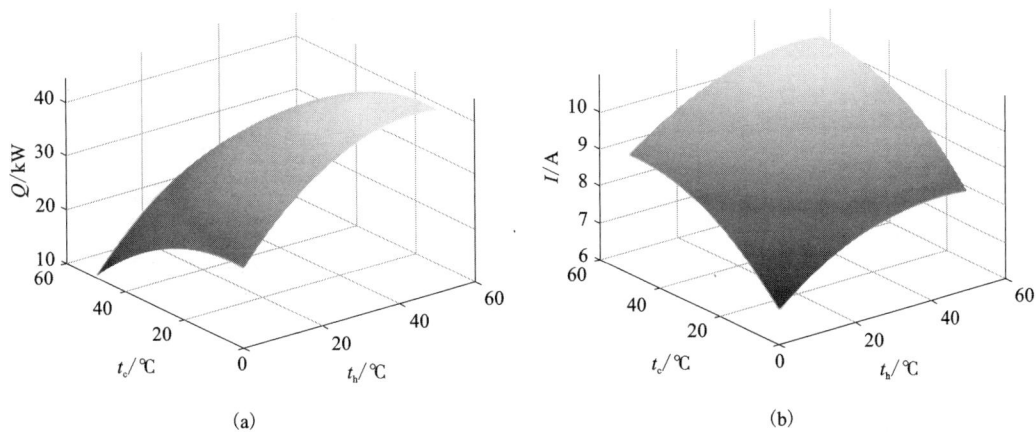

(a)　　　　　　　　　　　　　　　　(b)

图 7-5　$\varphi_h = 80\%$ 时 KLD29 型空调机组性能模型

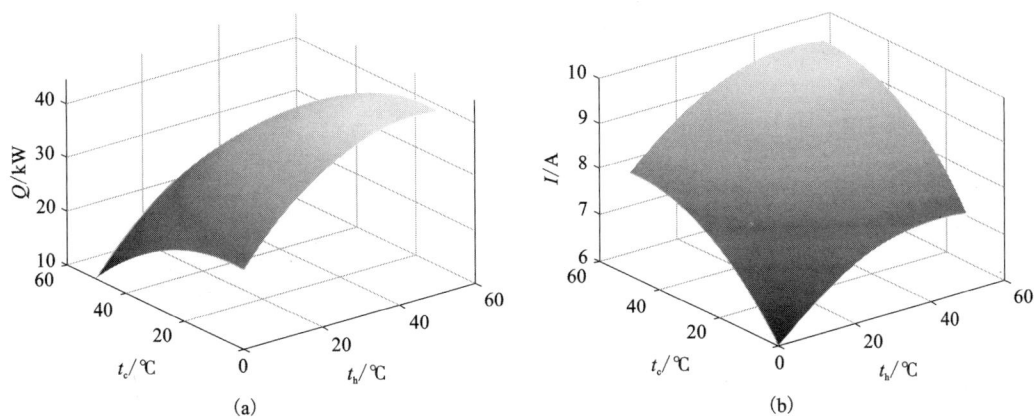

(a)　　　　　　　　　　　　　　　　(b)

图 7-6　$\varphi_h = 70\%$ 时 KLD29 型空调机组性能模型

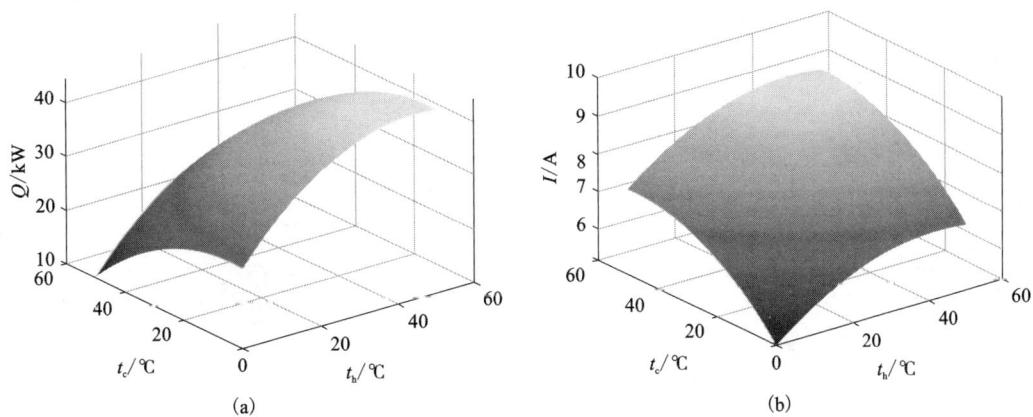

(a)　　　　　　　　　　　　　　　　(b)

图 7-7　$\varphi_h = 60\%$ 时 KLD29 型空调机组性能模型

建立的 KLD40 型空调机组制冷量的神经网络模型如图 7-8~图 7-10 所示。

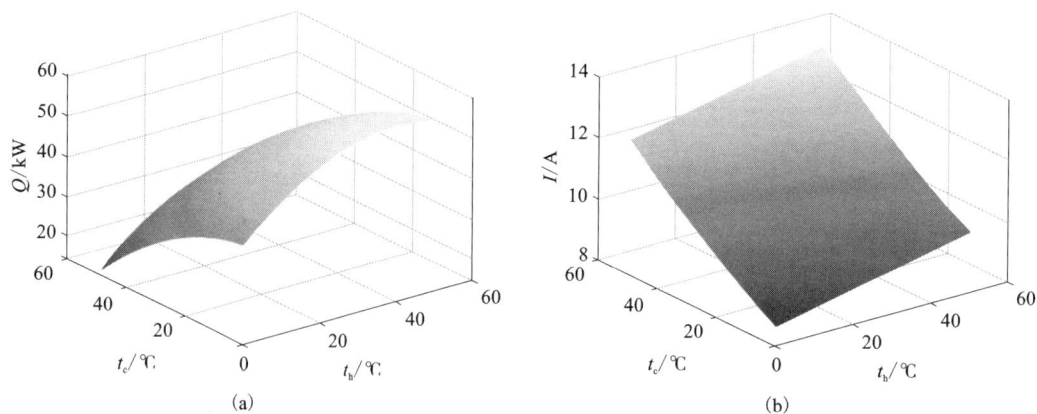

图 7-8　$\varphi_h = 80\%$时 KLD40 型空调机组性能模型

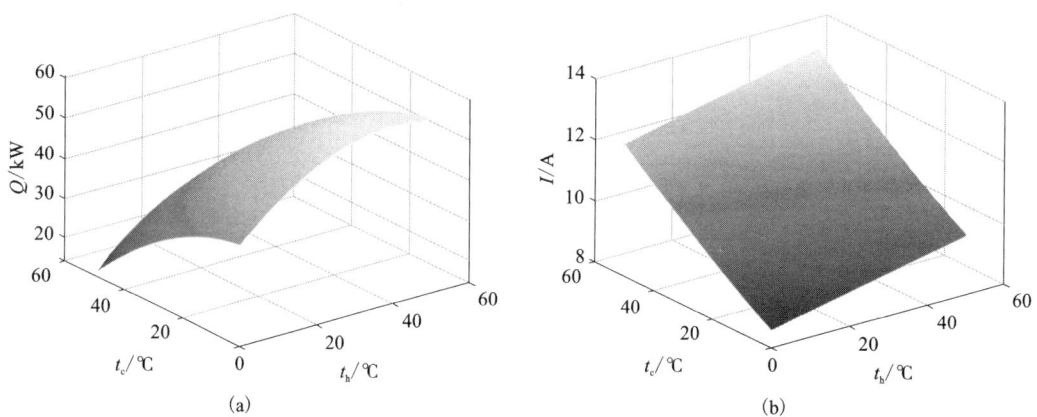

图 7-9　$\varphi_h = 70\%$时 KLD40 型空调机组性能模型

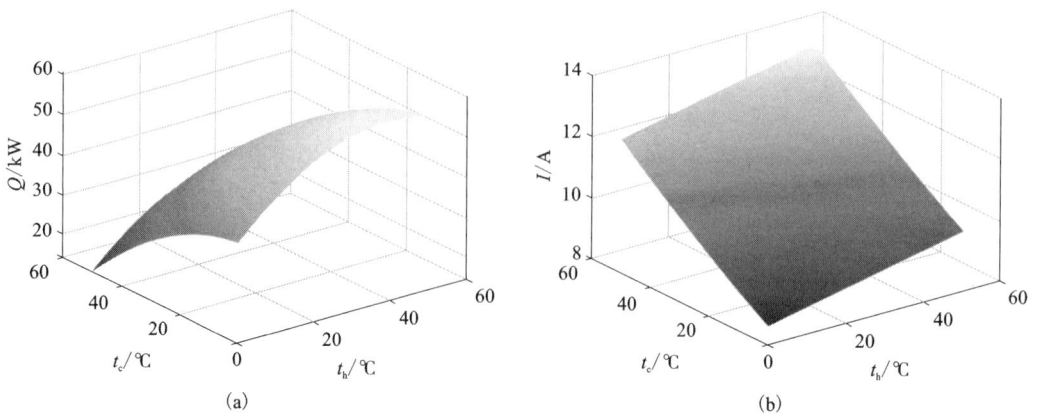

图 7-10　$\varphi_h = 60\%$时 KLD40 型空调机组性能模型

7.3.5.2　性能拟合公式模型

可以用拟合公式表示空调机组制冷量、电流等性能参数与运行工况参数之间的关系。

1. 降维建模

空调机组制冷量、电流的关联参数有蒸发器回风温度 t_h、蒸发器回风相对湿度 φ_h、蒸发器通风量(空调机组通风量)V、冷凝器进风温度 t_c、冷凝器通风量 V_c 及大气压力 P_B 等，对于指定的一台空调装置来说，只要确定上述六个参数，机组的制冷量 Q、电流(能耗 W)也是唯一确定的。

输入参数过多，难以进行分析拟合。前面已讨论过，得出空调机组制冷量 Q、电流 I(功耗)的 3 个影响因素为蒸发器回风温度 t_h、蒸发器回风相对湿度 φ_h、冷凝器进风温度 t_c。

表 7-7、表 7-8 是研究某机组回风相对湿度 φ_h 对机组制冷量影响的实验数据。

表 7-7　实验方案及对应工况　　　　　　　　　　　　　　单位：℃

实验方案	室外工况(干/湿球温度)	室内工况(干/湿球温度)
1	40/30	32/31(93%)
2	40/30	32/28(74%)
3	40/30	32/26(62%)
4	40/30	32/23(47%)

表 7-8　不同湿度条件下的空调机组制冷量　　　　　　　　单位：W

实验方案	显热量	潜热量	制冷量
1	2545	1052	3597
2	2689	817	3506
3	2706	768	3474
4	2941	516	3457

在回风相对湿度 φ_h 大幅度变化的情况下，制冷量的变化却不是很明显。由此可知，蒸发器回风相对湿度 φ_h 虽然对于制冷量有一定影响，但是不太明显。

在上述 3 个主要影响参数中，除蒸发器回风相对湿度 φ_h 外，蒸发器回风温度 t_h 及冷凝器送风温度 t_c 对机组制冷量的影响最为明显。大气压数据的影响可以忽略，而风量参数在测量精度要求的范围内可以作为常量处理，即在实际测试过程中空调装置冷凝器和蒸发器的送风量及大气压力基本维持不变。因此，可以采用在一定条件下，不同回风相对湿度 φ_h 下，建立空调机组制冷量、电流与蒸发器回风温度 t_h 及冷凝器送风温度 t_c 的关系，最终拟合出 Q(或 I)=$f(t_h, t_c)$ 的方程式。

2. 拟合方程

建立在测试数据基础上的性能拟合方式有多种。利用 Mathlab 拟合，可以得到下列拟合方程。

（1）二次多项式

①KLD29 型。

制冷量拟合关系式：

$$Q_c = c_1 + c_2 t_h + c_3 t_c + c_4 \varphi_h + c_5 t_h^2 + c_6 t_c^2 + c_7 \varphi_h^2 \qquad (7-7)$$

式中：$c_1 = 15.118$，$c_2 = 0.884$，$c_3 = 0.052$，$c_4 = 0.201$，$c_5 = -0.010$，$c_6 = -0.007$，$c_7 = -0.001$。

式（7-7）拟合均方根差 RMSE = 1.101。

电流拟合关系式：

$$I = a_1 + a_2 t_h + a_3 t_c + a_4 \varphi_h + a_5 t_h^2 + a_6 t_c^2 + a_7 \varphi_h^2 \qquad (7-8)$$

式中：$a_1 = 4.634$，$a_2 = 0.084$，$a_3 = 0.095$，$a_4 = -0.051$，$a_5 = -0.001$，$a_6 = -0.001$，$a_7 = 0.001$。

式（7-8）拟合均方根差 RMSE = 0.205。

KLD29 型空调机组制冷量、电流拟合均方根差分别如图 7-11、图 7-12 所示。

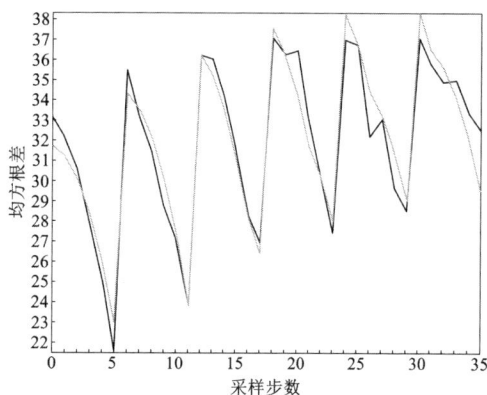

图 7-11 KLD29 型空调机组制冷量拟合均方根差

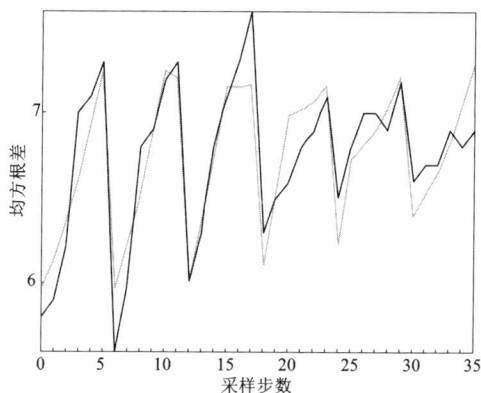

图 7-12 KLD29 型空调机组电流拟合均方根差

②KLD40 型。

$$Q_c = b_1 + b_2 t_h + b_3 t_c + b_4 \varphi_h + b_5 t_h^2 + b_6 t_c^2 + b_7 \varphi_h^2 \qquad (7-9)$$

式中：$b_1 = 15.118$，$b_2 = 0.884$，$b_3 = 0.052$，$b_4 = 0.201$，$b_5 = -0.010$，$b_6 = -0.007$，$b_7 = -0.001$。

式（7-9）拟合均方根差 RMSE = 1.597。

$$I = d_1 + d_2 t_h + d_3 t_c + d_4 \varphi_h + d_5 t_h^2 + d_6 t_c^2 + d_7 \varphi_h^2 \qquad (7-10)$$

式中：$d_1 = 9.078$，$d_2 = 0.028$，$d_3 = 0.065$，$d_4 = -0.014$，$d_5 = -0.0002$，$d_6 = 0.0002$，$d_7 = 9.821 \times 10^{-5}$。

式（7-10）拟合均方根差 RMSE = 0.350。

KLD40 型空调机组制冷量、电流拟合均方根差分别如图 7-13、图 7-14 所示。

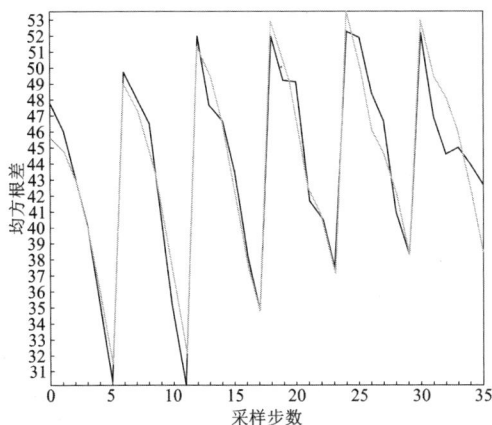

图 7-13　KLD40 型空调机组制冷量拟合均方根差

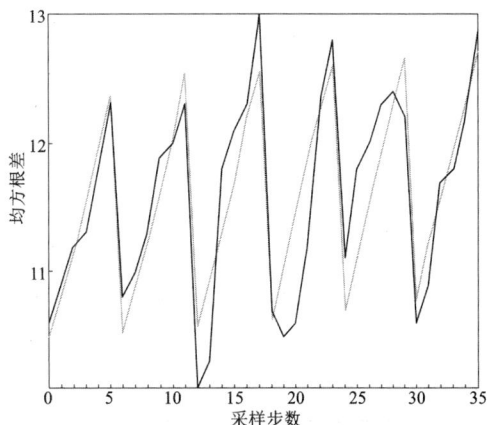

图 7-14　KLD40 型空调机组电流拟合均方根差

（2）非线性方程拟合

通过对影响空调机组制冷量、电流的各因素影响规律进行分析，提出一种非线性方程的形式，拟合空调机组性能的模型。

$$Q = f(t_h, t_c, \varphi) = \beta_0 \cdot Q_0 (1+\beta_1 t_h)(1+\beta_2 t_c)(1+\beta_3 \varphi)\left(1 - 0.1\ln\frac{t_h}{t_c}\right) \tag{7-11}$$

$$I = g(t_h, t_c, \varphi) = \alpha_1 t_h + \alpha_2 t_c + \alpha_3 \varphi \tag{7-12}$$

式中：KLD29 型空调机组系数为 $\beta_0 = 0.8$，$\beta_1 = 0.02$，$\beta_2 = -0.011$，$\beta_3 = 0.45$，$\alpha_1 = 0.147$，$\alpha_2 = 0.036$，$\alpha_3 = 4.727$；KLD40 型空调机组系数为 $\beta_0 = 0.81$，$\beta_1 = 0.02$，$\beta_2 = -0.012$，$\beta_3 = 0.55$，$\alpha_1 = 0.187$，$\alpha_2 = 0.155$，$\alpha_3 = 3.131$；Q_0 为名义制冷量。

上述拟合方程需要有足够多的实验数据对模型进行修正，不断完善拟合曲线、优化拟合方程，才能在任意工况下预测稳定运行时的空调装置的制冷量。以模型中的两个主要输入参数对基准样机做变工况性能数据测试，不断修正方程变量前的系数，甚至引入更为精准的修正系数，缩小测量值与预测值的相对误差，获得被测空调机组的精度较高的制冷量模型。

在确定了模型的内部结构参数后，即可得到各种工况下制冷量、耗电量的试验数据。

7.4　空调机组性能测试新方法的应用

基于基准模型的空调装置制冷量测试方法能够实现"非额定工况测试"，并通过测定空调装置运行工况下的制冷量，结合特定的算法，可得到名义工况下的实际制冷量表现。

7.4.1　在线测试

对于车辆上某型空调机组而言，若需要测试空调机组的性能状态，可以启动空调机组制冷运行，待测试工况相对稳定时，记录工况参数和空调机组的出风参数、电流参数。KLD29 型空调机组的在线测试数据见表 7-9。

表 7-9　KLD29 型空调机组的在线测试数据

序号	测试工况参数					实测电流 I/A	制冷量 Q/kW
	蒸发器进风温度（回风温度）$t_h/℃$	蒸发器进风湿度（回风湿度）$\varphi_h/\%$	蒸发器出风温度 $t_s/℃$	蒸发器出风湿度 $\varphi_s/\%$	冷凝器进风温度（室外温度）$t_c/℃$		
1	27	62	18.0	83	32	6.8	24.8
2	27	57	18.1	80	36	6.9	23.0

因为上述数据是非名义工况下的数据，没有比较的基准数据，所以不能判断空调机组性能状态。

利用空调机组基准样机性能的神经网络模型，按照表 7-9 中的测试工况参数及空调机组额定风量，可以得到相应的制冷量、电流。这是基准样机在该测试工况下的基准值。将表 7-9 中制冷量、电流的测量值与基准值进行比较，即可判断空调机组性能状态。

对训练好的神经网络输入工况参数后，得出制冷量、电流，并进行比较。

应用训练好的神经网络预测制冷量 Q_c 和电流 I，得到结果见表 7-10。

表 7-10　KLD29 空调机组的理论预测数据（基准值）

序号	BP 神经网络应用						
	蒸发器进风温度（回风温度）$t_h/℃$	蒸发器进风湿度（回风湿度）$\varphi_h/\%$	冷凝器进风温度（室外温度）$t_c/℃$	电流 I/A	相对误差 $\delta/\%$	制冷量 Q_c/kW	相对误差 $\delta/\%$
1	27	62	32	6.9532	2.20	31.5176	21.31
2	27	57	36	7.0640	2.32	28.9639	20.59

其中，相对误差 $\delta = \dfrac{基准值-测量值}{基准值} \times 100\%$。

7.4.2　检修试验台非名义工况测试

在空调机组性能试验装置上进行制冷量测试，需要控制在规定工况，如名义制冷工况等。试验装置需要硬件、软件来实现这些工况的控制，构成试验装置的主要成本。试验装置实现这些工况的控制，导致大量的能耗、较长的试验时间。借助空调机组基准样机神经网络模型，可以将检修测试从额定工况的控制要求，降低为任意稳定工况的控制要求。

与传统的测试方法相比，这种新的测试方法可以在任何稳定的工况下进行测试，可以省略规定工况所需的控制设备，简化测试流程，节省人力、物力、财力，完成对空调装置制冷量的测试。利用该测试方法制作的制冷量测试仪器可以用于空调装置的制冷量测试。也适用于交通车辆、船舶、民用与工业应用的空调制冷量测试。图 7-15 是一种便携式空调机组性能测试仪。

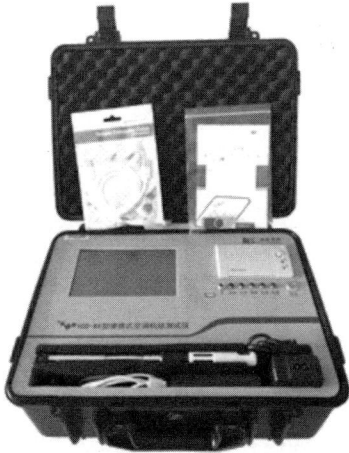

(a) HSD-BX 型便携式空调机组测试仪　　　　(b) 便携式空调检测工具

图 7-15　一种便携式空调机组性能测试仪

第8章

车辆空调系统综合性能测试

城市轨道交通车辆空调系统把经过处理的空气以某种特定的分布方式送入车厢内，从而使车厢内空气的温度、湿度、气流速度及洁净度能够保持在一定范围内。因此，车辆空调系统的综合性能表现为车辆客室的温度场、速度场及乘员的舒适度。

车辆客室内部的气流组织直接影响风速分布、车厢内温度分布，最终影响人体的热舒适感觉。由于城市轨道交通车辆车厢内空间有限且结构复杂，特别是高度和宽度较小，很难达到空调系统气流分布所需的基本条件。因此，车厢内部往往容易出现气流分布和温度分布不均匀的情况。所以，需要对车辆客室内部温度的分布进行测量，并基于测量结果进行评价，用以检验车辆空调系统的综合性能。

8.1　车辆客室流场及温度场

在传统的车辆空调空气分布设计中，将送风气流设定为射流，通过求解经验公式确定车厢内各个断面的温度分布和速度分布，进而选择送风口位置、尺寸和速度等参数。由于射流经验公式受诸多因素的影响，依照此办法车厢内的气流分布和温度分布无法做到精确设计，车厢内乘客的热舒适性不易得到满足。近年来，随着计算机技术的快速发展，计算流体力学（computational fluid dynamics，CFD）已成为一种解决流体相关工程领域问题的新方法，利用数值方法求解流体流动和传热控制方程，CFD 可以获得计算域内温度场等的数值解。与传统方法相比，CFD 具有诸多优点，如成本低、速度快、资料完备等，且不受地域、气候等客观因素影响。所以，CFD 已成为车辆制造企业设计人员的一种重要分析工具。

在车辆客室空调系统设计过程中，数值模拟计算虽然解决了射流经验公式数据粗糙的问题，但数值模拟计算结果的准确性依赖于物理问题的数学模型正确性、边界条件设置是否合理等因素，而模型和设计参数取值的合理性需要试验进行验证。因此，尽管数值模拟计算能提供改善设计的方向，但是其结果仍需实验验证。可见，车辆空调系统测试是不可缺少的终极研究手段。

车辆空调系统测试的内容主要是在设计的车外温度条件下，检验整车的车内温度、相对湿度是否达到相关技术要求，包括车厢内温度、温度均匀性，车厢内各点温差，车厢内相对湿度值，车厢内微风速等舒适性指标。

8.2　测量网格的划分

以下集中讨论下列场景的车辆空调系统综合性能测试，如图 8-1、图 8-2 所示。

图 8-1　车辆空调系统综合性能测试车辆外观

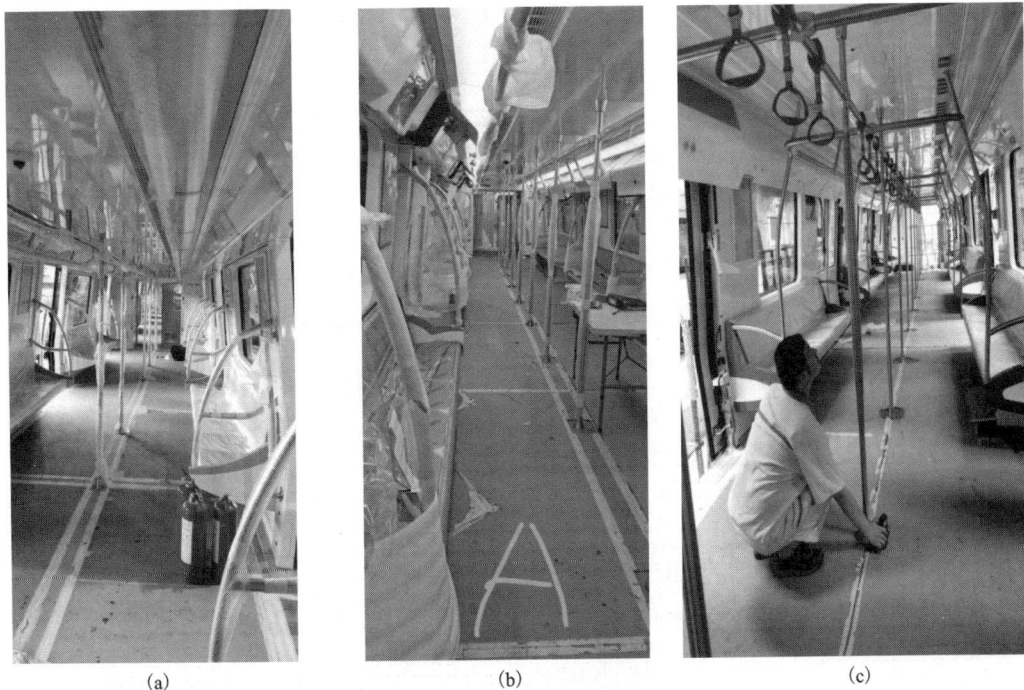

|(a)|(b)|(c)|

图 8-2　车辆空调系统综合性能测试车辆内部

车辆客室的特征尺寸如下：

①车辆横断面内空宽度特征尺寸为 2700~2800 mm，高度特征尺寸为 2100 mm。

②两侧座椅间尺寸为 1600~1650 mm，座椅边界高度约 500 mm，座椅断面宽度为 440 mm。

③上部横向拉杆离车辆轴线距离为 600~650 mm，离车厢地面高度为 1850 mm。

④两车厢风挡连接处的通过门尺寸为 1900 mm×1500 mm（高×宽）。

8.2.1 车辆客室水平面测量网格的间距确定

水平面网格包含轴向、横向间距，水平面网格间距越小越能详细反映温度分布的实际情况。但是，网格间距越小，传感器数量越多，既会影响车厢内原有流场分布，又会导致系统过于复杂，增加成本。网格间距下限研究，应该回归温度分布测量的初衷：确保车厢温度分布能客观反映人体的舒适体验。

根据人体数据资料，人体在水平面投影尺寸大致为 261 mm×486 mm（胸厚×肩宽），如图 8-3 所示。

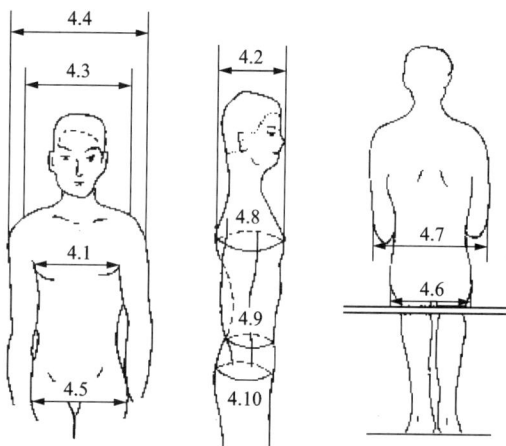

年龄分组	男（16~60岁）							女（18~55岁）						
百分位数 测量项目	1	5	10	50	90	95	99	1	5	10	50	90	95	99
4.1 胸宽	242	253	259	280	307	315	331	219	233	239	260	289	299	319
4.2 胸厚	176	186	191	212	237	245	261	159	170	176	199	230	239	260
4.3 肩宽	330	344	351	375	397	403	415	304	320	328	351	371	377	387
4.4 最大肩宽	383	398	405	431	460	469	486	347	363	371	397	428	438	458
4.5 臀宽	273	282	288	306	327	334	346	275	290	296	317	340	346	360
4.6 坐姿臀宽	284	295	300	321	347	355	369	295	310	318	344	374	382	400
4.7 坐姿两肘间宽	353	371	381	422	473	489	518	326	348	360	404	460	478	509
4.8 胸围	762	791	806	867	944	970	1018	717	745	760	825	919	949	1005
4.9 腰围	620	650	665	735	859	895	960	622	659	680	772	904	950	1025
4.10 臀围	780	805	820	875	948	970	1009	795	824	840	900	975	1000	1044

图 8-3 人体水平尺寸（单位：mm）

考虑到正常定员乘坐情况下，乘客在车厢站立时不会在三个维度挤压密实，手臂紧贴原则上可以接受，但胸部与背部之间、胸部与胸部之间通常会有空隙，如图 8-4、图 8-5 所示。

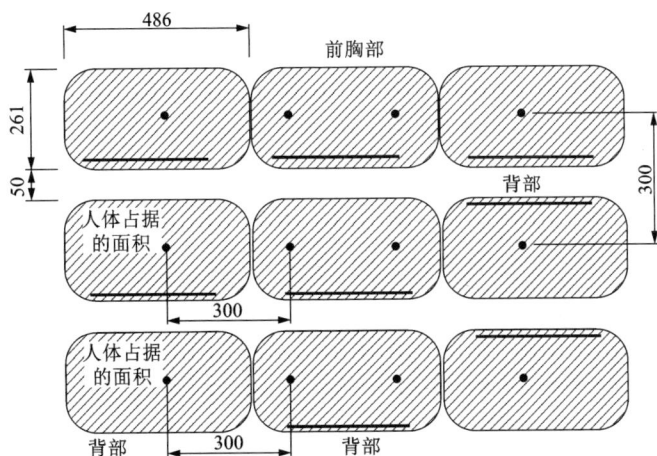

图 8-4　人体规则站立时占据的空间及温度布点（单位：mm）

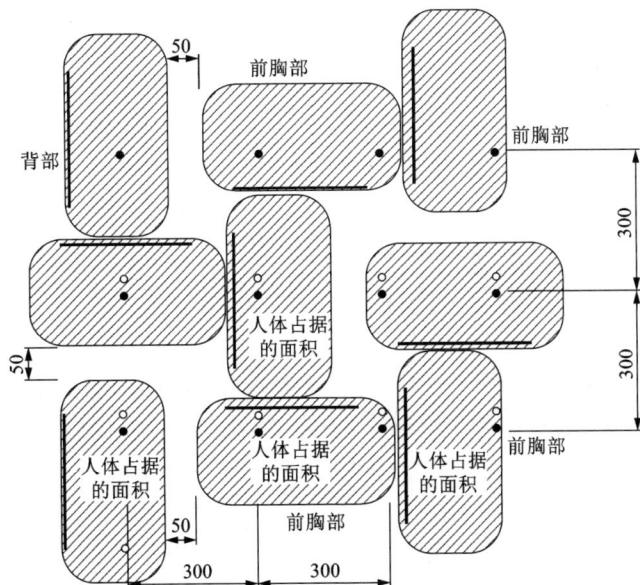

图 8-5　人体不规则站立时占据的空间及温度布点（单位：mm）

考虑最不利的乘坐情形，假设乘员站立时是拥挤状态且前胸间距 50 mm，则水平面网格最小间距 300 mm 时，乘员人体占据的面积中至少有一个传感器测量该区域的温度。因此，水平面网格间距最小值可以设为 300 mm，保证在拥挤状态下人体占据的 261 mm× 486 mm 的网格中，至少有一个温度测点能代表乘客站立空间内点的温度。

车辆空调送风系统按照车辆水平中轴线条形布置，在水平测量平面，垂直车厢水平中轴线方向温度变化率较大。因此，网格最小值设置在该维度（横向）上。相应地，在平行车辆水平中轴线的方向（轴向），温度变化较小，网格尺寸可以大于 300 mm，例如，取网格最大值 600 mm，如图 8-6 所示。

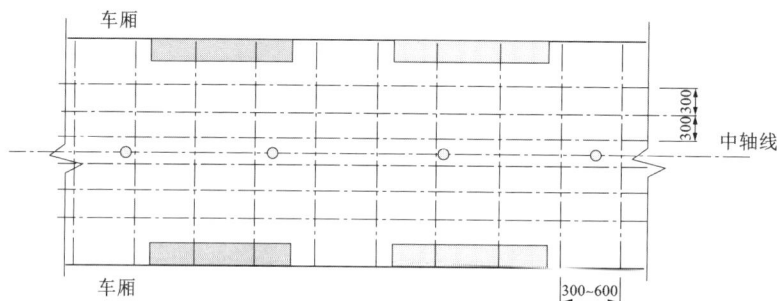

图 8-6 车厢水平面网格划分示意图（单位：mm）

按照网格最小间距估计，车厢内水平面垂直轴向方向的有效布点理论最大数为 7～8 个。

根据流体流动边界层理论，距离车厢内壁一定厚度内为流动边界层，温度在边界层内存在分布梯度。国家相关标准对民用空调区域的划分时剔除了这个边界层的影响，规定允许离墙或离地 0.5 m 的区域不考虑温度的均匀性。同样，对于空调车厢而言，宽度尺寸为 2.6 m 左右，属于狭小空间，将边界层影响的厚度按照小于 0.5 m 处理（如 0.3 m），这样更合理。确定离车辆内部边界最近测温点的距离为 300 mm，即离地、离壁面和离顶部间距为 300 mm。

8.2.2 车辆客室沿轴向立面网格间距的确定

一节车辆配置两台空调机组。空调机组的送风为长条形风口，平行车厢中轴线方向，沿着中轴线对称布置在车顶两边。沿中轴线方向，温度分布具有相似性，温度变化率较小。沿高度方向，冷空气下降，热空气上升，温度变化率（梯度）较大。该断面网格划分应该结合这两个方向温度的变化特征。为了与车辆水平面网格一致，本研究选取沿轴向网格间距大于 300 mm，如 400 mm 或 600 mm，高度方向网格间距 300 mm。

8.2.3 车辆断面（垂直车辆水平中轴线的截面）网格间距的确定

结合前面的测量断面网格分析，确定该断面的网格等间距方案，最小间距 300 mm。车厢断面网格划分图见图 8-7。

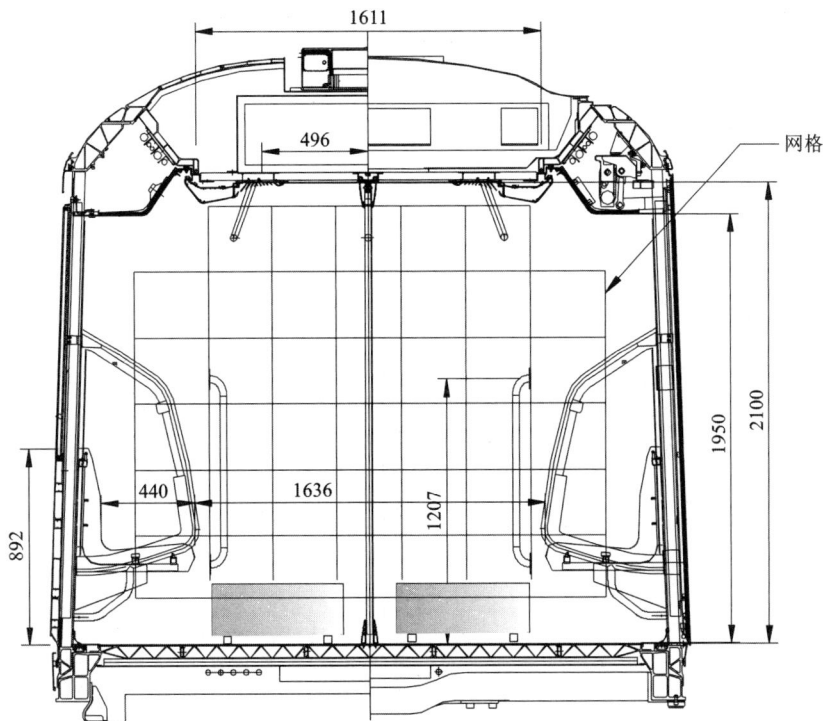

图 8-7　车厢断面网格划分(单位：mm)

8.3　测试系统方案

①以集成多点组合温度测试架作为测试模块，快速测试车厢的温度三维分布。测试模块中温度布点 72 个，测试架的温度布点涵盖小车所在的车厢立体区域。测试架的轮廓尺寸为 1200 mm×620 mm×1997 mm(长×宽×高，其中高度尺寸包括机器人测试小车的高度)。按照车厢测温网格尺寸，将水平面二维网格间距设计成可调整的网格间距。测试架的温度传感器轴向间距可以在 300~600 mm 范围调节(车辆水平中轴线方向，下同)，传感器纵向(高度方向，下同)间距、横向(垂直车厢水平中轴线或者竖直中轴线的水平方向，下同)间距固定 300 mm。

组合温度测试架两套，按照车辆客室中部扶手立柱两侧布置。

集成多点组合温度测试架的温度传感器通过智能运载小车向本系统控制中心无线发送数据。

②以基于机器人技术的智能运载小车作为集成多点组合温度测试架的载体，在车厢内自动寻址、自动走行、自动定位。保证组合测试架按照车间测温网格决定的步长移动。根据组合温度测试架尺寸和测温网格步长，制定智能运载小车的行走策略。根据使用场景情况，设置两套智能运载小车，按照车辆客室中部扶手立柱两侧布置，满足车厢结构，满足测试效率与同时性，方便搬运、上车。

机器人智能运载小车外形尺寸为 742 mm×520 mm×250 mm（长×宽×高），质量约
38 kg，集成多点组合温度测试架质量约 3 kg。机器人智能运载小车与集成多点组合测试架
可分开搬运，可快速安装。

③测试系统布局如图 8-8、图 8-9 所示。

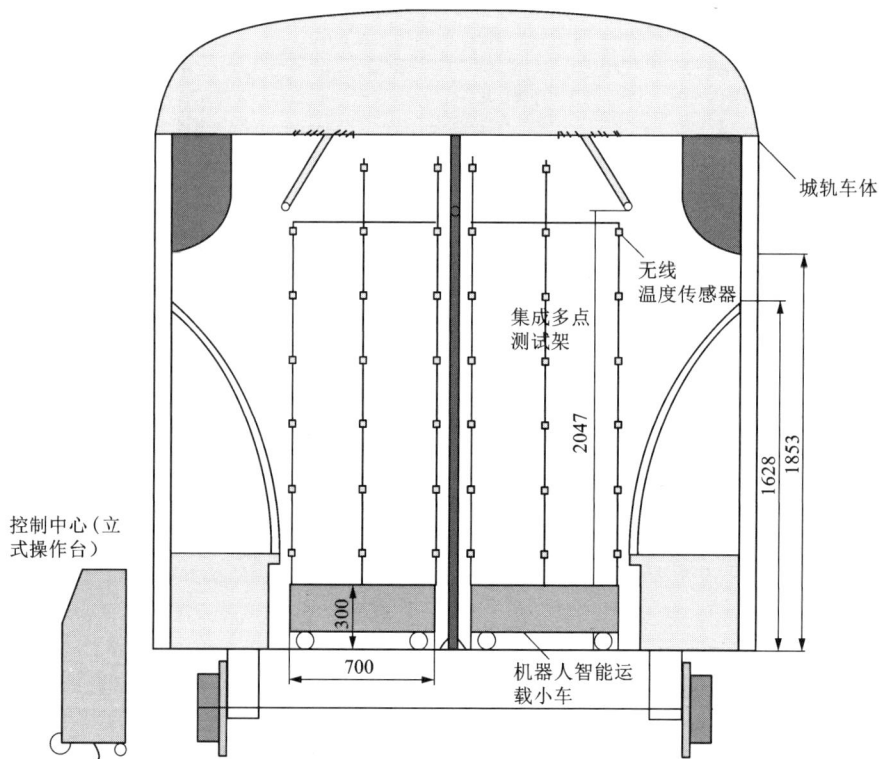

图 8-8　车厢内测试系统布局（单位：mm）

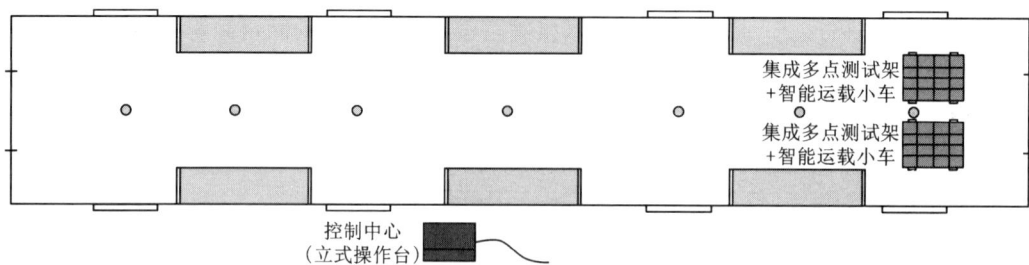

图 8-9　测试系统总体布局

两套智能运载小车在测试过程中作为温度采集系统的载具，可在车厢中间立柱两侧自
动沿直线行走，测量时间与运行速度可以调节。智能小车导航方式为多线激光雷达，最大
距离 20 m。地面主机与智能小车的通信方式为 Wi-Fi（频率 2.4 GHz）。智能运载小车采用
专门导航技术，由控制中心计算机进行行走调度，并与计算机实时共享位置信息。智能运

载小车的测试路径策略由计算机给定。一节车辆客室整个温度场测试过程设计为 8~10 min(步进模式)。

④设计一套控制中心，集成供电、通信、计算机等硬件及测量与分析软件。使用外部交流电源。车厢测试控制中心外观如图 8-10 所示。

⑤测试模式有三种：步进式模式、定点模式及往返模式。在对应模式下，都有设定参数可以改变。小车停止状态下，可以测量空间区域的三维温度基于时间的变化功能。

由测试软件的基本功能：

a.软件能形成车辆三维轮廓；

b.车辆客室三维温度网格规划；

c.智能运载小车行走控制；

d.温度数据采集、数据智能化处理；

e.测试管理。

上位软件安装于控制中心的计算机内，基于 Windows 操作系统、C++软件开发平台编写，提供良好的人机界面，实现温度数据的显示、汇总、分析、存储与回放。根据测点数量，进行数值计算，获得等温线。利用该软件针对车厢不同截面，生成温度分布云图。基于三维温度测试数据，通过引入评价模型，提出相应的温度分布评价指标。

图 8-10　车厢外测试控制中心外观

8.4　温度测试原理

温度测试原理如图 8-11 所示。

因传感器回路超过 70 个，硬件结构占据较多空间、呈现较大的质量，都对测试系统使用不利。最佳方案是采用热敏温度传感器，经信号处理后接入机器人智能小车上的温度监测主机。温度监测主机以无线通信方式与车下控制中心传输数据，省略了温度传感器的布线。

在控制中心设置有接收无线方式传输的温度传感器数据的通信模块，支持多达 250 路数据的传送，集温度传感器状态检测、现场温度显示、报警提示和输出、事件记录和数据记录于一体的现场温度监测装置。

控制中心(立式操作台)用于管理测试系统、管理测试车辆网格规划、提供智能运载小车走行策略、对集成多点组合测试架网格调整控制、温度采集及数据处理。测试过程中，操作员可以在操作台控制智能运载小车的运行模式及上述其他功能，同时可直观显示测试情况及测试数据。

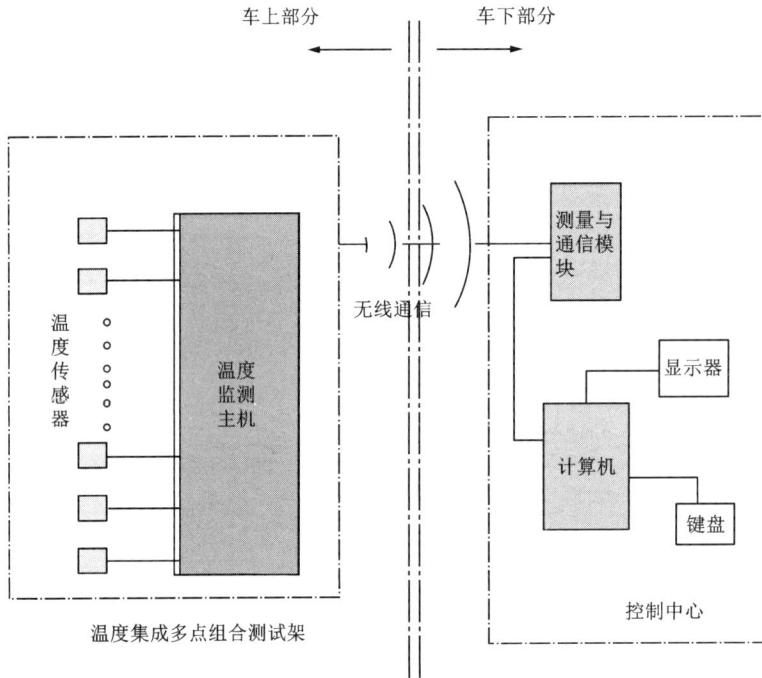

图 8-11　温度测试原理

8.5　数据处理及误差分析

本研究对采集的温度进行了下述处理。

（1）不确信值的处理

在温度值普遍合理的范围内，若测量的某些点温度异常，则需要剔除这些数值。

（2）缺少值的处理

由于地铁车厢内部设施结构的复杂性，不能严格按照划分的网格测量每一点的温度值。对于极少数不能测量温度的点，为了使三维云图完整，采取插值方法，模拟该点的温度值。

（3）干扰值的处理

硬件方面，采用带数字滤波的模数转换芯片；软件方面，通过温度数据的插值和数字滤波处理来减少干扰。

在车辆客室空调测试过程中，用集成多点组合温度测试架测量客室三维温度分布，是一个实用方法。但由于温度测点数多，温度传感器支架和导线的引入，会对车辆客室局部流场产生一定的影响，继而对温度值产生影响。通过用 FLEUNT 软件进行仿真模拟分析，得到空车厢、引入测试架后的车厢两种情况下各断面温度及速度的极值，见表 8-1。

表 8-1　两种情况下各断面温度及速度极值

参数		空车厢	车厢(带测试架)	相对偏差/%
宽度 Z=0.675 m 处的断面	温度最大值/℃	21.173	20.781	1.85
	温度最小值/℃	20.044	20.023	0.10
	速度最大值/(m·s⁻¹)	1.407	1.139	19.00
	速度最小值/(m·s⁻¹)	0.027	0.028	3.70
高度 Y=1.05 m 处的断面	温度最大值/℃	20.640	20.800	0.78
	温度最小值/℃	20.100	20.082	0.09
	速度最大值/(m·s⁻¹)	0.559	0.882	57.78
	速度最小值/(m·s⁻¹)	0.060	0.038	36.67
长度 X=1.0 m 处的断面	温度最大值/℃	21.157	21.278	0.57
	温度最小值/℃	20.000	20.000	0
	速度最大值/(m·s⁻¹)	2.257	2.026	10.23
	速度最小值/(m·s⁻¹)	0.011	0.010	9.09

可见,引入组合温度测试架后,温度最大偏差约 0.3 ℃。

8.6　测控中心

(1)组成

城市轨道交通车辆客室可视化三维温度测控中心由嵌入式一体机、无线 AP 模块(简称 AP)、4G 无线路由器组成,安装在一个立式柜体中。通过 AP 实现测温小车车载计算机与测控中心的无线连接服务,其拓扑结构如图 8-12 所示。

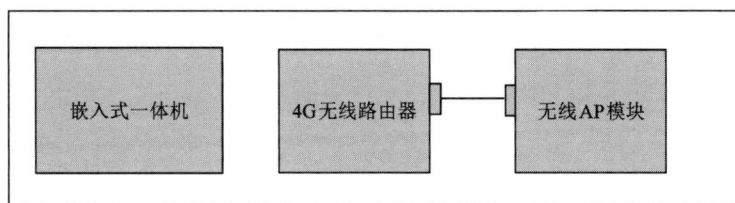

图 8-12　测控中心拓扑结构

(2)功能

测控中心通过 AP 与车载计算机通过 Wi-Fi 进行无线通信,而后者通过 RS232 与测试台架测量子系统进行信息交互,系统的结构如图 8-13 所示。

图 8-13　系统的结构

①用户通过嵌入式一体机操作界面录入车型、测试人员有关信息、指定测量方式,在程序的控制下,自动测量车辆客室内温度,分析空调制冷、制暖试验过程中车辆客室内的温度分布。在此基础上,测控软件形成车辆客室内可视化的三维温度热力图(温度分布云图)。并对三维温度热力图 X、Y、Z 方向进行剖视,展示出各方向剖面的温度云图。软件具有数据存储,历史测量数据查询、显示、删除,以及数据导出等功能。

②车载计算机安装在组合测温小车上,作为服务端,在整个系统中主要起到两方面的作用。一方面,接收测控中心嵌入式一体机命令,通过接收到的车型信息、测量模式,调用相应的地图,控制测温小车的运动,把接收到的支架控制命令通过 RS232 串口传输给测试台架测量子系统,由后者实现支架间距的调节;另一方面,接收组合测试台架测量子系统所测量的温度信息和状态信息,实现数据的代理转发,并把自身的状态(位置、电池电量)一并传送给测控中心嵌入式一体机。

③组合测试台架测量子系统主要功能是接收车载计算机转发的测控中心嵌入式一体机命令字,完成支架间距的调整。同时通过自带的红外传感器感知障碍物体,从而控制侧面支架的收放,完成测温。并将测温数据和自身的状态信息通过 RS232 串口送给车载计算机,由车载计算机传输给测控中心嵌入式一体机。

测控中心计算机与车载计算机通信采用 TCP 作为底层通信协议,通过 Wi-Fi 无线传输方式进行数据传输。TCP 是网络通信中最常用的通信协议之一,能够保证数据的可靠送达,稳定性高,Wi-Fi 路由器安放测温小车上,传输距离为 1000 m。由于项目中所传输的数据均为结构化数据,因此,通信数据采用 JSON 格式。通过序列化操作进行数据的编码并进行网络传输,通过反序列化操作进行数据的解析。采用 JSON 格式还有另一个优点,即几乎所有的语言均具有 JSON 库,可充分利用语言的特性。

车载计算机与测试台架测量子系统采用 RS232 接口,以有线方式实现通信。它们之间交互的信息主要有温度信息、支架间距调节命令,以及支架传感器、执行器的状态信息。

8.7　测控软件

测控软件是人机交互的平台。通过测控软件可以对整个测温过程进行控制、数据处理、数据存储管理。软件采用 C++编程语言、Matlab 脚本,基于 Microsoft Visual Studio 2015、Matlab2016a 平台开发,充分利用了 Matlab 强大的图形处理功能。测控软件部署在 Windows 7 以上系统的测控中心一体机上。

测控软件很好地处理了以下几个关键技术问题。

（1）图形化处理技术

Windows 提供了一个称为图形设备接口 GDI 的抽象接口，它负责管理用户绘图操作时功能的转换，GDI 通过不同设备提供的驱动程序将绘图语句转换为对应的指令，实现设备无关性。车辆空调系统综合性能测试需要显示温度的三维图像、各断面的温度云图，仅采用 VC++实现工作量大，难以实现图形的旋转等操作。因此，采用 VC++与 Matlab 软件良好的对接性特点，通过调用 Matlab 的函数来实现图形处理。

（2）软件的可扩展性

软件的设计采用了分层的思想，尽量在业务上减少模块间的依赖。当存在多个业务模块的依赖关系且其关系结构复杂时，可对业务重新定义或拆分。

（3）测量的快速性与可靠性

在可靠性方面，既要考虑正常情况下的流程，又要考虑异常情况时程序的处理流程。这些异常情况往往是传感器故障、测温支架执行器故障等。在步进式和往返式测量模式时，温度测量要覆盖整个车辆客室，同时性测试要求应尽可能满足或无限接近。测量方案要尽可能减少测量时间。软件对影响测量时间的小车移动速度、温度稳定延时、温度发送间隔以及测温架的调整时间进行了优化，以缩短整个测温时间，保证数据接近同时性。

软件中，温度数据设计为矩阵结构数据，采用 Access 数据库保存测试信息和温度数据文本路径，参数信息采用配置文件保存；整个系统从功能可分为基础设备层、存储层、业务层、表现层，软件的功能分层如图 8-14 所示。

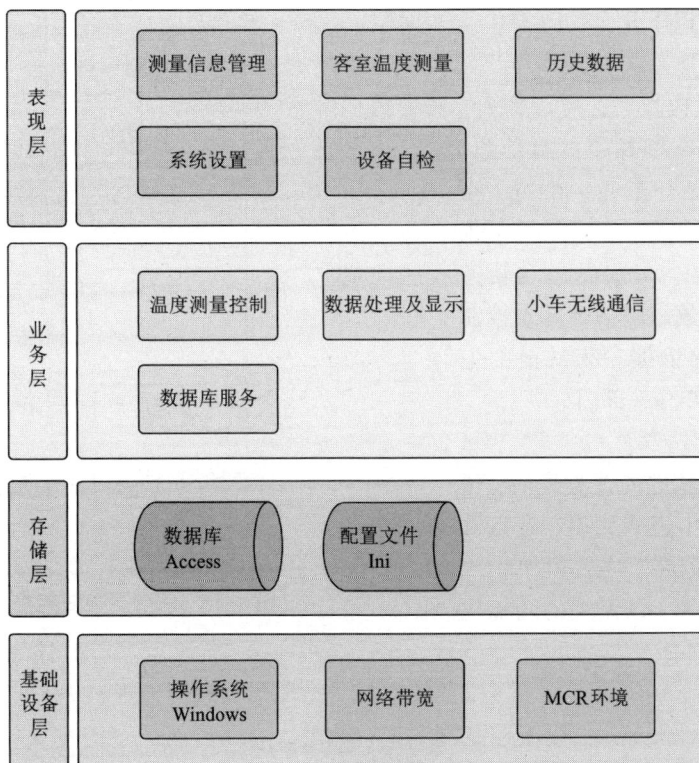

图 8-14　软件功能层次图

1.业务层

业务层的主要功能是处理各种功能请求，实现系统的业务功能，包含系统所需要的所有功能上的算法和计算过程，并与数据访问层和表现层交互。具体而言有以下功能：

①客室温度测量与显示：与小车温度测量系统无线通信传输、网格方案规划、整车网格温度测量、指定点温度实时测量。

②与机器人小车网络通信控制。

③差错控制技术。

④温度数据的处理：粗大值处理、插值、实时曲线表示、指标分析计算、温度云图或等温线图展示。

⑤数据库服务：数据的存储、查询、显示、报表打印等。

2.表现层

表现层的主要功能是显示数据和接受传输用户的数据，为用户提供一种交互式操作的界面，用户通过表现层来使用系统。表现层与业务层通过接口实现信息交互，一方面，在设计上尽量降低与业务层的耦合度，这样无论表现层如何更改，业务层都能完善地提供服务；另一方面，在表现层设计上充分考虑了用户交互的友好性，功能及内容的视觉呈现友好，用户按钮布置在页面底部，数据与温度云图布置在用户视觉焦点上。

其模块架构如图8-15所示。

表现层分为以下几个功能模块。

（1）信息管理

在信息管理模块中，可以添加、修改、删除待试车型和测试员信息。车型的参数主要有车长、车宽、车高、制造商以及建图号，建图号是根据不同车型测温小车预设运动轨迹的图号，这些参数是网格计算及控制测温小车运动的依据。测试员的信息主要有姓名、单位、部门。

（2）客室测温

客室测温是软件的核心模块，可分为测温准备、步进式测温、定点式测温、往返式测温几个主要模块。

测温准备模块：该模块的功能主要有以下几个方面。

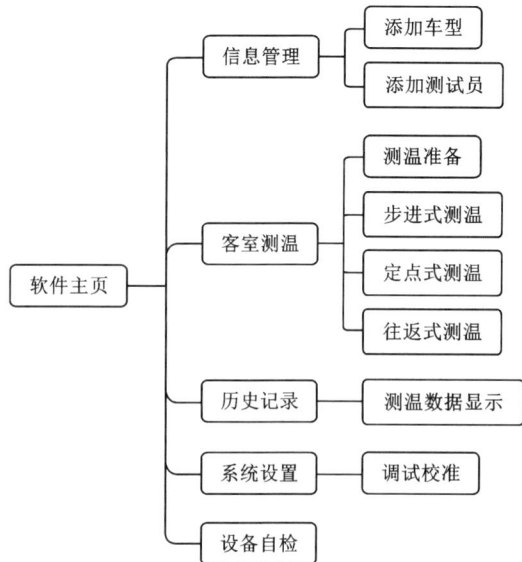

图8-15 表现层模块架构

①选择待试车辆的类型：通过车型的选择，关联车辆地图，测温小车将根据指定的车型加载车辆客室地图数据，便于控制测温走行轨迹；测试员以平铺的方式供用户选择，简化了操作。

②根据需要选择合适的测试架间距、输入待试车辆的编号，测试架间距通过车载计算机转发给测试台架测量子系统，对支架间距进行调节。

测温模式主要有步进式测温、定点式测温、往返式测温。测温结束后，保存数据。数据各字段保存在数据库中，便于检索、打印、删除。可实时查询当前测试的温度分布情况。

（3）历史记录

测温数据保存在数据库中，用户可以通过关键词搜索的方式把符合相应关键词的记录罗列出来。选中相应的记录后可以以多种不同的方式将温度呈现出来。这些关键词有车厢号、车型、日期，并支持使用关键词"与"的方式进行组合以实现对测试记录的准确查询。

选好要查询的记录后可根据测试模式分类显示、删除、用 U 盘导出数据，实现数据的管理；为了便于移动，测控中心操作台未安装打印机，随机提供一套软件完成温度数据的显示及打印。

（4）系统设置

通过系统设置，可以设定测温小车前后边距、测温稳定时间、温度发送间隔、相邻温度偏差。测温小车的网络参数包括 IP 地址、端口、识别码。

（5）设备自检

该模块可以对温度测量设备的状态进行自检，保证测试数据的可靠性、可用性。调试校准包含测温小车和测试支架功能控制和温度传感器校准等功能，自检的信息主要有测温小车的电量、测温传感器好坏。

（6）温度云图可视化

温度原始数据获取以后，将以三维温度云图显示车厢内温度分布情况，还可显示三维温度云图各向剖面的温度云图。

在呈现温度分布云图时，必须建立车辆的物理坐标系。物理坐标系的建立以测温小车前进方向为 X 轴、车辆宽度方向为 Y 轴、高度方向为 Z 轴。车辆左角位置为原点。测试中，显示当前测得的温度值，根据测试架分布排列显示。测试完成，数据经过处理后，可选择轴向、横截面和水平面或三维图展示温度云图或等温线图。温度云图用冷暖色阶表示，比如，红色代表高温，蓝色代表低温，根据温度确定各坐标点红蓝亮色的比例。

三维温度显示是将车辆空间各点温度以云图方式呈现出来，如图 8-16 所示。

通过旋转、放大可以观看感兴趣点的温度信息。

轴向断面是将集成多点组合温度测试架 Y 坐标方向采集到的原始温度数据呈现出来，反映了车辆同一时刻不同 Y 坐标处温度梯度变化情况，如图 8-17 所示。

横向断面是将集成多点组合温度测试架 X 坐标方向采集到的原始温度数据呈现出来，反映了车辆同一时刻不同 X 坐标处温度梯度变化情况。

水平断面是将集成多点组合温度测试架 Z 坐标方向采集到的原始温度数据呈现出来，反映了整列车不同 Z 坐标温度梯度变化情况。

往返式测量模式与步进式测量模式温度云图分析方式类似。

定点式测温是当测温小车运动至预定的位置，实时显示温度随时间变化的曲线，如图 8-18 所示。

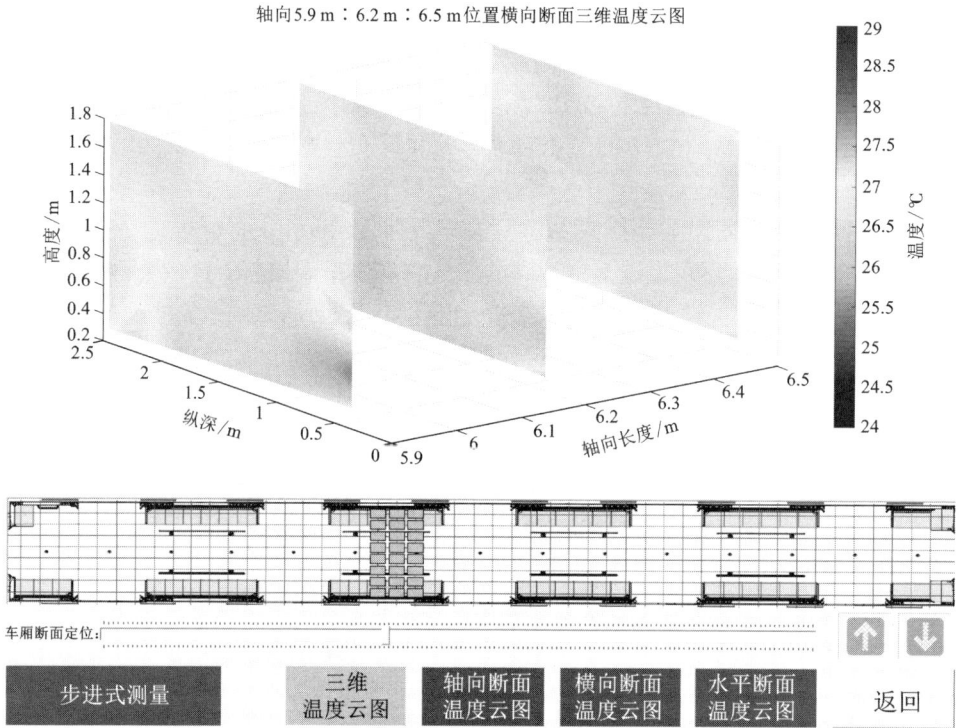

图 8-16　三维温度云图

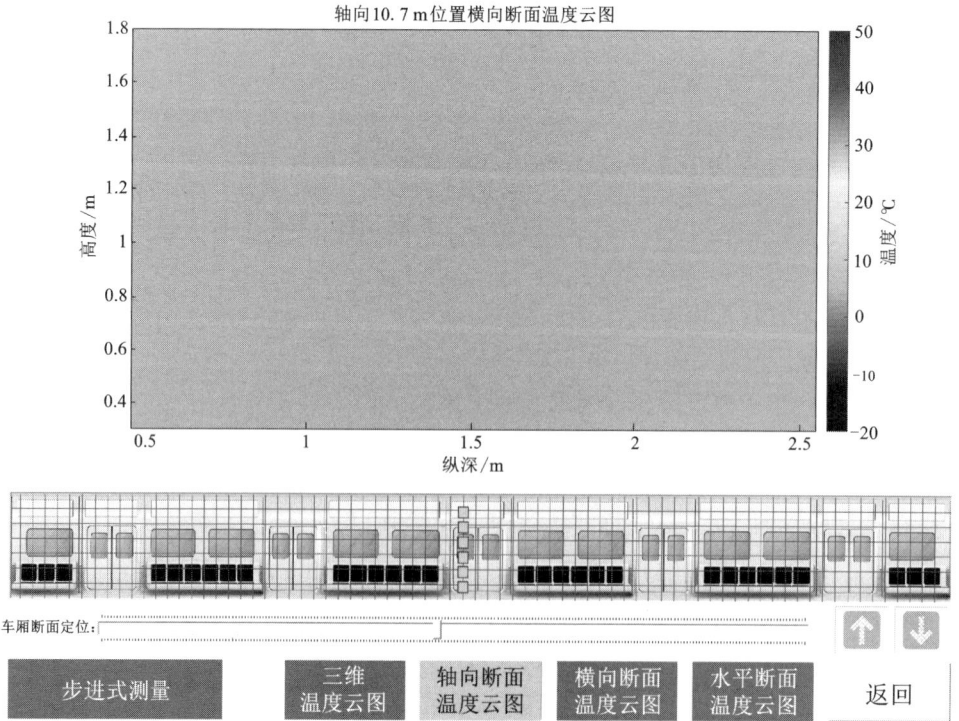

图 8-17　轴向断面温度云图

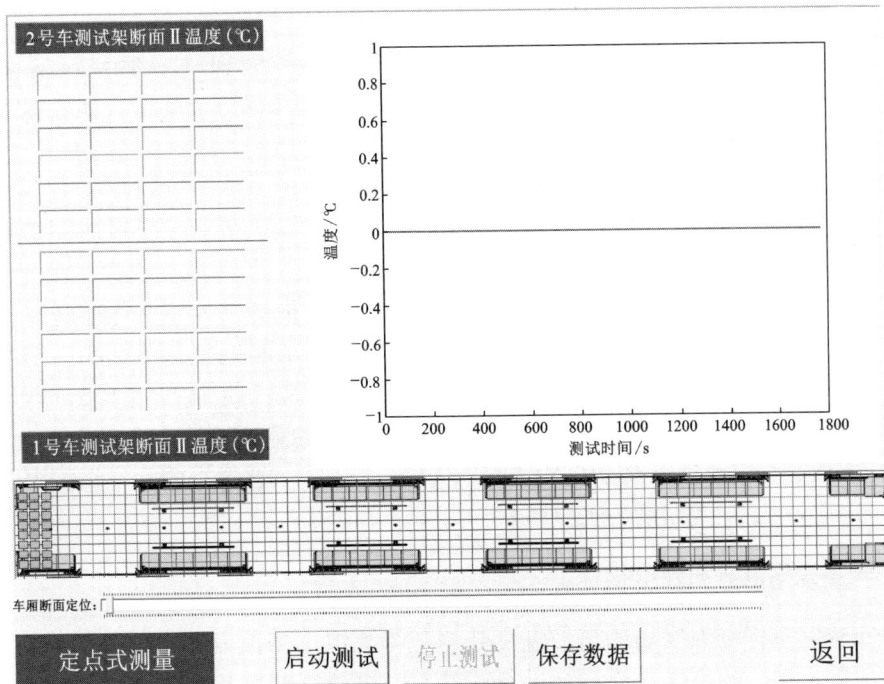

图 8-18 定点式测温

8.8 温度分布评价指标

1. 地铁车辆客室温度分布、气流组织标准

欧洲标准《铁路车辆—城市轨道车辆空调》(EN 14750—1：2006—08)中规定风速不得小于 0.07 m/s，以避免出现"静止区域"。不同车辆空调允许的最大风速如图 8-21 所示。

欧洲标准《铁路车辆—城市轨道车辆空调—型式试验》(EN 14750—2：2006—08)提出的试验评判标准：

①正常通风条件下的新风量应等于或略大于 2800 m³/h；回风量应不小丁 5200 m³/h；送风量应等于或略大于 8000 m³/h。

②设计条件下制冷性能试验时，客室车厢内距地板 1.1 m 高处测点的平均温度能够稳定在 (26±1)℃，

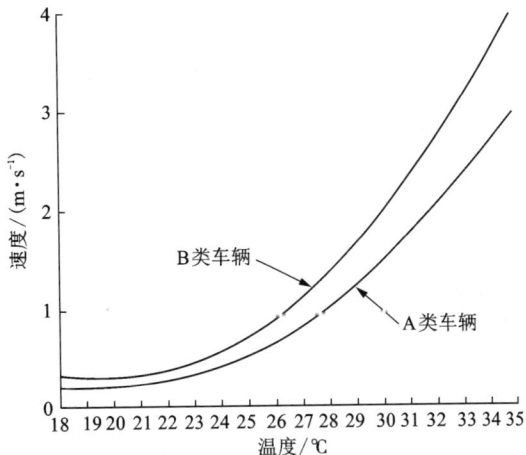

图 8-21 不同车辆空调允许的最大风速

同时相对湿度稳定在65%左右。

③客室内实际温度的变化，允许偏离设定值的最大偏差为±1 ℃。客室内在地板面以上1.1 m的高度测得的温度分布最高温度和最低温度的差不大于2 ℃，在地板以上0.1~1.7 m的高度之间，温度值的差不大于3 ℃（温度梯度1.875 ℃/m）。

④乘客在停留区不会有明显的吹风感，客室内最大微风速不超过0.7 m/s。乘客停留区的平均微风速为0.4~0.5 m/s，客室区域的气流速度及偏差符合EN 14750标准车辆B类别的要求，见图8-21。

我国还未制定有关地铁车辆的空调标准，评价指标可借鉴其他相关标准研究。如《公共交通工具卫生标准》（GB 9673—1996）规定，旅客列车车厢卫生标准值为：温度/冬季18~20 ℃，夏天24~28 ℃；相对湿度40%~70%；垂直温差3 ℃；微风速0.5 m/s。《地下铁道车辆通用技术条件》（GB/T 7928—2003）规定，车辆的空调制冷能力应能满足在环境温度为33 ℃时，车内温度不高于（28±1）℃。《UIC 553客车通风采暖和空调》规定，风速不得小于0.07 m/s，避免出现"静止区域"。

2. 地铁车辆客室温度分布评价指标

地铁车辆客室标准温度场的离散温度数据与待测温度场温度测试数据的直接对比无法形成有效的标准，需要建立温度场的评价指标，直观反映温度场效果，对温度场做出评价。

评价指标是评价体系的主体，每个评价指标应能反应待测温度场的不同特性，所有评价指标的集合形成评价体系。

（1）地铁车辆客室温度分布评价指标

参考《空气调节》中气流分布中温度场评价的部分指标，结合数理统计中的一般评价方式，拟定了车辆客室内温度场平均温度 μ、温度场不均匀系数 σ、车厢内温度极差 R、垂直温度梯度 θ 四个指标。这四个评价指标作为评价温度场优劣的基本指标。

①平均温度 μ。

平均温度 μ 反应温度场整体温度的高低，上述标准中，规定了一定高度（如1.1 m）的空气平均温度[如（26±1）℃]。平均温度 μ 数值越接近于出风口温度越好。选取被测空间内的 n 个点，测其各点温度值，求其算术平均值，即平均温度 μ。

$$\mu = \frac{\sum t_i}{n} \tag{8-1}$$

②温度不均匀系数 σ。

温度不均匀系数 σ 反应温度场各点温度的离散程度。温度场不均匀系数 σ 为无量纲数，数值越大，温度场温度分布的均匀性越差，因此，不均匀系数 σ 可以用于评价温度场均匀程度。

温度不均匀系数 σ 按照下式计算：

$$\sigma = \frac{\sqrt{\dfrac{\sum (\mu - t_i)^2}{n}}}{\mu} \tag{8-2}$$

③温度极差 R。

温度极差 R 为温度场温度最大值与最小值之差。温度极差 R 数值越小，温度场的温度均匀性越好。

$$R = \max(t) - \min(t) \tag{8-3}$$

相对温度偏差：

$$\beta = \frac{(t_i - \mu)}{\mu} \tag{8-4}$$

④垂直温度梯度 θ。

垂直温度梯度 θ 反映乘客个体的温度体验。

垂直断面温度梯度 θ 定义为

$$\theta = \frac{(t_{上部} - t_{下部})}{h} \tag{8-5}$$

式中：h 为高度；$t_{上部}$、$t_{下部}$ 分别为上部、下部温度。

3. 地铁车辆客室温度分布评价指标值的合理水平

(1) 垂直温度梯度 θ

从热舒适角度，人体头与足踝间空气的垂直温度差应控制在一定范围。美国 ANSI/ASHRAEA 标准 55—2004 建议人体头和足踝间空气的垂直温度差 <3 ℃。国际标准 ISO 7730—2005 规定了 3 个热舒适等级的头和足踝间（地面上 1.1 m 和 0.1 m 之间）的空气垂直温度差为：A 级 <2 ℃，B 级 <3 ℃，C 级 <4 ℃。我国《民用建筑供暖通风空气调节设计规范》规定地面上 0.1~1.1 m 之间的空气垂直温度差不宜大于 3 ℃。

因此，对于一般应用的空调区域而言，结合上述标准，可以推算，合适的空气垂直温度差在 1.5~3 ℃/m。

对于车辆空调而言，汽车空调在垂直方向上，空气温度的不均匀度宜保持在 2 ℃左右。以汽车车厢高度 1.8 m 为例，垂直温度梯度 $\theta = 1.1$ ℃/m，这是较高标准了。地铁车厢空调对应 1.6 m 高差（即 0.15~1.7 m）内垂直温差 ≤3 ℃，即 $\theta \leq 1.875$ ℃/m。因此，从上述规定的指标来看，车辆客室垂直温度梯度在 1.5~2.5 ℃/m 比较合理。

上述标准规定空调区域垂直方向温差时并没有明确温度"上高下低"或者"上低下高"。从人体舒适角度看，热量分配应遵循"头凉脚热"的空间温度分布原则。车厢顶送风属于"头凉脚热"的温度分布。

如果按照 ±1.0 ℃的车辆客室温度精度，基本属于高精度空调。对于车辆客室来说，要求偏高。按照 ±1.5 ℃的车辆客室温度精度，则垂直梯度考核标准为 $\theta_s = 1.5$ ℃/m。该指标值处于上面的分析指标范围的下限，标准较高，合理可行。

(2) 同一水平面最大温差（温度极差 R）

按照 ±1.5 ℃的车辆客室温度精度，则同一水平面最大温差 $R \leq 3$ ℃。所以，同一水平面温度极差 R 考核标准为 $R \leq 3$ ℃（汽车空调在水平方向，温度的不均匀度宜保持在 1.5 ℃左右。）

(3) 考评断面的确定

车辆客室温度分布性能考核的出发点和目的是满足乘员的体感舒适性。所以，考评断面要兼顾乘员状态确定。

主要考核测量断面包括车厢轴向垂直断面 4 个(A、B、C、D)断面。其中 A、D 为座位乘员断面，B、C 为站立乘员断面，该断面是出风口附近过道垂直断面。B、C 断面的温度分布是受风射流影响最大的，需要纳入考核。相比较而言，A、D 断面位于回流区，其温度分布均匀性较好、水平面 4 个(Ⅰ——站立者头部、Ⅱ——坐者头部、Ⅲ——坐者膝盖、Ⅳ——脚踝部位)、车厢轴向横断面 4 个(1、2、3、4 断面)。车辆客室考评断面、轴向考评横断面分别如图 8-22、图 8-23 所示。

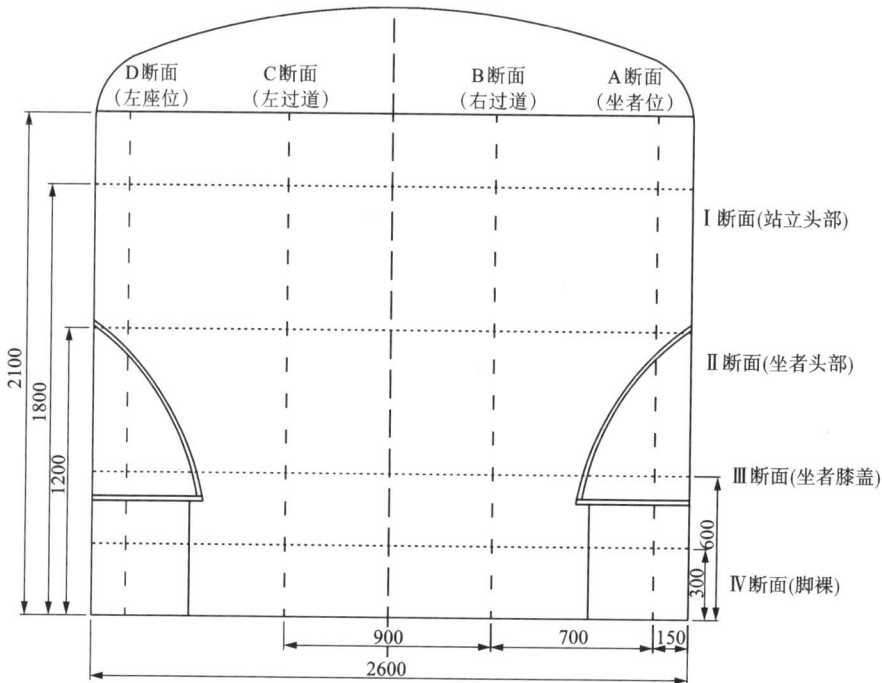

图 8-22　车辆客室考评断面的选取(单位：mm)

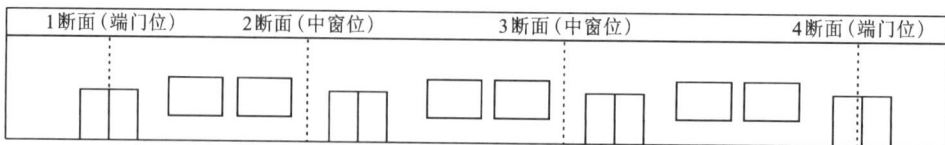

图 8-23　车辆客室轴向考评横断面的选取

车厢轴向垂直断面 4 个(A、B、C、D 断面)：A、D 垂直断面温度反映坐者的体验舒适度；B、C 断面温度反映站立者的体验温度；A、B 之间及 C、D 之间是送风口射流主体断面，温度衰减较大，不宜用于考核评价。

车厢轴向横断面 4 个(1、2、3、4 断面)：1、4 横断面位于车辆客室两端，反映空调机组附近客室断面温度的分布；2、3 横断面为车辆客室中部两个对称断面；4 个轴向横断面沿车厢轴线均布，共同表征车辆客室各横断面温度分布情况。

车辆客室考评水平面 4 个(Ⅰ、Ⅱ、Ⅲ、Ⅳ断面):水平面Ⅰ离地高度 1700 mm,代表站立者头部位置,是人体感温最显著的身体部位;水平面Ⅱ离地高度 1200 mm,代表坐者头部位置,是人体感温最显著的身体部位;水平面Ⅲ离地高度 600 mm,代表坐者膝盖位置,是人体感温较显著的身体部位;水平面Ⅳ离地高度 300 mm(应为 150 mm,但是 150 mm 处于地面流场的边界层,温度梯度较大,本研究采用网格划分方案,用 300 mm 高度水平面代替),代表成员脚踝位置,是人体感温较显著的身体部位。上述国家标准对此有规定(坐姿脚部 0.12 m、膝盖 0.75 m、头部 1.325 m;过道人体站立时的脚部 0.2 m、膝盖 0.9 m 和头部高度 1.6 m 分别布置 3 个测点)。

8.9　温度分布评价指标体系

具有理想的温度分布的断面称为"标准断面"。标准断面的温度分布符合国家标准的要求、人体舒适感需求、车厢内空气分布的规律。与标准断面的温度分布越接近,被测试车辆客室的温度分布就越好。

用上述考评测量断面的考核指标的符合程度(实际值与标准值偏差),结合人体舒适感确定关联度赋值(权系数),得到温度分布综合指标值,来综合评价车辆客室温度分布性能。

(1)评价指标

假设标准断面的温度梯度为 θ_s,则:

① 车厢轴向的垂直断面温度梯度偏差 $\delta_\perp$:

$$\delta_\perp = \frac{\sum_{k=1}^{4} \sum_{i=1}^{m} (|\theta_i| - \theta_s > 0)}{X \cdot \theta_s} \tag{8-6}$$

式中:m 为每个垂直断面中满足 $(\theta_i - \theta_s) > 0$ 的垂直测量组数;k 为垂直平面数量;X 为超标点数(即 $|\theta_i| - \theta_s > 0$ 的点数),可以用 $X = 4m$ 表示。

② 车厢轴向的垂直断面相对温度偏差 $\beta_\perp$:

$$\beta_\perp = \frac{\sum_{k=1}^{4} \sum_{i=1}^{q} (|t_i - \mu| > 2)}{X \cdot \mu} \tag{8-7}$$

式中:q 为每个垂直断面中满足 $|t_i - \mu| > 2$ 的测量点数;X 为所有温度偏差超标(即 $|t_i - \mu| > 2$ 的点数,可以用 $X = 4q$ 表示。

③ 横断面(垂直车辆轴心的断面)垂直温度梯度偏差 $\delta_\cap$:

$$\delta_\cap = \frac{\sum_{k=1}^{4} \sum_{i=1}^{n} (|\theta_i| - \theta_s > 0)}{X \cdot \theta_s} \tag{8-8}$$

式中:n 为每个垂直断面中满足 $(|\theta_i| - \theta_s) > 0$ 的垂直测量组数;X 为超标点数(即 $|\theta_i| - \theta_s > 0$) 的点数,可以用 $X = 4q$ 表示。

④ 横断面(垂直车辆轴心的断面) 相对温度偏差 $\beta_\cap$:

$$\beta_\cap = \frac{\sum_{1}^{4} \sum_{i=1}^{L} (|t_i - \mu| > 2)}{X \cdot \mu} \tag{8-9}$$

式中：L 为每个垂直断面中满足 $|t_i - \mu| > 2$ 的测量点数；X 为所有温度偏差超标（即 $|t_i - \mu| > 2$ 的点数，可以用 $X = 4L$ 表示。

⑤ 水平面相对温度偏差 $\beta_=$：

$$\beta_= = \frac{\sum_1^4 \sum_{i=1}^J (|t_i - \mu| > 2)}{X \cdot \mu} \qquad (8-10)$$

式中：J 为每个水平面中满足 $|t_i - \mu| > 2$ 的测量点数；X 为所有温度偏差超标（即 $|t_i - \mu| > 2$ 的点数，可以用 $X = 4J$ 表示。

（2）综合指标

① 垂直断面温度梯度偏差 δ_{grad}：

$$\delta_{grad} = \delta_\perp + \delta_\cap \qquad (8-11)$$

② 所有考核断面相对温度偏差 β_{tem}：

$$\beta_{tem} = \beta_\perp + \beta_\cap + \beta_= \qquad (8-12)$$

③ 所有测点得到的温度不均匀系数 σ。

（3）评价指标体系

① 温度分布综合评价指标值 δ 的表达式：

$$\sigma = \alpha \cdot \delta_{grad} + \gamma \cdot \beta_{tem} + \xi \cdot \sigma \qquad (8-13)$$

式中：α、γ、ξ 为权系数。

② 权系数的确定。

车辆客室温度分布性能评价是基于满足人体舒适性。在整个车厢均应如此。在夏季供冷工况，按照人体舒适性研究成果，对上部供冷的模式，一定的温度梯度（上部温度低，下部温度高）是较好的，可以用负温度梯度表示。通常所说的垂直温度梯度，是指上部温度高于下部温度的情形，可以用正温度梯度表示。在车厢狭窄的空间内，送风射流的影响有限，热气流的浮升力消减了冷射流的温度衰减，使垂直温度梯度减小。因此，这一指标若偏高，说明车厢内温度分布性能较差。所以，这一指标的权重为重要水平，超过 3 个指标的均值，取 0.45。

相对温度偏差（或温度偏差系数）β_{tem} 与温度不均匀系数 σ 具有交叉内涵，两者有正相关性。若以温度不均匀系数 σ 为主要指标，则相对温度偏差（或温度偏差系数）β_{tem} 的权重就可以减小。因此，在剩余 0.55 的权重中，取温度不均匀系数 σ 的权重为 0.35，相对温度偏差（或温度偏差系数）β_{tem} 的权重则为 0.2。从总体上看，垂直温度梯度指标的权系数、相对温度偏差指标的权系数、温度不均匀系数指标的权系数分别取 0.45、0.35、0.2 有一定的合理性。

（4）温度分布综合评价指标值 δ 的值域及评价标准

根据温度分布综合指标值，将车辆客室温度分布性能分成 4 个等级，如表 8-2 所示。

表8-2　车辆客室温度分布性能等级及对应 δ 值

等级	1	2	3	4
	优等级 （优良温度分布）	良好级 （良好温度分布）	合格级 （合格温度分布）	紊乱级 （温度分布紊乱度大）
δ 值	<0.5	0.5~0.79	0.8~0.99	≥1

第 9 章

空调控制柜电气安全监测

9.1 电气过热的温度监测方法

　　无论是干线铁路客车还是其他轨道交通车辆,振动和环境因素始终会对车辆电气系统叠加潜在的危害,严重时将导致电气事故。据初步统计,车辆电气事故多表现为接点松脱、电缆破损、器件老化或腐蚀、器件非正常状态等故障。这些故障可能引起电弧、回路电阻增大,导致局部温度升高(即"过热")甚至引发火灾。

　　图 9-1 是干线铁路空调客车综合控制柜(也称"四合一"控制柜)的内部结构图。这种控制柜下半部分(下柜)主要为单个车厢提供电源,并为空调、通风、照明提供电源与控制;控制柜上半部分(上柜)主要为列车与车厢通信的弱电系统,包括网关、代理节点、PLC 等。

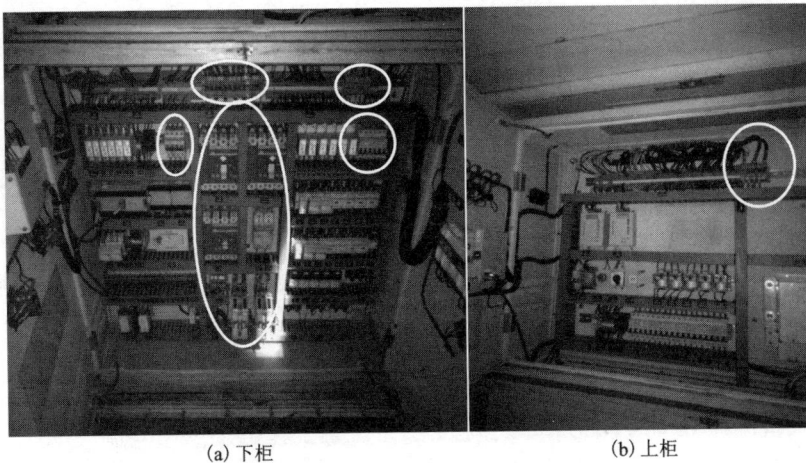

(a) 下柜　　　　　　　　　　　　　(b) 上柜

图 9-1　干线铁路空调客车综合控制柜结构

图 9-2 是地铁车辆空调控制柜的结构图。

控制柜强电部分温度异常主要表现为主回路空开、主接触器和接线端子温度异常升高。经过分析研究，如果对控制柜内(图 9-1)白色圆圈内区域进行电气过热监控，提前获知温度异常信息，便可显著减少列车行进过程中的电气事故。

我国从 2005 年开始，在干线铁路客车电控柜内，使用了温变指示剂涂抹技术和感温贴技术。温变指示剂涂抹技术是使用一种感温涂料，该涂料能随表面温度的变化，发生颜色改变。借助比色卡，列车值勤人员通过定期巡查，能发现某些局部地点是否有超温现象。这种技术应用的优势是使用简单、成本低、指示直观，曾受到广泛认可并开始在铁路车辆使用。然而，这种技术也有缺点，主要体现在温变指示剂物理性态不能完全满足电控柜器件或导线的使用场景，黏附性不可靠，有脱落的可能，而且黏稠的指示剂涂抹施工时无法做到外形整齐、美观。

于是，人们又从其他领域应用的贴片式感温方案中找到灵感，将其应用到铁路客车电气控制系统，推出了感温贴片，如图 9-3 所示。为此，原铁道部还公布了感温贴的使用规程。这种技术在黏附性、整齐的外形两方面好于温变指示剂方案。但是，施工难度大，对于复杂表面甚至无法粘贴，且成本较高。

无论是使用上述温变指示剂还是感温贴，都只能执行"值勤巡视+温变指示剂或感温贴"方案。这些技术的应用效果取决于值勤巡视的频率高低或时间间隔长短。总体而言，这些技术还是局限于事故的实时监控，没有预测功能和联网功能。

图 9-2　地铁车辆空调控制柜结构

图 9-3　干线铁路客车空调电气过热监测

红外测温原理来源于黑体辐射定律。从理论上说，温度高于绝对零度的物体都产生红外辐射(波长范围在 $0.76 \sim 1000\ \mu\text{m}$ 之间)，红外辐射能量的强度与其温度成比例。其辐射能量的强度与其温度的关系遵从普朗克分布定律，其数学表达式为

$$E_{b\lambda} = \frac{c_1 \lambda^{-5}}{e^{c_2/\lambda T} - 1} \tag{9-1}$$

式中：$E_{b\lambda}$ 为黑体光谱辐射通量密度，$W/(cm^2 \cdot \mu m)$；c_1 为第一辐射常数，$c_1 = 3.7415 \times 10^{-12}$ $W \cdot cm^2$；c_2 为第二辐射常数，$c_2 = 1.43879$ $cm \cdot K$；λ 为光谱辐射的波长，μm；T 为黑体的绝对温度，K。

红外测温采用逐点分析的方式，即把物体一个局部区域的热辐射聚焦在单个探测器上，并通过已知物体的发射率，将辐射功率转化为温度。

红外测温通常有三种方法。

①通过测量辐射物体全波长热辐射的全辐射测温法。

②通过测量物体在一定波长下的单色辐射亮度的亮度测温法，适用于高温测量。

③通过被测物体在两个波长下的单色辐射亮度之比随温度变化的比色测温法，适用于波段的发射率相差不大的情形。

其中，全辐射测温法得到的是物体的辐射温度，适用于中低温物体辐射温度的测量。辐射体温度 T 与传感器检测电压 V 之间关系式为普朗克公式：

$$V = Ra\varepsilon\sigma T^4 = kT^4 \tag{9-2}$$

式中：$k = Ra\varepsilon\sigma$，其值由实验确定，定标时 ε 取 1；T 为被测物体的绝对温度；R 为探测器的灵敏度；α 为与大气衰减距离有关的常数；ε 为辐射率；σ 为斯蒂芬-玻耳兹曼常数。

因此，可以通过检测电压确定被测物体的温度。

红外传感器由光学系统、光电探测器、信号放大器及信号处理、显示输出等部分组成。封装的红外测温传感器如图 9-4 所示。

被测物体发射出的红外能量，通过测温传感器的光学系统、探测器转换为电信号，该信号的温度数据可显示或被输送到后续数据处理环节。测得的温度受发射率、视场、到光斑的距离和光斑位置的影响。使用红外测温传感器测温时，尽

图 9-4　红外测温传感器

量使传感器只接收物体发射的能量，避免接收反射和透过的能量。其他光源反射的红外能量恰恰是引起测量误差的主要原因。

红外热成像测温的原理同上述红外测温。不同之处在于，红外热成像测温利用实时扫描热成像技术进行温度分析。而红外测温基于接受固定角度区域的辐射能量。此外，两者在信号处理系统上的方式也不同。

红外热成像测温系统包括红外望远镜、光学扫描仪、红外探测器与制冷器组件、信号放大器与处理电路、显示器等，如图 9-5 所示。

SMTIR99XX 系列是基于热电堆的硅基红外传感器，如图 9-6 所示。大量的热电偶堆集在底层的硅基上，底层上的高温接点和低温接点通过一层极薄的薄膜隔离它们的热量，高温接点上面的黑色吸收层将入射的红外射线转化为热能。由热电效应（赛贝克效应）可知，输出电压与红外射线是成比例的，通常热电堆是使用 BiSb 和 NiCr 作为热电偶。因为红外辐射特性与温度相关，可以使用不同的滤镜来测量不同的温度范围。经过半导体封装工艺后，产品可实现小型化、低成本化，如图 9-7 所示。

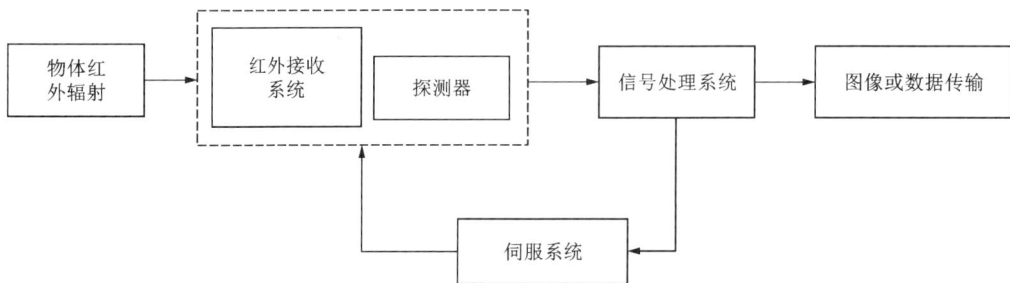

图 9-5　红外热成像测温系统组成

图 9-6　硅基红外传感器

图 9-7　具有信号处理的红外传感器

9.2　车辆空调电气过热监测系统设计

　　轨道交通车辆空调电气控制系统主要集成在车载控制柜。为了简单起见，以下称电气控制系统为"控制柜"或"电气控制柜"。要检测控制柜内元器件、接线端子、电缆等的过热，就需要测量内部各点的温度。

　　受轨道交通车辆空间尺寸限制，车载控制柜内的空间狭小。要在控制柜内增加温度检测的设备，既不能影响控制柜内既有器件和布线，又不能改变既有器件和布线的位置。甚至如果从控制柜取得电源都要经过反复审核批准，因此最终要从形式设计的源头确认。

　　因车载控制柜内的空间狭小，厚度在 240~350 mm。内部器件最大高度约 100 mm。这就决定了红外传感器最大测量距离只有 150 mm 左右。然而，控制柜高度约 1200 mm，宽度约 900 mm。从控制柜面板中心向底板看，最大角度超过 140°，如图 9-8 所示。

　　根据对车载控制柜的分析，测量控制柜内器件或接线端子等目标区域的温度应该选用非接触式测温传感器。直接测温传感器的安装对控制柜构成安全隐患。直接测温传感器在电缆或器件上固定，都将缩小电气安全距离，并且自身性能故障或安装状态改变都会危及电控柜的正常工作。

　　经过分析比较，在轨道交通车辆控制柜中，采用红外测温技术最合适。

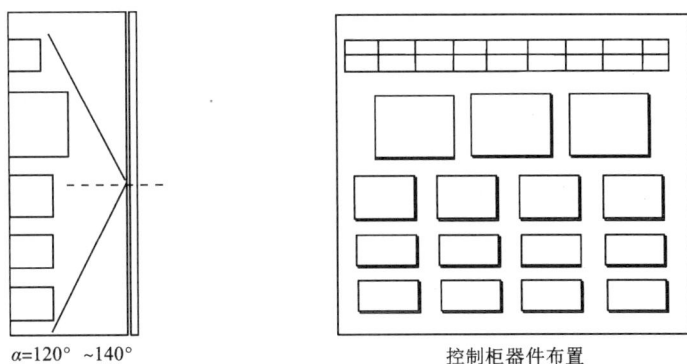

α=120° ~140°　　　　　　　　控制柜器件布置

图 9-8　干线铁路空调控制柜结构示意图

选择红外温度传感器需要考虑性能指标和环境工作条件两方面。

性能指标：首先，要确定量程及测温范围。被测温度范围既不要过窄，又不要过宽；其次，对于传感器的尺寸，必须选择合适的尺寸才能方便安装和测量；最后，选择红外温度传感器还要确定光学分辨率、波长范围、响应时间、信号处理功能等。

工作条件：红外温度传感器所处的环境条件对测量结果有很大影响，影响测温精度甚至会导致传感器损坏。在环境温度过高，存在灰尘、烟雾和蒸汽的条件下，需要选用保护套、水冷却系统、空气冷却系统、空气吹扫器等附件。这些附件可有效地解决环境影响并保护测温仪，实现准确测温。在本研究对象中，工作条件较为理想，环境温度不超过45 ℃，基本无尘、无烟雾和蒸汽。

综上所述，控制柜测温方案有两个备选方案。

方案一：两个红外温度传感器+直线运动扫描+通信模块，如图 9-9 所示。此方案采用较少的红外温度传感器，借助现行导轨上的直线运动，实现控制柜目标视域内温度扫描。此方案的优点是传感器数量少，扫描的视域大；缺点是在控制柜内有运动机构，既存在供电电源的问题，又有机械故障的问题，成本也相对偏高。

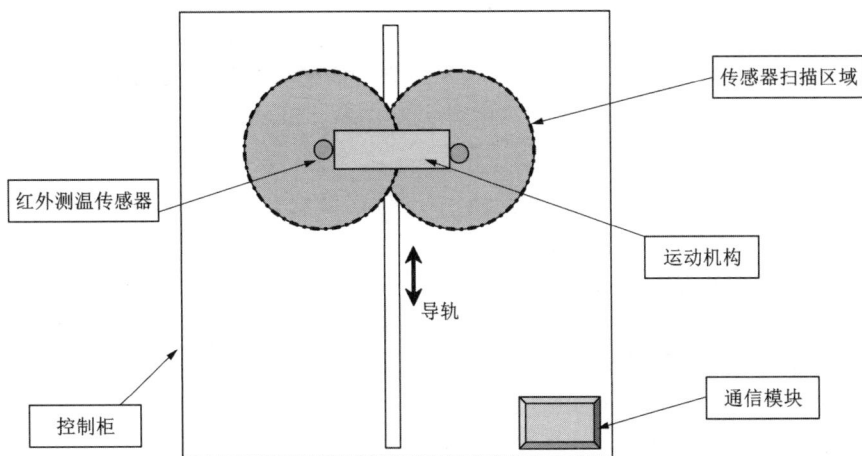

传感器扫描区域／红外测温传感器／运动机构／导轨／控制柜／通信模块

图 9-9　有运动机构的红外测温方案

方案二：多个红外温度传感器+通信模块，如图 9-10 所示。此方案采用较多的红外温度传感器，实现控制柜目标视域内温度全覆盖。图 9-10 中只展示了 4 个传感器，实际应用时数量可能远多于 4 个。此方案的优点是在控制柜内无运动机构，不需要运动机构的供电电源，也没有机械故障的问题，成本也较低；缺点是传感器数量较多，需要优化布置和数量。在后续章节中将解决本研究红外热成像温度传感器布置和数量的优化问题。

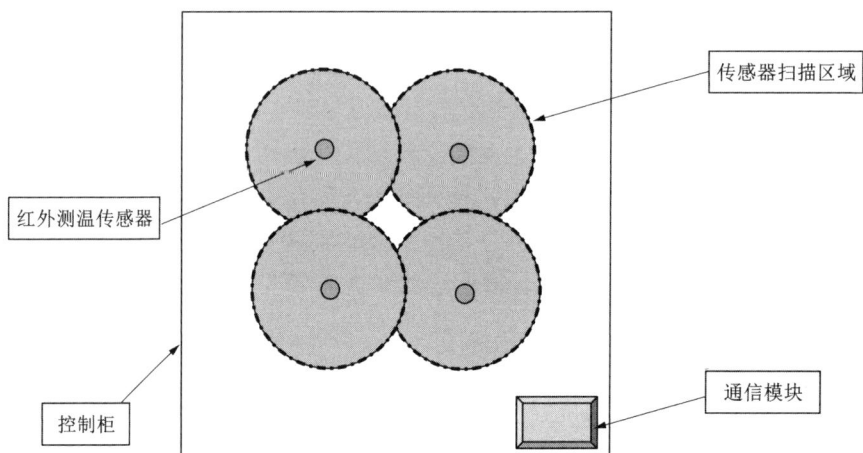

图 9-10 多个红外测温传感器方案

9.3 车辆空调电气控制柜内温度分布模拟

为了确定轨道车辆电气控制柜内温度监测所需的红外热成像传感器的数量及布置方案，需要对电气控制柜内过热状态下的温度分布进行计算机模拟分析。一方面，这种模拟分析可以弥补试验的不足；另一方面，模拟分析可以通过传热计算找出器件、端子等的表面及周围的温度分布。

电气控制柜物理模型采用 Space Claim 软件进行搭建，控制柜及相关元件尺寸通过所提供的 CAD 图纸进行提取，所有元件高度均为 50 mm，具体见图 9-11 电气控制柜物理模型三视图。

采用 ICEM 软件对电气控制柜的物理模型进行网格划分，网格为非结构化网格，由于发热元件 A、B 的尺寸与控制柜的尺寸数量级跨度较大，因此对发热元件 A、B 划分网格进行局部加密，网格划分如图 9-12 所示。采用 Ansys-Fluent 软件对电气控制柜进行建模计算。本次模拟计算中湍流模型选用标准的 $k\text{-}\varepsilon$ 方程，数值计算采用 SIMPLE 算法。在进行收敛标准的设置时，能量方程取 10^{-6}，其余控制方程均取 10^{-3}。

本仿真建立瞬态的控制方程有：

固体区的能量平衡方程：

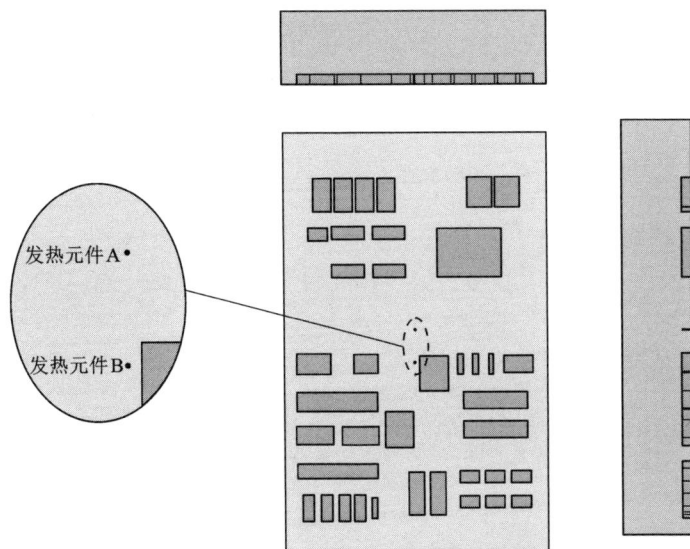

图 9-11　电气控制柜物理模型三视图

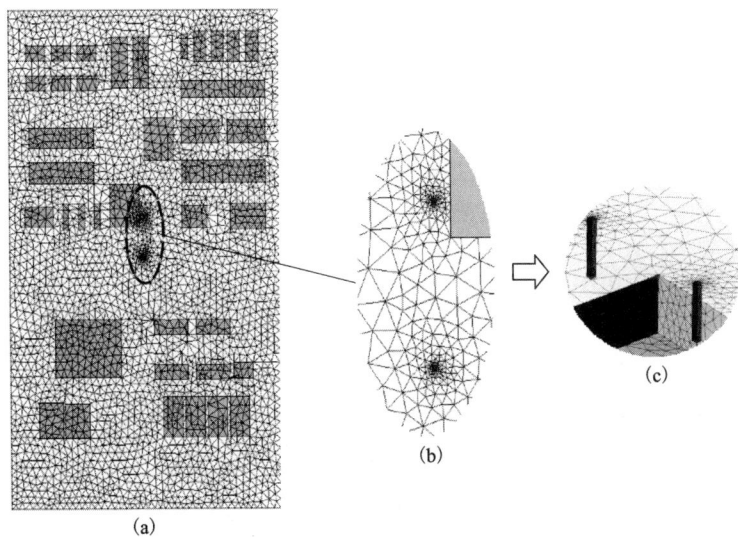

图 9-12　电气控制柜网格划分示意图

$$\frac{\partial \rho}{\partial t}+\rho c\,\frac{\partial T}{\partial x^2}=\lambda\left(\frac{\partial^2 T}{\partial x^2}+\frac{\partial^2 T}{\partial y^2}+\frac{\partial^2 T}{\partial z^2}\right) \tag{9-3}$$

气体区为空气的流动、传热，其连续性方程、动量方程、能量方程如下所示。

（1）连续性方程

$$\frac{\partial u_i}{\partial x_i}=S \tag{9-4}$$

（2）运动方程

$$\frac{\partial}{\partial t}(\rho v)+\mathrm{div}\cdot(\rho u)=\mathrm{div}\cdot(\Gamma\,\mathrm{grad}\ u)+S \tag{9-5}$$

（3）能量方程

$$\frac{\partial}{\partial t}(\rho v)+\mathrm{div}\cdot(\rho T)=\mathrm{div}\cdot(\Gamma\,\mathrm{grad}\ T)+S \tag{9-6}$$

（4）湍流脉动动能方程（k 方程）

$$\frac{\partial(\rho\kappa)}{\partial t}+\frac{\partial(\rho\kappa u_i)}{\partial x_i}=\frac{\partial}{\partial x_j}\left(\alpha_\kappa\mu_{\mathrm{eff}}\frac{\partial\kappa}{\partial x_j}\right)+G_\kappa+\rho\varepsilon \tag{9-7}$$

（5）湍流脉动动能耗散率方程（ε 方程）

$$\frac{\partial(\rho\varepsilon)}{\partial t}+\frac{\partial(\rho\varepsilon\mu_i)}{\partial x_i}-\frac{\partial}{\partial x_j}\left[\alpha_\varepsilon\mu_{\mathrm{eff}}\frac{\partial}{\partial x_j}\right]\frac{C_{1\varepsilon}^*}{\kappa}G_\kappa-C_{2\varepsilon}\rho\frac{\varepsilon^2}{\kappa} \tag{9-8}$$

式中：$\mu_{\mathrm{eff}}=\mu+\mu_t$，$\mu_t=\rho C_\mu\dfrac{\kappa^2}{\varepsilon}$，$C_\mu=0.0845$，$\alpha_\kappa=\alpha_\varepsilon=1.39$，$C_{1\varepsilon}=1.42$，$C_{1\varepsilon}^*=C_{1\varepsilon}-\dfrac{\eta\left(1-\dfrac{\eta}{\eta_0}\right)}{1+\beta\eta^3}$，$C_{2\varepsilon}=1.68$，$\eta=(2E_{ij}E_{ij})^{\frac{1}{2}}\dfrac{\kappa}{\varepsilon}$，$\eta_0=4.377$，$\beta=0.012$。

电气控制柜散热仿真过程中，元器件的热物性参数及取值见表 9-1。具体边界条件设置如下：

①柜体安装板设置为绝热壁面。

②除元件 A、B 外，其他元器件表面与空气进行耦合传热。

③柜体四周和上表面设置为定温壁面，温度分别为 20 ℃和 35 ℃。

④根据实际工作条件，设定元件 A、B 发热功率为 10 W，与空气的热流密度为 20 kW/m^2。

表 9-1　电器塑料 PC 材质的热物性参数及取值

热传导系数/$[\mathrm{W}\cdot(\mathrm{m}^2\cdot\mathrm{K})]^{-1}$	密度/$(\mathrm{kg}\cdot\mathrm{m}^{-3})$	比热容/$[\mathrm{J}\cdot(\mathrm{kg}\cdot℃)]^{-1}$
0.2	1150	1470

采用 Ansys-Fluent 软件对电气控制柜进行建模计算。采用 ICEM 软件对计算域进行网格划分。本文的模拟计算中湍流模型选用采用 k-ε 方程，数值计算采用 SIMPLE 算法。

对控制方程（9-4）至（9-8）及边界条件进行迭代计算。在每一时间步长内，①更新参数，计算气体区流动、传热方程，获得该时刻空气的速度和温度分布。②更新固体区表面的对流换热边界条件。③计算固体区能量方程（9-4），计算元器件的温度分布。④更新时间，返回至步骤①重复上述过程，直至计算结束。

计算区域的尺寸为网格数为 88700，经检验符合网格无关性要求。由于重点考察固体元器件的温度变化，计算中使用了非均匀网格，使元器件附近具有更密的网格（见图 9-12）。计算中平均时间步长为 10^{-4} s。

本次仿真分别对以下 4 组算例进行的瞬态计算, 分别为

①$T_0 = 20$ ℃　发热元件 A。

②$T_0 = 35$ ℃　发热元件 A。

③$T_0 = 20$ ℃　发热元件 A、B。

④$T_0 = 35$ ℃　发热元件 A、B。

对应发热元件平均温度随时间的变化图如图 9-13 所示(T_0 表示环境温度)。

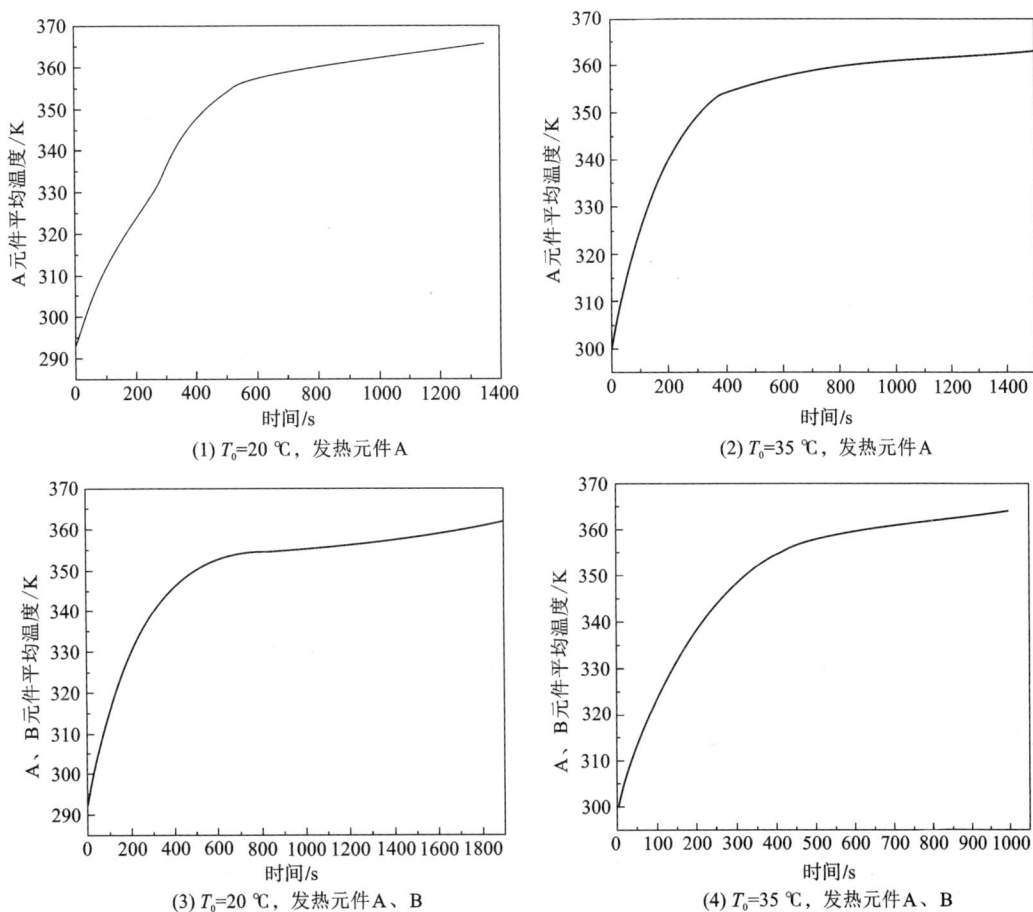

(1) T_0=20 ℃, 发热元件 A

(2) T_0=35 ℃, 发热元件 A

(3) T_0=20 ℃, 发热元件 A、B

(4) T_0=35 ℃, 发热元件 A、B

图 9-13　发热元件平均温度随时间的变化曲线

不同时刻不同平面的温度云图如图 9-14~图 9-17 所示。

(1)环境温度为 20 ℃, 发热源为元件 A。

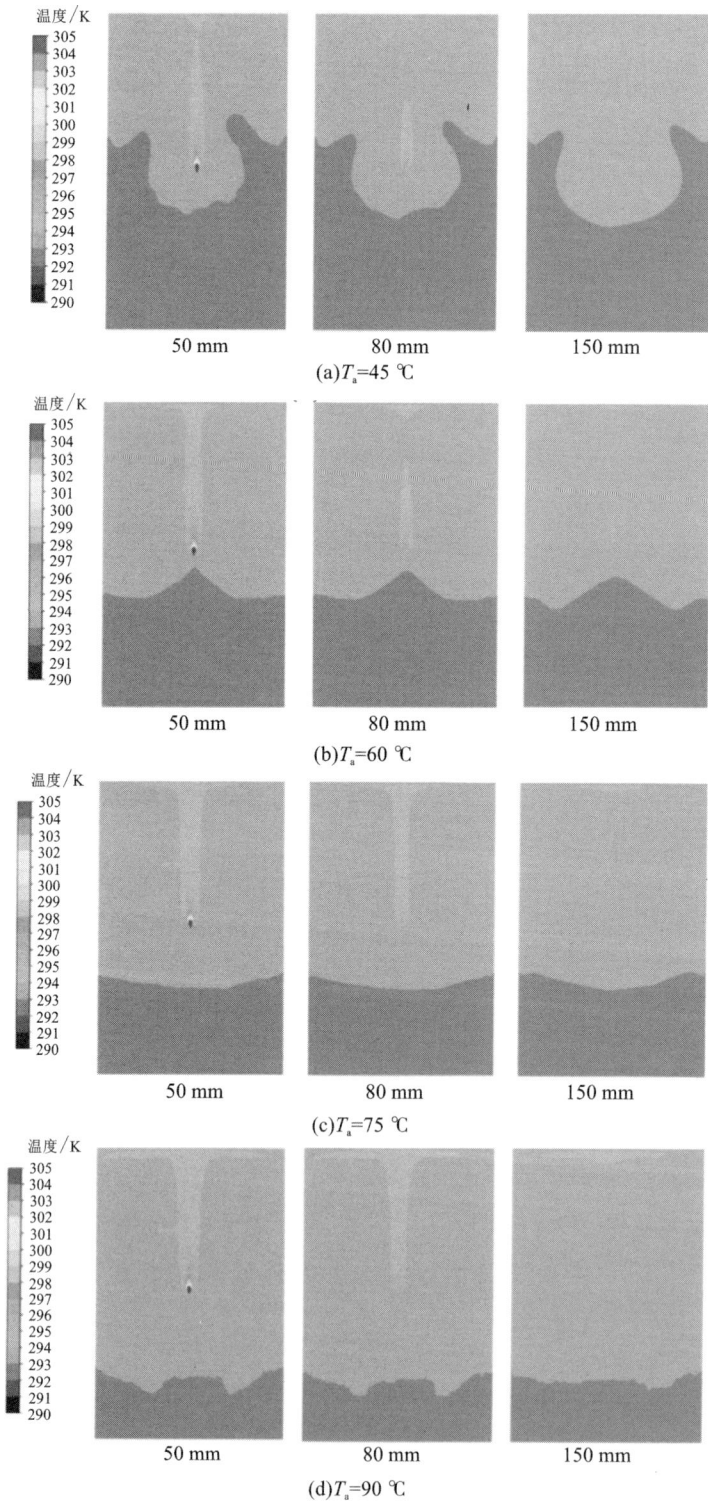

(a)T_a=45 ℃

(b)T_a=60 ℃

(c)T_a=75 ℃

(d)T_a=90 ℃

图 9-14　$T_0 = 20$ ℃发热元件 A 的算例中不同时刻不同平面的温度云图

（2）环境温度为 35 ℃，发热源为元件 A。

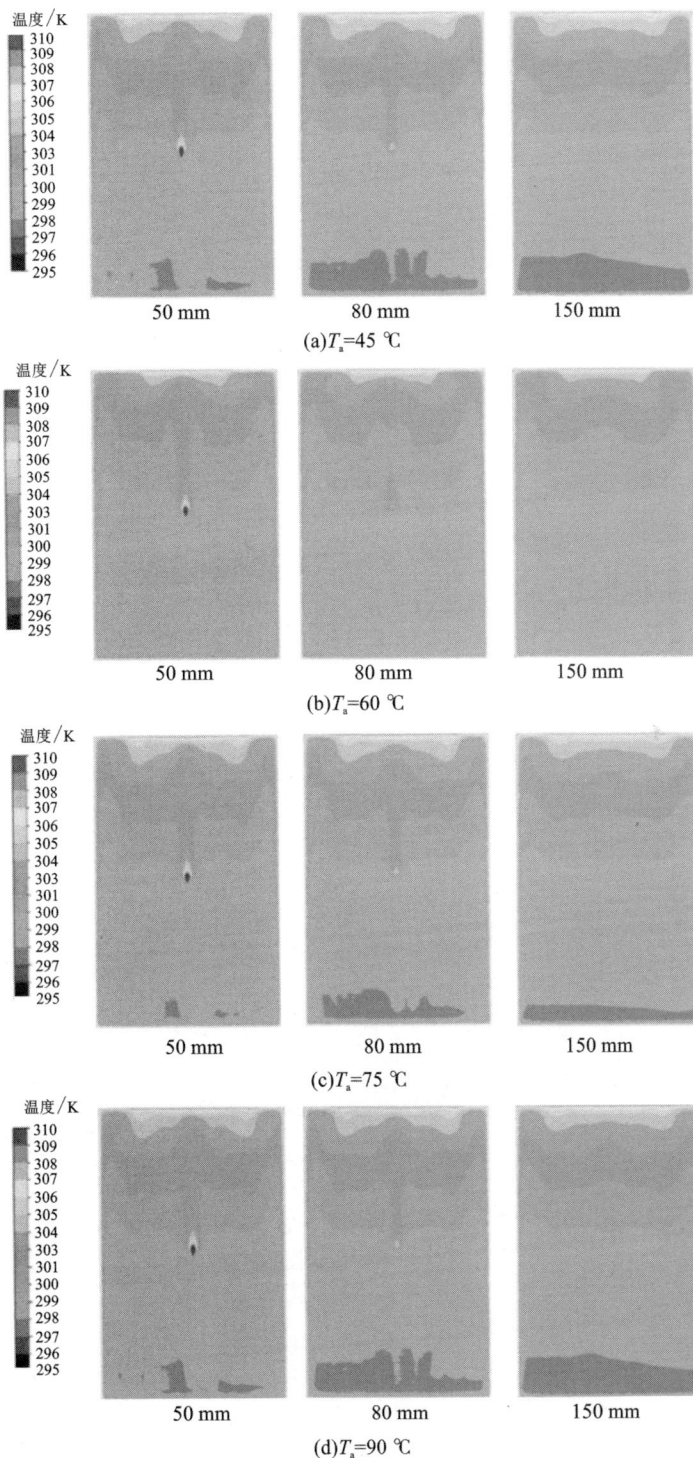

(a)T_a=45 ℃

(b)T_a=60 ℃

(c)T_a=75 ℃

(d)T_a=90 ℃

图 9-15　$T_0 = 35$ ℃发热元件 A 的算例中不同时刻不同平面的温度云图

（3）环境温度为20 ℃，发热源为元件A、B。

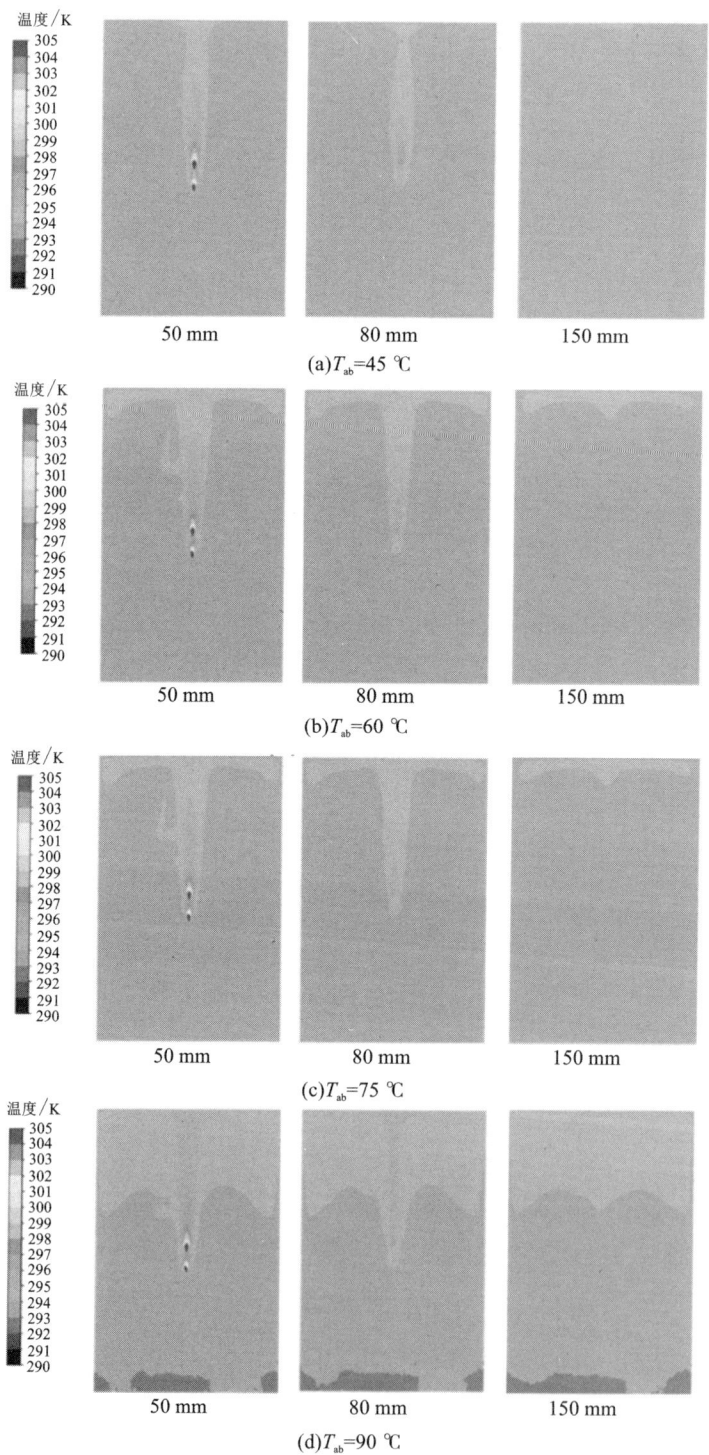

(a)T_{ab}=45 ℃

(b)T_{ab}=60 ℃

(c)T_{ab}=75 ℃

(d)T_{ab}=90 ℃

图9-16　T_0=20 ℃发热元件A、B的算例中不同时刻不同平面的温度云图

（4）环境温度为 35 ℃，发热源为元件 A、B。

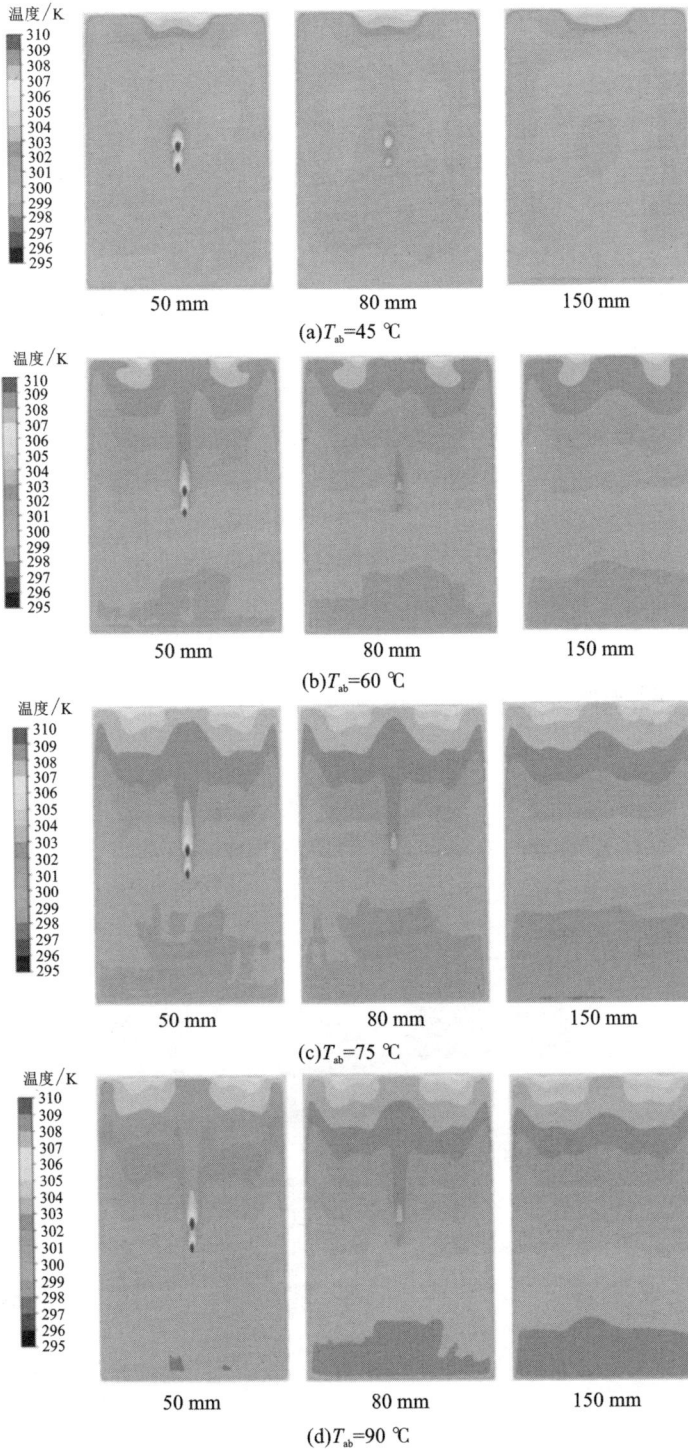

(a)T_{ab}=45 ℃

(b)T_{ab}=60 ℃

(c)T_{ab}=75 ℃

(d)T_{ab}=90 ℃

图 9-17　$T_0 = 35$ ℃发热元件 **A、B** 的算例中不同时刻不同平面的温度云图

　　因控制柜过热情形一般是发生在某一个接线螺栓处，上述模拟分析符合轨道交通车辆电气控制柜过热的大概率情况。由上述分析可以得出以下结论：

　　①一旦发生故障过热后，故障点的温度迅速升高，400 s后即可以达到350 ℃。之后，接近综合条件下的热平衡，温度升高趋缓。

　　②从温度云图和温度变换曲线可以看出，过热点温度可以高达400 ℃以上。

　　③过热点温度升高时在器件周围引起的热扩散区域不大。可见，电器元件既是电气绝缘体，又具有较小的热扩散性能或者导热率。也就是说，某点过热故障发生后，温度扩散影响的区域较小。对于控制柜有多个接线点来说，红外传感器的视域必须全部有效覆盖。这一结论在指导布置红外热成像传感器数量时，不能选用视域角度小的热红外传感器，否则，数量就会需要很多。

　　④从控制柜底板向面板的垂直高度来看，元器件高度50 mm（模拟计算时的假设值，各器件高度有差别）的平面上过热点的温度云图最明显。高度80 mm的控制柜断面（平行底板和面板）的温度云图顶部温度高，下部温度低。这主要是控制柜内空气温度分布遵循垂直梯度分布引起的，即热空气上升、冷空气下降。所以，布置红外热成像温度传感器时要考虑上部温度的分布情况，温度高不一定是过热故障。因此，需要进行处理，防止作为故障预报警。

9.4　车辆空调电气过热监测系统总体方案

　　根据轨道交通车辆电气控制柜特点，过热监测系统采用多个红外传感器实时监测关键被测元器件、电缆、接线端子的发热情况，采用电力载波通信方式，系统总体方案拓扑图如图9-18所示，主要由上位数据采集模块、电源与通信模块、显示报警模块等组成。

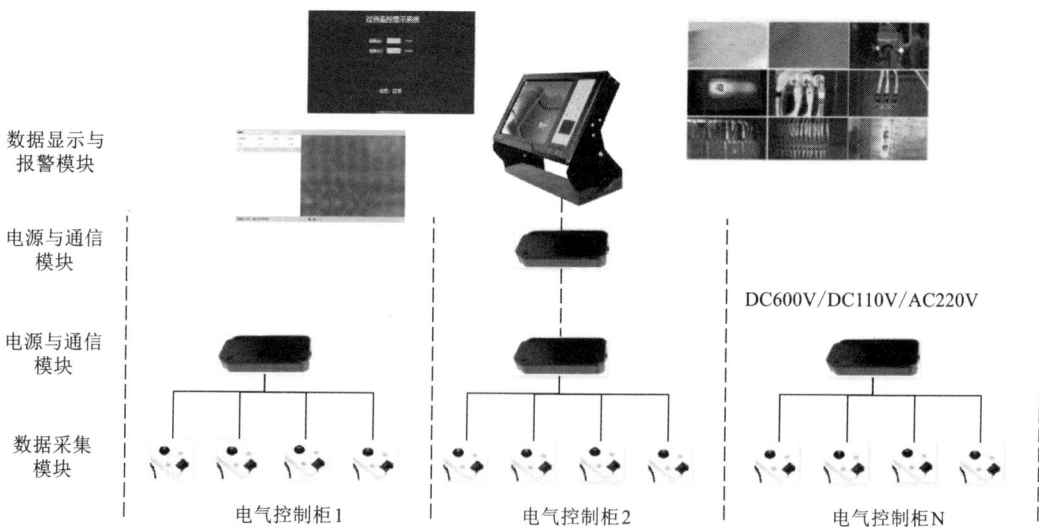

图9-18　系统总体方案拓扑图

数据采集模块采用非接触式测量，安装于被采集区域上方，用于实时采集被采集区域温度数据，并以温度数据流的模式传输至载波模块；一个数据采集模块对应一个轨道交通电气控制柜中的一个温度监测区域。

通信模块分为下位从载波通信模块和上位主载波通信模块。下位从载波通信模块主要用于采集、汇总对应数据采集模块温度数据流，并进行计算、分析；将分析结果信号进行调制，通过电力载波通信技术，传输至上位主载波通信模块；上位主载波通信模块再将电力载波信号进行解调，传输至上位数据显示与报警模块。一个上位主载波通信模块可以与多个下位从载波通信模块通信对应多个轨道交通车辆电气控制柜。

电源模块与载波通信模块集成在一起，从 DC600 V/AC220 V/DC110 V 母线获取电源，为上位显示报警模块、载波通信模块、数据采集模块供电；据显示与报警模块，采用工业平板电脑，通过电力载波通信与载波模块通信，实现数据的汇总、分析、显示、报警。

轨道交通车辆电气控制柜内部布置有不同大小的断路器、接触器、接线端子，通过不同线径的电缆连接，柜内结构紧凑，柜内元器件与柜体前面板距离较小，为 100～150 mm。柜内发热主要是因为流经较大电流的元器件、线缆、接线端子，由于震动、颠簸、过载、疲劳磨损、老化等原因，造成电气连接点的松动、接触电阻增大，导致发热，局部温度升高。当前铁路部门主要通过感温贴的方式，在接近连接点的导线上包裹感温贴，对流经较大电流、线径大于 4 mm^2 的主回路进行电气过热监测。

以铁路客车空调电气综合控制柜为例，柜体内部布置图、柜内示温贴位置图(圈表示)如图 9-19 和图 9-20 所示。

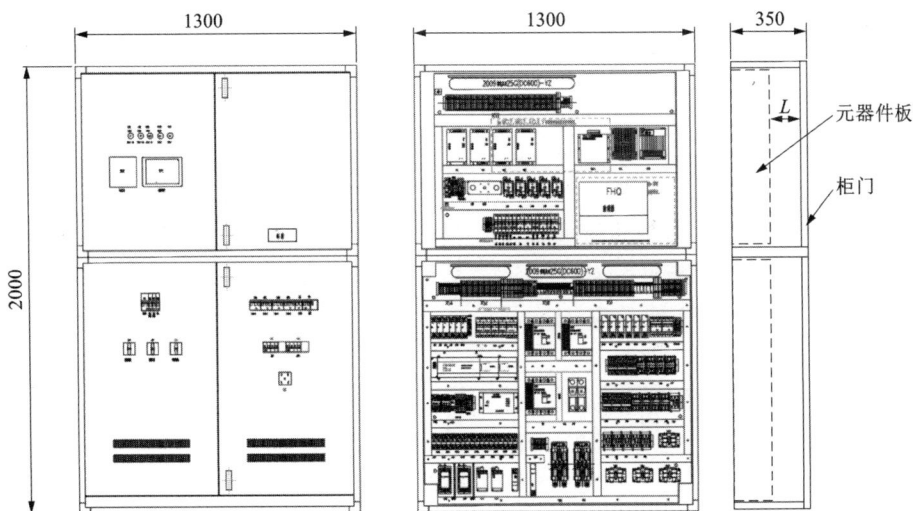

图 9-19　铁路客车空调电气综合控制柜内部布置图(单位：mm)

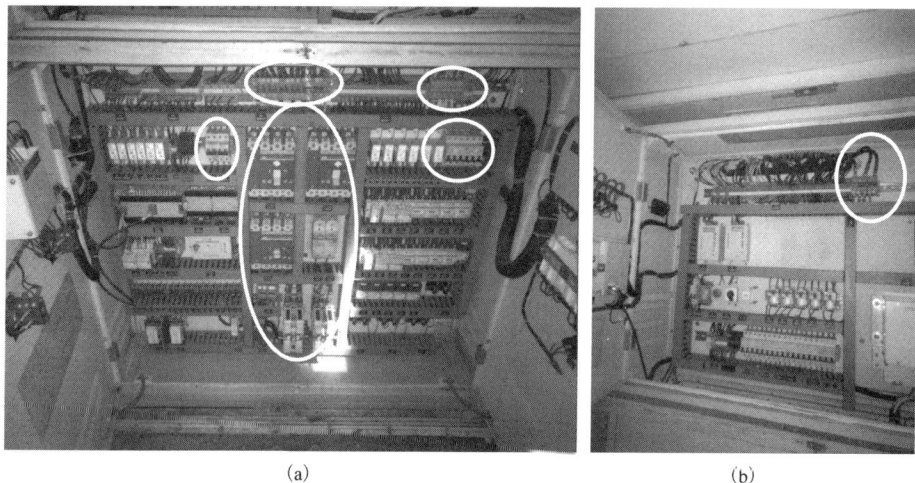

(a)　　　　　　　　　　　(b)

图 9-20　铁路客车空调电气综合控制示温贴位置图

（1）过热在线监测系统设计目标

①采用非接触式测温方案，尽量少地对轨道交通电气控制柜进行改造。

②使用尽量少的红外传感器，覆盖测量关键区域、元器件、接线端子、线缆的发热情况。

③可以适应轨道交通电气控制柜结构紧凑、布置空间狭小要求。

④可以细化监测到各关键接线端子、线缆发热情况。

⑤可以监测到各被测点的温度变化趋势，并进行阈值设定与报警。

其中红外传感器为整套过热在线监测系统的核心，主要用于感知被测区域的温度数据。

（2）红外温度传感器主要性能指标说明

红外传感器的基本原理是通过接收发热目标物体的红外辐射信号，对应转化为电信号，实现被测目标的温度测量。对于可以测量多个被测点温度的红外传感器（红外摄像头），其内部布置有多个红外感应传感器模块，将被测区域、被测目标进行网格化、像素化。

（3）多测点红外传感器主要性能指标

①工作温度范围：表征元器件可以正常工作的环境温度范围，根据轨道交通电子装置相关标准通用要求，以及轨道交通车辆电气控制柜的实际运行环境，需求为-25~85 ℃。

②测温范围与测温精度：为传感器可以感应并正确输出的测量温度范围及准确度。针对轨道交通车辆运行环境，需求为不低于-25~100 ℃；本系统对测温精度不提过高的要求，主要通过后期系统长时间运行的温度变化趋势进行判断，初步定义测温精度为±2 ℃。

③温度灵敏度：表征传感器对目标温度变化的响应程度，温度灵敏度越高表示传感器越能感受到目标温度的微小变化。本系统设计目标为期望通过被测目标的温度变化趋势，进行阈值设定与预警，因此须尽量选择具有较高温度灵敏度的红外温度传感器。

（4）视场角

视场角又称为视场，通常用垂直视场角和水平视场角表示（见图 9-21），其大小决定了红外传感器的被测区域范围（见图 9-22）。视场角越大，可监测区域就越大，通俗地说，目标物体超过这个角就不会被红外传感器监测到。

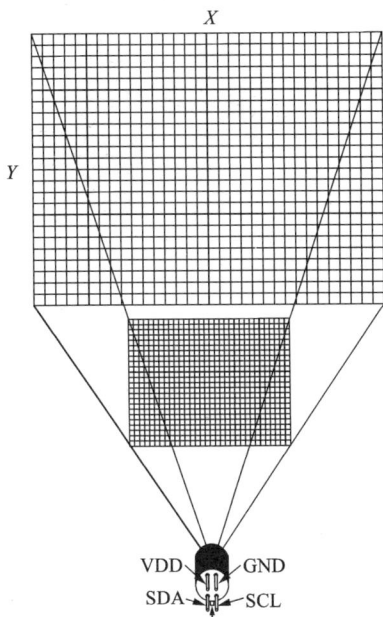

图 9-21　红外传感器视场角、图像分辨率示意图

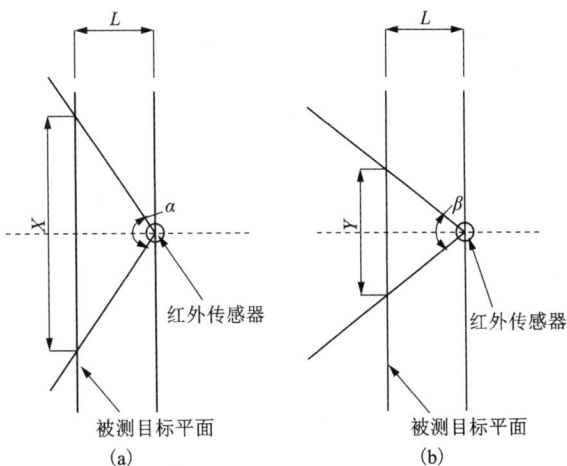

图 9-22　红外传感器视场角示意图

假设红外传感器安装在离被测目标平面距离为 L 的位置，红外传感器的水平视场角为 α，垂直视场角为 β，可以近似地计算出红外传感器可监测区域范围如下：

红外视场水平范围：$x = 2 \times L \times \tan\left(\dfrac{\alpha}{2}\right)$；

红外视场垂直范围：$y = 2 \times L \times \tan\left(\dfrac{\beta}{2}\right)$；

（5）像素/图像分辨率

表征被测区域测量温度点的数量，与视场角对应，将被测区域进行网格化、像素化，如图 9-23 所示。在红外传感器视场角（$\alpha \cdot \beta$）和离被测区域距离（L）不变的情况下，被测区域尺寸确定，红外传感器的图像分辨率越高，被测量区域越精细，越能表征较小尺寸的发热目标温度变化情况。

（6）红外传感器尺寸

红外传感器为红外采集模块的核心，其尺寸决定了红外数据采集模块的大小。轨道交通车辆电气控制柜内部结构紧凑，柜内元器件与柜体前面板距离较小，为 100～150 mm，因此要求红外传感器的尺寸尽量小。

数据显示与报警模块，采用工业平板电脑，通过电力载波通信与载波模块通信，安装有专用的轨道交通车辆电气控制柜过热在线监测系统软件，可实现数据的汇总、分析、显示、报警，其实物如图 9-24 所示。

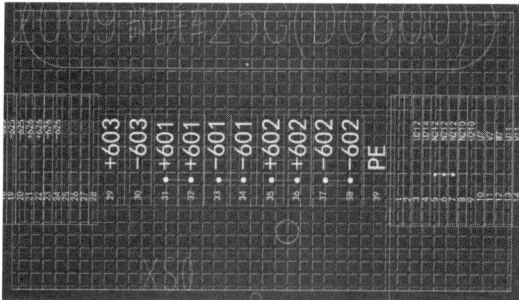

图 9-23　被测目标网格化、像素化示意图

图 9-24　数据显示与报警模块实物图

系统软件采用模块化设计，主要功能模块组成图如图 9-25 所示，主要由载波通信模块、图像解析与显示模块、区域设置与报警模块、数据存储模块、历史数据查询与回放模块等组成。

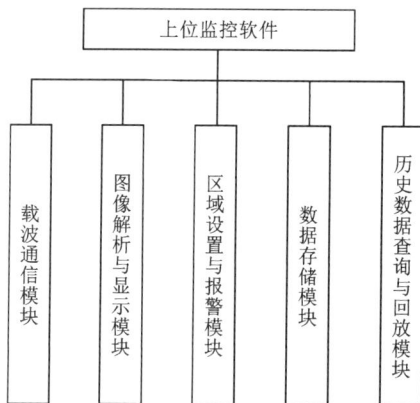

图 9-25　上位监控软件功能模块组成图

①载波通信模块。

主要用于实现与下位电源与通信模块通信，并进行容错处理。采用主从模式，轮流与各下位电源与通信模块通讯，进而获取安装于轨道交通车辆电气控制柜中的温度数据采集模块采集到的各区域温度信息。

②图像解析与显示模块（见图 9-26）。

主要用于对各数据采集模块采集的温度数据包进行解析，并通过红外图像的方式进行呈现，用户可以直观地观察监测区域各像素点温度差异信息。

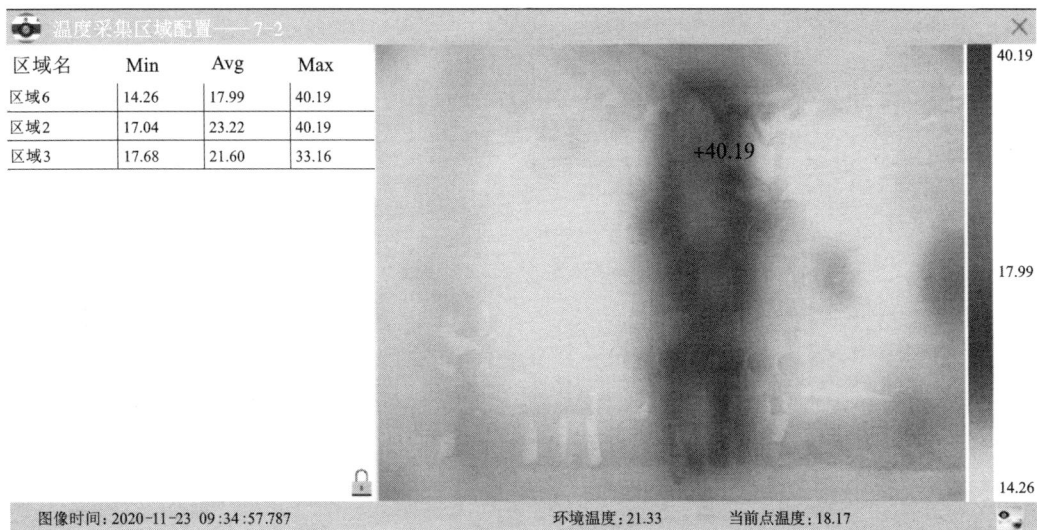

图 9-26　温度数据红外图像显示界面

（3）区域设置与报警模块（见图 9-27）。

主要用于对单个数据采集模块监测的温度信息进行进一步的区域划分，同时对细化的区域进行分区域报警；系统可设置不同的报警方式（区域最大、最小、平均值）与报警阈值，并下发至单个数据采集模块；用户可以根据各数据采集模块（摄像头）细化区域的报警信息，迅速地定位到轨道交通电气控制柜的具体发热区域、元器件、接线端子、线缆。

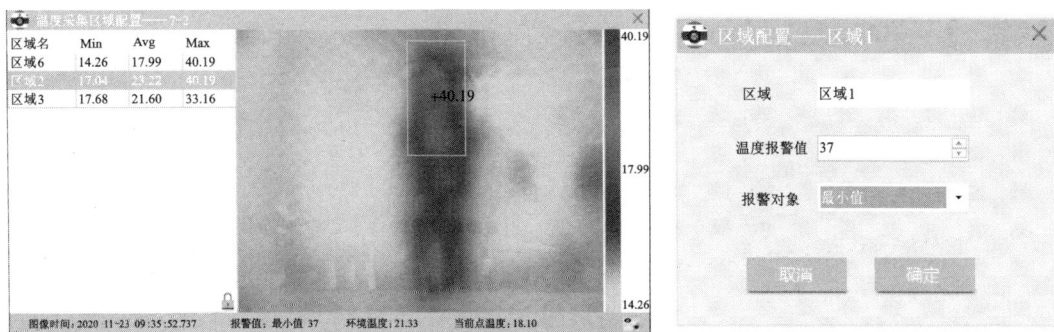

图 9-27　区域设备与报警界面（例）

（4）数据存储模块。

主要用于存储、记录历史温度数据信息、故障报警信息及系统参数设置信息，方便后续历史数据查询与回放。数据存储模块基于 MySQL 语言编写，数据库组成表如图 9-28 所示。

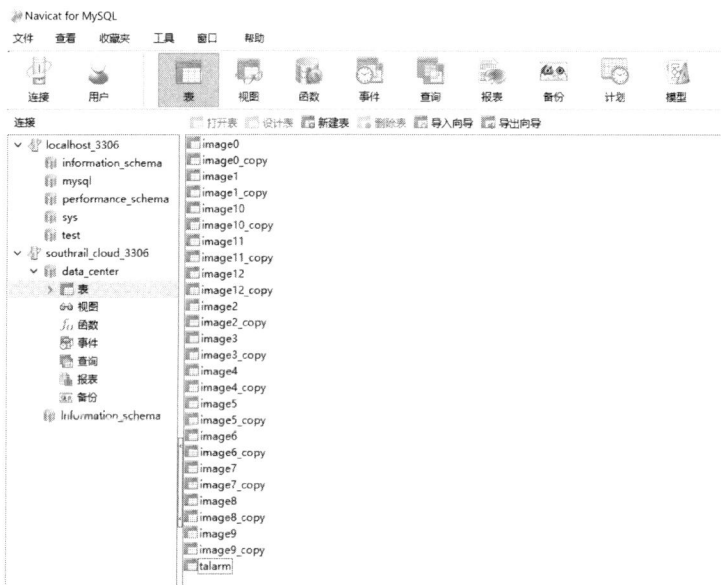

图 9-28　系统数据库组成表(例)

采集的温度数据直接通过 SQL 语句写入 MySQL 数据表中，调用者需要提供数据表名、温度点的字段名列表、温度数据产生时间、温度点的值列表。

(5)历史数据查询与回放模块。

通过图像、曲线的方式对历史温度数据、报警信息进行查询与回放，用户可以查询定位到各时刻点、各区域的温度分布情况(见图 9-29);并对各细化区域的温度变化趋势进行曲线呈现，追溯过热变化趋势，为过热预警阈值提供参考。

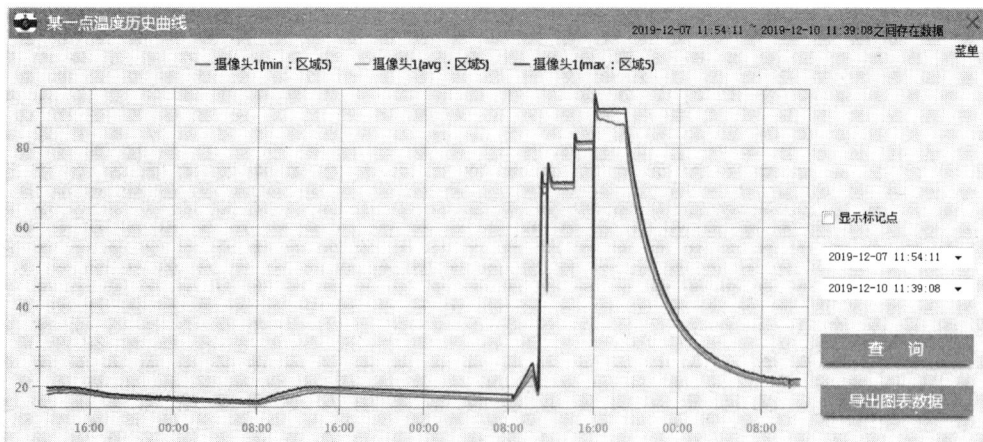

图 9-29　区域温度曲线变化趋势图(例)

第 10 章

车辆运行状态下空调机组性能及健康管理研究

    车辆空调机组制冷系统的换热器一般采用翅片管式换热器，管内制冷剂与管外空气进行换热。车辆行驶速度通过换热器外表面的对流换热系数影响空调机组的制冷量、制热量。一般固定式空调机组没有这种运动条件存在，很少考虑外部风速对制冷性能的影响。

    车辆空调机组的蒸发器风量称为"空调机组通风量""空调机组送风量"；冷凝器风量称为"冷凝风量""散热风量"。

    在车辆空调机组研制和运用验证性能试验过程中，车辆行驶速度对换热器表面风速或通风量的影响研究不多见。而车辆主要特征就是运行和移动，车辆空调机组的风量可能随车辆运行条件改变。因此，需要在普通固定地点应用的空调机组研究的基础上，关注车辆运动导致的空调机组环境风速的影响。现行空调机组试验方法只涉及机组环境空气为静止状态。当空调机组环境空气处于流动状态时，其性能如何变化，值得研究。

    要研究空调机组运行过程性能是否变化，必须分析空调机组哪些参数随客车外部流场变化发生了变化。

10.1 车辆行驶速度对新风量的影响

    空调机组随车辆处于静止状态时，外部空间空气压力（表压）为 0，由空调通风机从外部吸入新风。空调机组设计新风量约占总送风量的 30%。从理论上分析，车辆行驶时空调机组与周围空气之间形成了车速大小的相对速度，在新风口、冷凝器进风口、冷凝器出风口等处形成不一致的静压分布。这种变化情况与客车行驶方向有关。图 10-1 是某车辆空调机组新风口位置与车辆行驶方向的相互关系。

    图 10-1(a) 中，空调机组 1 新风口处于背风负压区；空调机组 2 新风口处于迎风正压区。在图 10-1(b) 中，情况恰好相反。图 10-2(a) 表示空调机组新风口位于迎风端，新风口外部表面空气呈正压；图 10-2(b) 表示空调机组新风口位于背风端，新风口外部表面空气呈负压。显而易见，车辆行驶速度越快，只要空调机组内通风机极限流量允许，正压区压力越高，新风抽吸量越大；反之，负压区压力越低，新风抽吸量越小。

    设新风口至通风机进风口流道当量阻力系数为 ζ，流道中风速为 v_R 的断面面积为 A，

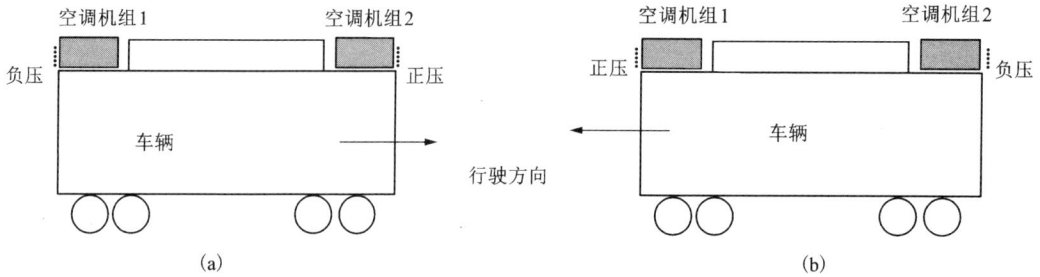

图 10-1 车辆行驶方向与空调机组新风口位置的相互关系

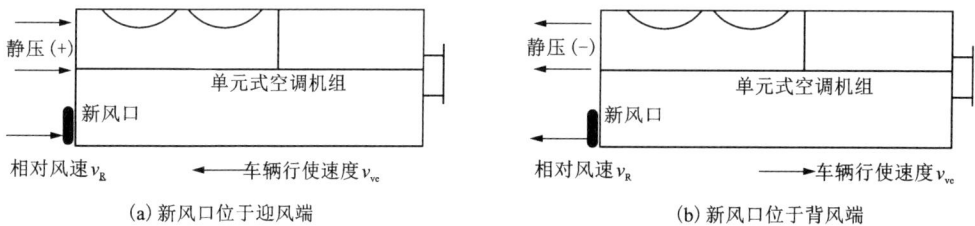

(a) 新风口位于迎风端　　　　　　　　　　(b) 新风口位于背风端

图 10-2 空调机组新风口位置与客车行驶速度的关系

若不考虑通风机进风口压力 $P_{j,\,in}$ 变化，则新风口外部表面空气静压力 P_o、新风量 M_s 与流道风速 v 的关系如下：

$$P_o = \xi\rho v^2/2 + P_{j,\,in} \tag{10-1}$$

$$M_s = \rho v A \tag{10-2}$$

因此，新风量 M_s 与新风口外部表面空气静压力 P_o 有如下关系：

$$M_s = A\sqrt{2(P_o - P_{j,\,in})/(\rho\xi)} \quad (P_o > 0) \tag{10-3}$$

$$M_s = A\sqrt{2(P_{j,\,in} - P_o)/(\rho\xi)} \quad (P_o < 0) \tag{10-4}$$

可见，通过风压作用形成的新风量 M_s 随新风口外部表面空气压力 P_o 升高而升高。车辆行驶时，不考虑通风机性能变化，若新风口迎风，仅因为进风压力升高，新风量将超过设计值；若新风口背风，仅因为进风负压增加，新风量将低于设计值。

图 10-3 分别表示新风口迎风、背风时空调机组新风口至空调机组出风口的全压分布，并与车辆静止时的全压分布进行了比较。

从图 10-3 全压分布图可见，空调机组新风口迎风时，空调机组出风口全压升高，送风量有所增加；反之，空调机组新风口背风时，空调机组出风口全压降低，送风量有所减少。

车辆行驶时，气流在车体外表面上形成边界层，其动压值随车速增加明显上升，静压则明显降低。有研究表明车速越快，车厢外表面上的负压值就越大。理论定量分析其变化值存在一定难度，可通过实验方式确定其数值。国外有资料指出，当车速为 $140\sim160$ km/h 时，将对车辆空调通风系统的性能产生明显影响。以车顶单元式空调机组为例，以车辆静态的风机所测风量为基准值，当车辆时速为 140 km 时，其新风机风量减少约 12%；时速为 160 km 时，其新风机风量减少约 15%。

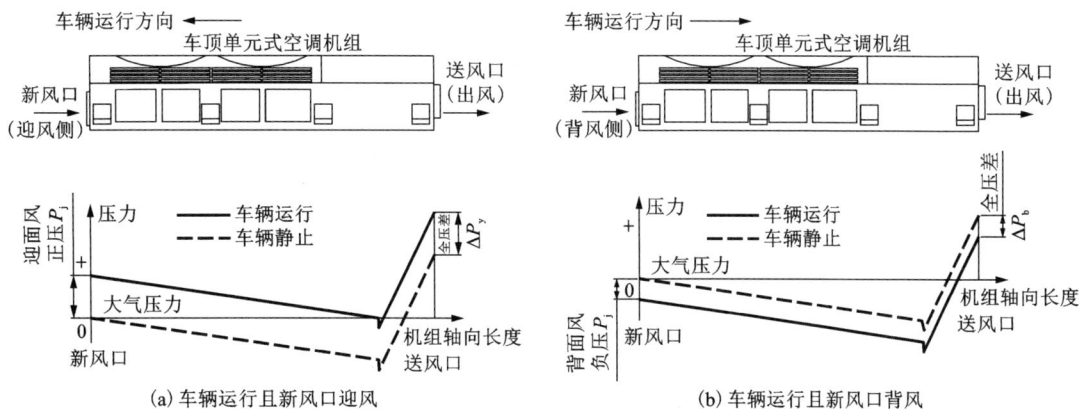

图 10-3　空调机组新风口至空调机组出风口的全压分布

干线铁路客运车辆的去程、回程常常只调转机车，车辆空调机组的新风口要么是迎风变为背风，要么是背风变为迎风。其新风量、总送风量及制冷量均相应变化。要避免车辆不同行驶方向对空调机组进新风的影响，可以将新风口设计在空调机组的两侧。从前面第2 章、第 4 章可以看出，城轨车辆空调机组的新风口已经设置在空调机组两侧了。

10.2　车辆行驶速度对空调机组冷凝风量的影响

图 10-4 为典型的车顶单元式空调机组冷凝器部位断面图。冷凝风机(轴流风机)从环境中吸风，送到冷凝器腔室，再经过两侧冷凝器压出。两个冷凝风机同向旋转。图 10-5为车辆运行方向与冷凝风旋转方向关系图，图中冷凝风机为逆时针方向旋转。

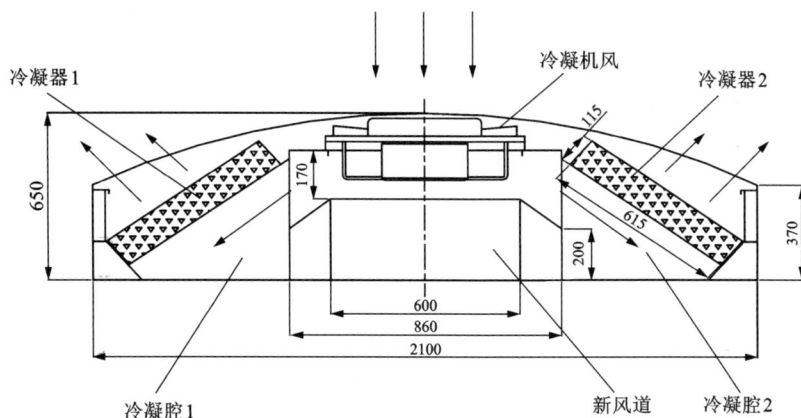

图 10-4　典型车顶单元式空调机组冷凝器部位断面图(单位: mm)

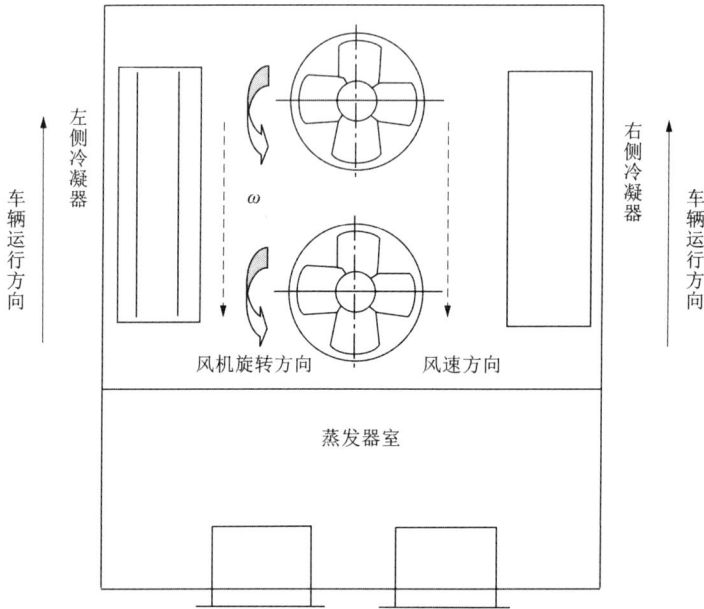

图 10-5　车辆运行方向与冷凝风机旋转方向关系图

10.2.1　轴流风机风叶理论压力方程式分析

轴流风机直列叶栅简图及速度三角形图如图 10-6 所示。图 10-6 中：

v_1、v_2 分别为叶道入口、出口截面上气流的绝对速度；

w_1、w_2 分别为叶道入口、出口截面上气流的相对速度；

u_1、u_2 分别为叶道入口、出口截面上风叶的圆周速度，由于叶栅是按同一半径 R 取得，所以 $u_1 = u_2 = u$。

v_{1u}、v_{2u} 分别为叶道入口、出口处气流绝对速度 v_1、v_2 在圆周方向上的分速，理论情况下 $v_{1u} = 0$。

β_1、β_2 分别为叶道入口、出口截面上气流角度。

v 为垂直风叶中心线的风速。

根据气流连续方程式，可得：

$$v_1 = v_{1y} = v_{2y} = v_y = w_{1y} = w_{2y} = w_y \tag{10-5}$$

风机风叶的理论压力方程式：

$$P_T = \rho u (v_{2u} - v_{1u}) = \rho u v_{2u} \tag{10-6}$$

$$P_T = \rho R \omega v_{2u} \tag{10-7}$$

其中

$$u = R\omega \tag{10-8}$$

式中：P_T 为轴流风机风叶的压头；ρ 为空气密度；ω 为轴流风机的旋转角速度；R 为风叶旋转半径。

上述分析是假设在叶道入口速度 v_1 无轴流风机风叶旋转圆周上的分速，即 $v_{1u} = 0$。

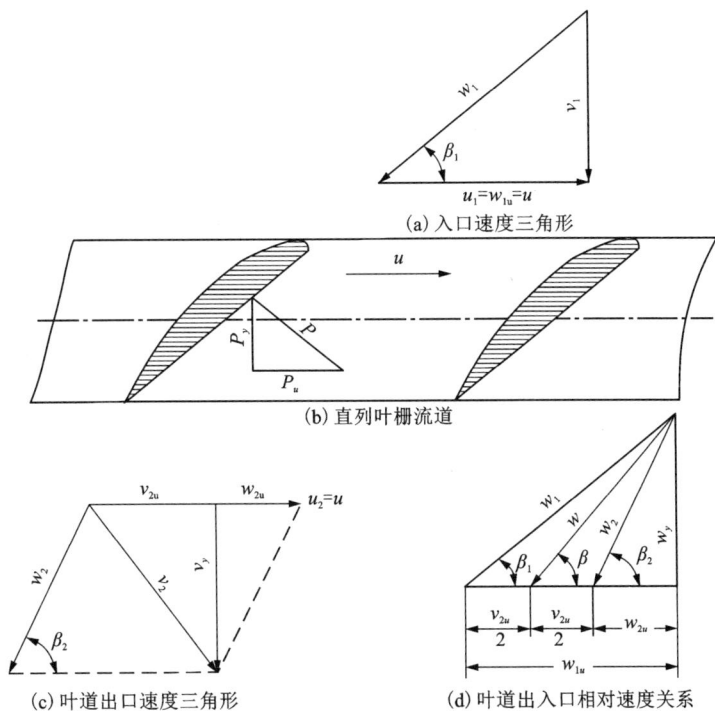

(a) 入口速度三角形

(b) 直列叶栅流道

(c) 叶道出口速度三角形　　　　(d) 叶道出入口相对速度关系

图 10-6　轴流风机直列叶栅简图及速度三角形图

10.2.2　轴流风机叶道入口速度 v_1 在风叶旋转圆周方向上有分速 v_{1u} 时，风机压力方程式分析

如图 10-7 所示，v_0 为车辆行驶时，轴流风机外部风速。v 为外界与轴流风机风叶中心线垂直的风速，α 为风叶中心线与风速 v_0 的夹角（假设 v_0 在风叶旋转平面内）。

$$v = v_0 \sin \alpha \tag{10-9}$$

此时轴流风机直列叶栅简图及速度三角形图如图 10-8 所示。

v_{1u}、v_{2u} 分别为叶道入口、出口处绝对速度 v_1、v_2 在圆周方向上的分速，其中 $v_{1u} = v$。

β_1、β_2 分别为叶道入口、出口截面上气流角度。

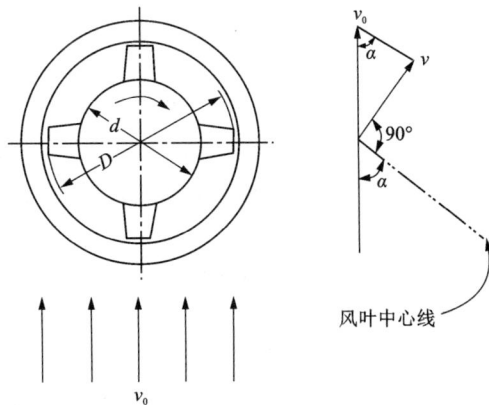

图 10-7　风机入口空气流动时的速度关系图

同样根据气流连续方程式，可得：

$$v_{1u} = v_{2u} = v_u = w_{1u} = w_{2u} = w_u \tag{10-10}$$

图 10-8 中：

$$\tan \beta_1 = \frac{w_y}{w_{1u}} = \frac{w_y}{u-v} \tag{10-11}$$

$$\tan \beta_2 = \frac{w_y}{w_{2u}} = \frac{w_y}{w_{1u}-v_{2u}} = \frac{w_y}{u-v-v_{2u}} \tag{10-12}$$

根据式(10-11)、式(10-12)可得：

$$\tan \beta_1 (u-v) = \tan \beta_2 (u-v-v_{2u}) \tag{10-13}$$

则：

$$v_{2u} = \frac{\tan \beta_2 - \tan \beta_1}{\tan \beta_2}(u-v) \tag{10-14}$$

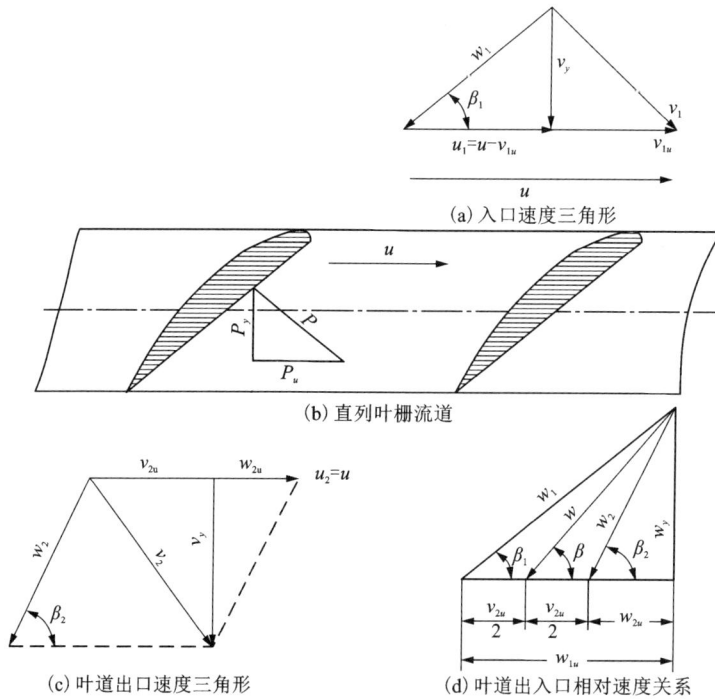

(a) 入口速度三角形

(b) 直列叶栅流道

(c) 叶道出口速度三角形

(d) 叶道出入口相对速度关系

图 10-8　轴流风机直列叶栅简图及速度三角形图

所以, 风机风叶压力方程式为

$$P = \rho u(v_{2u}-v_{1u}) = \rho u \left[\frac{\tan \beta_2 - \tan \beta_1}{\tan \beta_2}(u-v) - v \right] \tag{10-15}$$

$$P = \rho R^2 \omega^2 \frac{\tan \beta_2 - \tan \beta_1}{\tan \beta_2} - \left(\rho R \omega \frac{\tan \beta_2 - \tan \beta_1}{\tan \beta_2} \sin \alpha + \rho \omega R \sin \alpha \right) v_0 \tag{10-16}$$

若将整台轴流风机平均分为两部分, 则对轴流风机半边风叶来说, 其压力方程式：

$$P = \int_0^\pi \int_{\frac{d}{2}}^{\frac{D}{2}} \left[\rho R^2 \omega^2 \frac{\tan \beta_2 - \tan \beta_1}{\tan \beta_2} - \left(\rho R \omega \frac{\tan \beta_2 - \tan \beta_1}{\tan \beta_2} \sin \alpha + \rho \omega R \sin \alpha \right) v_0 \right] dR d\alpha$$

$$\tag{10-17}$$

$$P = \rho \pi \omega^2 \frac{D^3 - d^3}{24} \frac{\tan \beta_2 - \tan \beta_1}{\tan \beta_2} - v_0 \rho \omega \frac{D^2 - d^2}{4} \left(\frac{\tan \beta_2 - \tan \beta_1}{\tan \beta_2} + 1 \right) \quad (10-18)$$

根据方程式(10-16)可以画出半边轴流风机风叶的压力-速度曲线(P-v_0)图,如图 10-9 所示。

其中:$A = \dfrac{\pi \omega (D^2 + d^2 + Dd)(\tan \beta_2 - \tan \beta_1)}{6(D+d)(2\tan \beta_2 - \tan \beta_1)} > 0$。

由图 10-9 可知:

①当 $v_0 = A$ 时,$P = 0$。

②当 $v_0 < A$ 时,$P > 0$。

③当 $v_0 > A$ 时,$P < 0$。

客车车辆运行时,相对于空调机组的风速将对空调机组冷凝器进风量产生影响。在图 10-10 中,设客车车辆行驶速度为 v',冷凝风机逆时针方向旋转,则相对于空调机组的风速为 $v(v = v')$。这时左侧冷凝器进风量 L_z 相对于 $v' = 0$ 时增大,右侧冷凝器进风量 L_y 相对于 $v' = 0$ 时减小。

国外有试验发现,随着车辆运行速度的提高,空调机组的耗功率将会增加,例如时速为 160 km 时,机组总耗功率较静态试验时增加 6% 左右。这可能是由于冷凝风量减少导致压缩机排气压力升高的缘故。已经完成的试验结果表明,车底压力场对车辆运行速度的敏感度比其他部位低,因而风冷冷凝器装在车辆底部时,车速提高导致冷凝器风量减少的幅度比顶装式平缓。可见,高速客车的空调机组冷凝器装在车底是一种可取的方案。

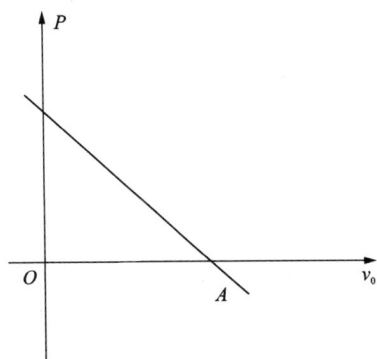

图 10-9　以 v_0 方向为中心线的
半边轴流风机的 P-v_0 曲线图

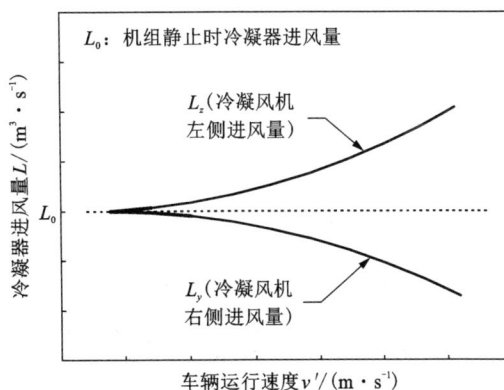

图 10-10　空调机组冷凝器左右两侧风量变化

10.2.3　车辆运行时空调机组冷凝风流向及风机压头

图 10-5 为列车运行中空调机组冷凝风的流动示意图。

①当车辆静止时,$v = 0$,即可以近似地认为空气在冷凝风机各处的风叶入口速度在圆周方向上的分速 $v_{1u} = 0$,冷凝风机快速旋转产生空气压头将空气从冷凝腔中平均从两侧冷凝器中压出,通过两侧冷凝器的空气流流量平均,冷却效果相同。

②如果当车辆以一定的速度 v_0 向一个方向运行时, 那么在冷凝风机的上方就形成了一个与车辆运行方向相反的空气流, 如图 10-11 所示。空调机组冷凝风机的左侧风叶(以空调机组纵向中心线为对称轴)的入口速度在圆周方向上的分速 $v_{1u}>0$, 而在冷凝风机的右侧风叶的入口速度在圆周方向上的分速 $v_{1u}<0$, 根据轴流风机的半边压力方程式, 可知在图 10-10 中, 列车运行中空调机组冷凝风机右半侧风叶的压头较静止时增大, 而左半侧风叶的压头较静止时减小。车辆速度越快时, 这种差别将越大。

③根据图 10-10 可知, 车辆运行时, 左、右两侧冷凝风机风叶压头的增大、减小的量相同, 即对于整台冷凝风机来说压头是不变的。

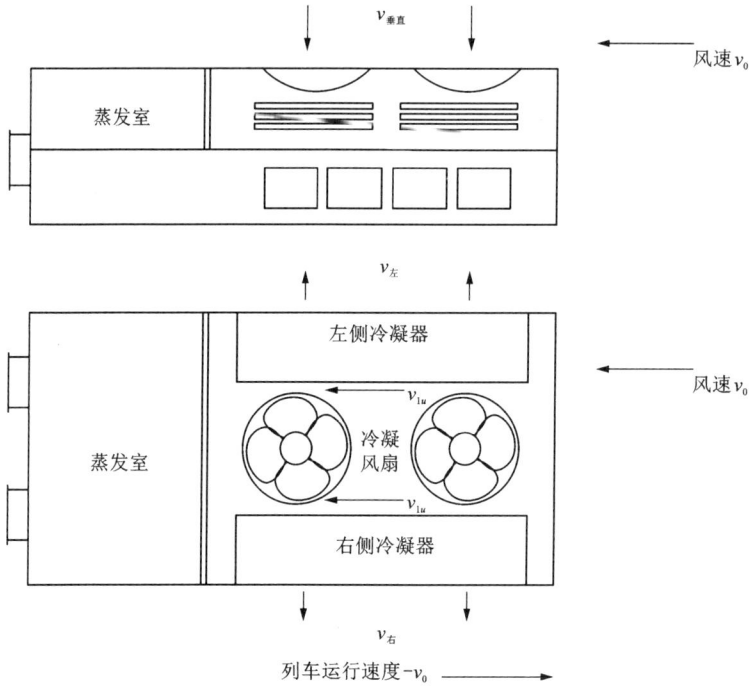

图 10-11　冷凝风机速度叠加图

10.3　车速对车体传热的影响

10.3.1　车速对车体传热温差——车外综合温度的影响

车外综合温度是综合表达车外空气温度、太阳辐射、长波辐射等车外气象条件对围护结构外表面热作用的物理量, 是计算非透明围护结构传热的基准。其计算式为

$$t_z = t + \frac{\rho I_{z\theta}}{a_w} - \frac{\zeta \Delta R}{a_w} \tag{10-19}$$

式中：t_z 为夏季车外综合温度，℃；t 为夏季车外空调（干球）计算温度，℃；ρ 为车体外壁对太阳辐射的吸收系数，由列车本身的物性所确定；$I_{z\theta}$ 为车体外壁接收的总太阳辐射强度，W/m²；a_w 为车体外壁换热系数，与车辆运行速度密切相关，W/(m²·k)；ζ 为车体外壁的长波辐射率；ΔR 为车厢围护结构外表面与天空和周围物体间的长波辐射交换量，W/m²。

由于 ζ 和 ΔR 的大小与车辆所处位置、时刻、室外温度状况等多种因素有关，在实际工作中确定起来相当复杂，故一般采用如下近似处理方法。

$$a_w = 9 + 3.5 v^{0.66} \tag{10-20}$$

式中：v 为列车运行速度，km/h。

对于垂直面，取 $\dfrac{\zeta \Delta R}{a_w} = 0\ ℃$，即认为垂直面从附近地面物体接收的长波辐射量与向外散失的长波辐射量相等；对于水平面，取 $\dfrac{\zeta \Delta R}{a_w} = 3.5 \sim 4.0\ ℃$，即水平外表面接收的长波辐射量略大于向外散失的长波辐射量，经实验测定，其比值为 $3.5 \sim 4.0\ ℃$。

由式（10-19）、式（10-20）可见，当列车静止时，由于室外风速较小，外壁对流换热近似为自然对流换热，对流换热系数较小，因此辐射热对车外综合温度的影响大；相反，由于车速的提高，车壁的对流换热系数增大，进而减小了辐射热对车外综合温度的影响，降低了车体壁面综合温度。

10.3.2　车速对车体传热的影响

我国空调客车静态平均传热系数在 $0.8 \sim 1.5$ W/(m²·K)。地铁客车由于门窗多、大量采用铝、不锈钢框架，静态平均传热系数在 $2.0 \sim 3.3$ W/(m²·K)。

车厢壁外表面空气对流换热系数计算式见式（10-20）。可见，随着车辆行驶速度的提高，α_w 的值迅速增大，车体传热系数随之增大。

10.4　新风量、通风量变化的模拟试验

设计如图 10-12 所示的装置，进行新风量、通风量变化的模拟试验。试验装置由新风调节箱、空调机组、风量测量系统等部分组成。新风调节箱内有一台可调频的轴流通风机，对新风调节箱内送风时则可模拟空调机组新风口迎风时的进风状况。从新风调节箱向外抽风时则可模拟空调机组新风口背风时的进风状况。新风调节箱能实现的工况：迎风正压（静压）$0 \sim 50$ Pa，风量 $7500 \sim 3000$ m³/h；背风负压（静压）$-50 \sim 0$ Pa，风量 $7500 \sim 3000$ m³/h。测压计为 YYT 型倾斜式微压差计。

试验方法：空调机组为 KLD40PQ。调节辅助通风机频率，使测压计 2 读数为 0。调节轴流通风机频率，记录测压计 1 与测压计 3 读数。测试数据见表 10-1、表 10-2。

根据试验结果可以看出，在新风口背风（即负压）情况下，负压每增加 10 Pa，风量减

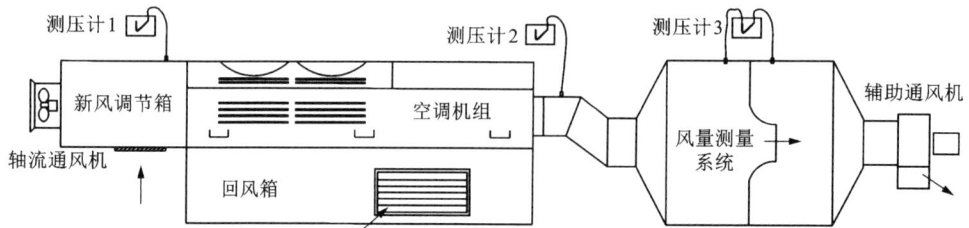

图 10-12　通风量变化模拟试验装置

小 5%~9%；在新风口迎风（即正压）情况下，正压每增加 10 Pa，风量增加 3%~5%。在本试验测试参数范围内，新风口每增或减 10 Pa 压力，空调机组总风量变化为 200~600 m³/h。这是新风量变化所致。

表 10-1　空调机组新风口背风时通风量试验数据

序号	测压计读数/Pa			风量 $F/(\mathrm{m^3 \cdot h^{-1}})$
	P_1	P_2	P_3	
1	3.0	0.0	68.0	8265
2	−10.0	3.0	61.0	7828
3	−20.0	3.0	52.0	7227
4	−32.0	0.0	47.0	6871

表 10-2　空调机组新风口迎风时通风量试验数据

序号	测压计读数/Pa			风量 $F/(\mathrm{m^3 \cdot h^{-1}})$
	P_1	P_2	P_3	
1	0.0	2.0	66.0	8142
2	10.0	2.0	70.0	8385
3	20.0	0.0	73.0	8563
4	30.0	0.0	80.0	8964

10.5　车辆行驶速度对冷凝散热的影响试验

图 10-13 为模拟车辆运行及湿度测点布置示意图。由于测试条件限制，最高运行速度只模拟到 60 km/h。

在空调机组性能试验装置中，布置两个高压风机，模拟列车行驶中的车外空气流速。选取检修测试后性能达标的空调机组作为研究对象，在冷凝风机进出风口分别安装温度传感器，实测模拟列车运行条件下空调机组冷凝器进出风温度。

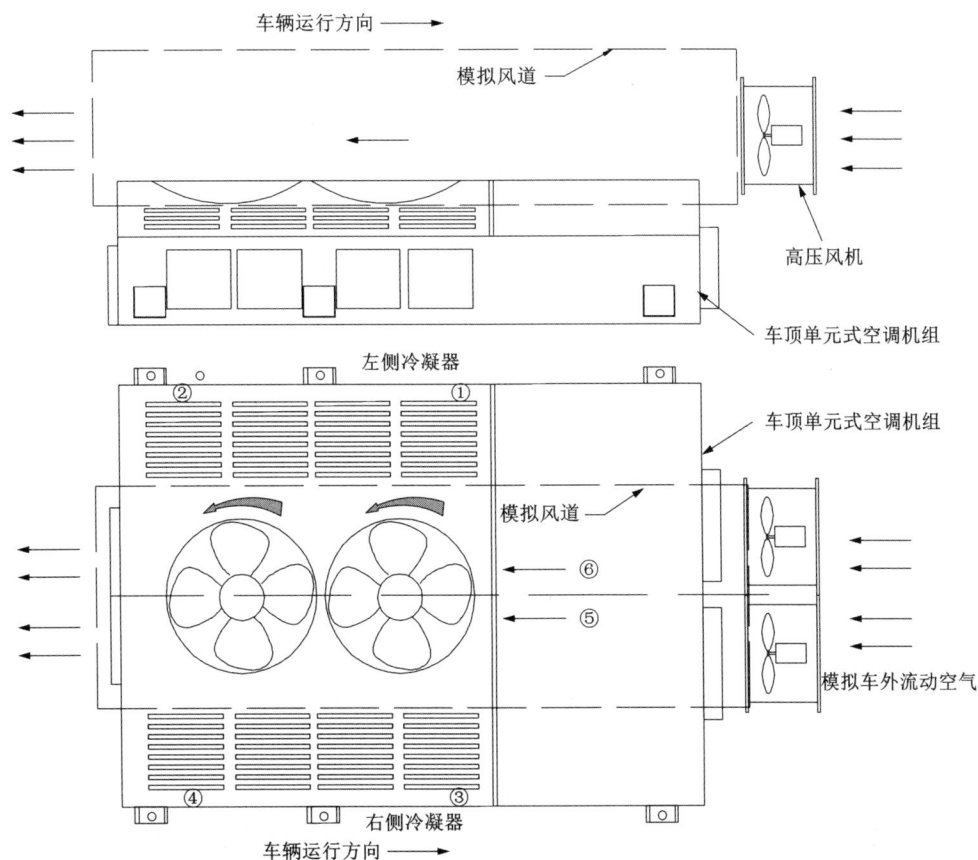

图 10-13　模拟车辆运行及温度测点布置示意图

试验测得的一组数据见表 10-3。

表 10-3　冷凝器进出风口各点温度测量值

模拟车辆速度/ (km·h⁻¹)[(m·s⁻¹)]	各点温度测量值/℃					
	1	2	3	4	5	6
0(0)	44.1	44.0	44.2	44.1	33.2	33.3
30(8.3)	47.2	48.0	44.5	44.6	33.3	33.4
40(11.1)	49.4	50.1	44.6	44.7	33.4	33.5
50(13.9)	53.5	54.8	45.2	45.3	34.0	33.8
60(16)	54.1	54.2	45.3	45.5	34.2	34.1

　　分析上表中的温度数值，可以看出：两个冷凝风机进风温度（测量点 5、6）几乎不受模拟车辆运行速度影响；随模拟车辆运行速度增加，左侧两个冷凝风机出风温度（测量点 1、2）升高接近 10 ℃，右侧两个冷凝风机出风温度（测量点 3、4）升高 1 ℃。图 10-14 为冷凝器各点出风温度随模拟车辆运行速度变化曲线。

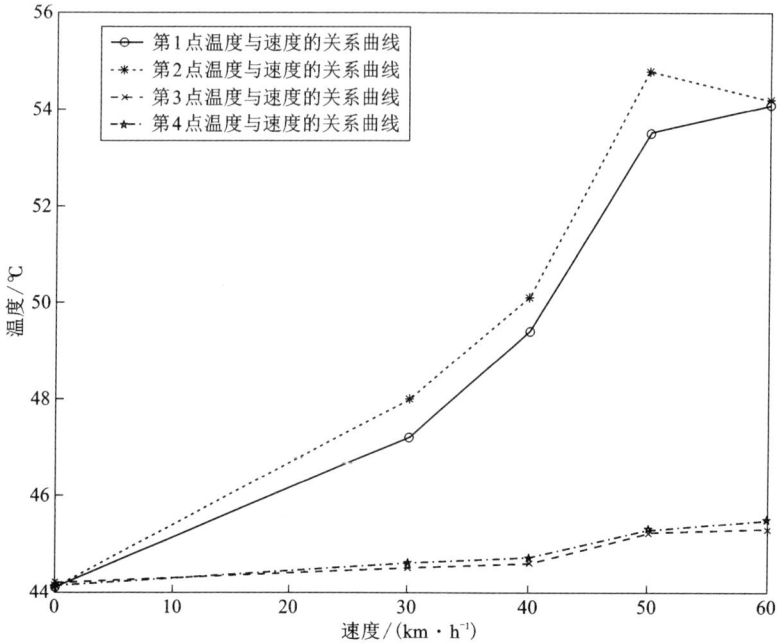

图 10-14　冷凝器出风温度—车辆运行速度曲线

这一试验研究表明，车辆空调机组在车辆运行状态下，因左侧冷凝风量随车速增加而减小，出风温度有所增高，右侧冷凝风量随车速增加而增大，出风温度没有明显的变化。这也间接说明车辆空调机组在车辆运行状态下，制冷量（制热量）比车辆及空调机组停止状态下减小。早期干线铁路空调机组制冷量富裕度较小时，经常制冷效果不好，与这个原因有关。

10.6　车辆行驶速度对空调机组制冷量的影响

1.冷凝器进风量的变化对空调机组性能的影响

冷凝器进风量变化对机组制冷系统的影响可以从传热角度来分析。根据文献提供的资料，苏联戈果林准则方程：

$$Nu_f = C \cdot R_{ef}^n \left(\frac{L}{d_{eq}}\right)^m \tag{10-21}$$

式中：d_{eq} 为翅片管外空气流道当量直径；L 为眼气流方向翅片长度；$C=A(1.36-0.24R_{ef}/1000)$，$n=0.45+0.0066L/d_{eq}$，$m=-0.28+0.08R_{ef}/1000$，$A=0.518-0.02315\frac{L}{d_{eq}}+0.000425\left(\frac{L}{d_{eq}}\right)^2-3\times10^{-6}\left(\frac{L}{d_{eq}}\right)^3$。

经计算得到冷凝器外侧空气与翅片壁面之间的对流换热系数 α_w 与翅片间风速 v_f 之间的关系,并表示在表 10-4 中。可见,翅片间风速 v_f 在 4.0 m/s 左右, α_w 出现极大值。

表 10-4　α_w 与 v_f 之间的关系

序号	1	2	3	4	5	6
$v_f/(\mathrm{m \cdot s^{-1}})$	2.0	3.0	4.0	4.7	6	8
$\alpha_w/[\mathrm{W \cdot (m^2 \cdot ℃)^{-1}}]$	262.5	292.0	297.7	295.4	280.0	243.6

在车辆静止状态下,即风速 $v = 0$ m/s,冷凝器进风迎面风速 v_y 与翅片间风速 v_f 之间有如下关系:

$$v_f = 1.88 v_y \tag{10-22}$$

通常,在车辆静止状态下,设计冷凝器进风迎面风速 $v_y = 2.5$ m/s,则 $v_f = 4.7$ m/s, α_w 处于极值附近。当车辆行驶时, v' 增大,轴流风机和叶片迎风侧进风量增大,使得 v_f 增大,相应地 α_w 有所增大。而轴流风机叶片顺风侧进风量减小,使得 v_f 减小,相应地 α_w 有所降低。因此,当车辆行驶时,空调机组冷凝器散热量减小,冷凝压力升高(相比同温度静止空气环境)。引起空调机组高压保护动作。而制冷系统由两个独立循环组成,当风速存在时,两个制冷系统的高压变化不一定同步,因此,两个制冷系统之一经常出现高压保护。在实际行车过程中,如某车厢空调去程时制冷效果不好甚至高压保护跳开,而回程却基本正常,排除制冷剂充灌过量的原因,可能原因是两个冷凝系统的冷凝风量变化。

2. 新风量的变化对空调机组性能的影响

单元式空调机组的空气处理过程为一次回风式。新风与回风混合后进入蒸发器,在夏季被冷却。在压缩机工作台数不变时,新风量增大导致通风量比额定风量增大,则新风负荷增大,回风焓降减小。送风温度升高,车厢制冷效果降低。反之,新风量减小导致通风量比额定风量减小,则新风负荷减小,回风焓降增大。送风温度有所降低,车厢制冷效果增强。

当车辆行驶时,若空调机组新风口为迎风方向,则因新风量增大将导致车厢制冷效果降低。且因为新风量增大,蒸发器负荷增加,蒸发温度升高,引起冷凝温度升高,并可能出现高压保护动作;若空调机组新风口为背风方向,则因新风量减小有利于增强车厢制冷效果。且因为新风量减小,蒸发器负荷减小,蒸发温度不会因此升高,也就不会引起冷凝温度升高,在这种情况下不会出现高压保护动作。在实际行车过程中,如某车厢空调某个单程制冷效果不好甚至高压保护跳开,而另一个单程却基本正常,排除制冷剂充灌过量的原因,可能原因是新风量变化。

3. 车辆行驶时空调制冷两系统性能差异

运行在我国南方的旅客列车,夏季高温季节经常出现空调机组高压保护而停机等故障。出现故障常见的机型为 KLD40 型空调机组。而这些空调机组在标准试验台的性能试验均属合格。下面对这类空调机组高压保护而停机的故障进行分析研究。

在图 10-5、图 10-13 中，车辆运行方向如箭头所示，冷凝风机为逆时针方向旋转。

以车辆或空调机组轴线为中心线，当模拟车辆运行速度的高压风机未启动（相当于车辆静止）、空调机组制冷运行时，两侧冷凝器的进出风温度基本相同，机组对称结构表现相同。两侧冷却效果相同。

启动模拟车辆运行速度的高压风机，转速用变频器调速调节，如图 10-13 所示。当空调机组制冷运行时，图示左侧冷凝风机风叶转动方向与空气流速相同（简称"顺风向侧"），出风测点温度较高；图示右侧冷凝风机风叶转动方向与空气流速相反（简称"逆风向侧"），出风测点温度较低。表明以空调机组轴对称线为界，通过两侧冷凝器的空气温差不同。测试数据见表 10-3。

对于冷凝器空气侧，存在热平衡方程式：

$$Q = Gc_p(t_2 - t_1) \tag{10-23}$$

式中：Q 为冷凝器换热量，kW；G 为冷凝器空气的质量流量，kg/s；c_p 为空气的比热容，kJ/(kg·℃)；t_1、t_2 分别为空气的进、出口温度，℃。

由式（10-23）可知，进、出口温差取决于 $Q/(Gc_p)$。进、出口温差不同，表明两侧冷凝器换热量或者风量不同。以 KLD40 型空调机组冷凝器冷却的过程为例进行分析。

①KLD40 型空调机组新风道从冷凝腔中间经过，且新风道较高，其顶部离冷凝风机的风叶距离比较小，这种结构将 KLD40 型空调机冷凝风机下的冷凝腔分成两个相同的冷凝腔，每个冷凝腔对应同侧的冷凝器。如图 10-4 所示，KLD40 型空调机组冷凝风机快速旋转产生的压头在两侧的冷凝腔内产生一定的静压力，使冷凝腔与外界形成一定的压力差，从而使空气流过冷凝器，并向外界散发热量。理论上，两侧冷凝腔内的静压力应该相等，从两侧静压腔通过冷凝器流向外界的风量相同。

②在试验台上，实测到环境空气无明显流动时，KLD40 型空调机组两侧冷凝腔的静压力相同为 100~120 Pa。空调机组外部风速在 0~15 m/s 之间依次改变时，实测得出的两侧冷凝腔静压力数据见表 10-5。

表 10-5　不同风速下两侧冷凝腔静压力

风速/(m·s⁻¹)	5	8	10	12	15
左侧冷凝腔静压/Pa	116	130	150	172	180
右侧冷凝腔静压/Pa	95	110	123	138	157

冷凝腔内的静压力不同时，通过冷凝器的风量也不同，冷凝器的散热效果也不同。冷凝腔静压力大的一侧冷凝器通过的风量大，散热效果好，而另一侧冷凝器的散热效果则差。这种差别随着车辆的运行速度增大（风速 v_0 越大）而增大。列车快速运行中 KLD40 型空调机组一侧冷凝风量严重减少时，导致制冷系统出现高压保护动作，空调机组停止工作，系统显示故障。

4. 在静态测试的基础上引入风速测试

车辆用空调机组的主要工作在车辆运行状态。当外界空气流速较高时，空调机组冷凝器进风量和新风量发生变化，导致空调机组制冷量变化。因此，空调机组在静态检修试验合格后装车，可能出现性能降低的现象。现行标准空调机组性能试验没有涉及行车速度的影响，不能检测装车后空调机组的性能或性能变化，因此，也就不能检测空调机组隐藏的故障。在行驶线路上空调机组单程出现高压保护动作的故障现象与冷凝器进风量和新风量发生变化有关。建议在空调机组试验项目中增加风速模拟及其性能试验。

10.7　空调机组的故障诊断

10.7.1 空调机组故障概述

车辆空调机组包括制冷系统、通风机、电控系统三部分。其故障诊断主要涵盖制冷系统及通风机，而对电控系统的故障诊断属于电气研究领域的内容。

空调机组制冷系统是集多个子系统于一体的复杂整体，包括蒸发器、冷凝器、压缩机、节流机构等主要元件及其他一些附属装置，各部件协同合作，共同完成空调制冷的作用。而在这个制冷循环中，故障主要来源两方面：运动部件的功能衰退或失效；制冷管路系统的泄漏、工质成分及性能变化。制冷剂和润滑油作为循环必备的两种物质，混入一些杂质和空气，长时间工作会出现性能衰减甚至故障。制冷剂在循环过程中在气相、液相和气液混合三种状态之间相互转化。所以一旦空调制冷系统中任意一个子系统发生故障，其产生的现象和原因都是比较复杂的，故障诊断的特征主要表现在以下四个方面。

(1)制冷系统故障表现的复杂性

制冷系统的故障有很多种，情况比较复杂，综合起来有出风口无风或风量小、机组不能制冷、机组制冷效果差、出风口或回风口漏水、机组振动噪声大、低压继电器动作异常、高压继电器动作异常、制冷剂泄漏、系统级故障、油冷却器故障、冷凝器结垢、膨胀阀故障、干燥过滤器故障、蒸发器水量不足、润滑故障、有不凝性气体混入、压缩机故障、蒸发器故障、管路故障等故障类别。

(2)制冷系统故障原因呈现多样性

制冷系统故障产生的原因具有多样性的特点，概括起来有制冷剂泄漏充注太多、制冷循环堵塞、制冷器系统混入空气、压缩机故障、风量不足等问题，如表 10-6 所示。

(3)制冷系统故障现象与原因呈现交错性

一种制冷系统故障原因可能导致多种故障现象，同时一种故障现象也可能是多种故障原因导致的，所以故障现象和原因通常情况会呈现交错的态势。

(4)制冷系统中的特征参数可以相互影响

在整个制冷系统中，一种故障的产生可以引起一种或几种参数的改变，但是又会存在一种参数的改变引起其他参数的变化。例如，如果外在风量小或者外界的空气温度高，会提高制冷压缩机的排气压力，过高的排气压力会增加冷凝负荷，不能及时散失的热量会增加冷凝温度，冷凝温度的升高又会引起制冷量的减小。因此，制冷系统中的特征参数可以相互影响，不能使用单一特征参数来表征相应故障的发生。

表 10-6　故障类型及原因

序号	故障内容	可能出现的部位	故障原因
1	制冷量不足		压缩机停机时间过长，冷凝器积尘过多，制冷剂不足
2	排气压力过高	制冷系统、冷凝风机	风机反转、积尘堵塞、电机损坏或接线松脱、制冷剂注入过量、有不凝性气体、分液器毛细管堵塞
3	排气压力过低	制冷系统	制冷剂注入偏少、分液器毛细管堵塞、高压控制器设定压力偏低
4	吸气压力过高	制冷系统	温控器故障、制冷剂注入过量、制冷剂注入不足、供液管道堵塞、毛细管堵塞
5	吸气压力过低	蒸发器空气侧负荷不足	空气过滤器堵塞、蒸发器翅片间脏堵、风机电机故障

10.7.2　空调机组故障诊断的基本方法

空调机组的运行状态包括故障状态、非故障状态两大类。故障状态是指空调机组运行时出现了不可允许的偏差或失灵状况。故障类型有软故障及硬故障之分。导致空调机组立即停止运行的故障称为"硬故障"，而故障发生了但空调机组能继续运行，只是运行效率和状态变差，这样的故障称为"软故障"。

空调机组故障诊断方法主要有三类：基于数据驱动的故障诊断方法，即依托大数据处理；基于专家规则的故障诊断方法；基于模型的故障诊断方法。基于知识库系统和专家规则的故障检测与诊断方法的核心是建立空调机组或部件的定性模型，即根据当前的特征与知识库中的故障特征进行比对，从而实现故障诊断。

大数据处理法主要利用收集来的周期信号、随机信号等，对信号进行测量或提取它们的特征向量，以判断系统是否发生故障。目前此技术路线下最常用的检测诊断模型为神经网络模型和主元分析模型。

根据故障评判原理的不同，空调机组的故障诊断方法又分为直接型方法、间接型方法两类。直接型方法是将空调运行参数经预先设置好的规则进行分类，然后通过输出的数据加以研判，最终确定故障的类型，并以此为依据进行对故障进行诊断修复处理。人工神经网络和专家规则等都是直接型方法的应用。间接型方法需要依托精确的数学模型，即分别建立正常运行状态和故障运行状态的系统模型，来预测系统随后的运行状态，计算系统运行的即时数据与预测值的偏差，经预先设置好的规则进行分类、研判，最终确定故障类型。但此种方法对系统模型较为依赖，需要模型尽可能精确。

空调机组故障诊断方法的技术核心是建立模型及其数学求解手段，其基本方法和思路可以概括为建立空调机组性能相应的数学模型，建立故障阈值或区域，并与检测系统结合，得出空调机组的故障诊断结果。

10.7.3　空调机组故障监测项目与测试

空调机组部件主要有制冷系统中的蒸发器、冷凝器、压缩机、节流机构等，蒸发器通风机，冷凝器散热轴流风机等。制冷系统的性能参数主要有制冷剂的充灌量（与泄漏有关）、蒸发压力、冷凝压力等。与换热器传热有关的空气处理过程的性能参数有蒸发器进风温湿度、风速，冷凝器进风温度、风速。压缩机及通风机相关性能参数有功率、电流、电压、噪声。

表 10-7 是空调机组及部件对应的性能参数。表 10-8 是空调机组及部件对应的运行参数。表 10-8-1 ~ 表 10-8-4 是单项参数在给定范围的测量值、设定的故障阈值。

表 10-7　空调机组及部件对应的性能参数

序号	部件名称	型号	规格参数	性能参数
1	压缩机	丹佛斯 VZH044CGANA	低压侧 3.33 MPa，温度范围 -35~55 ℃；高压侧 4.11 MPa，温度范围-35~65 ℃	排气压力、吸气压力、输入功率、电流、电压
2	蒸发器	翅片管式	面积 3.90 m²	蒸发压力
3	冷凝器	翅片管式	面积 4.80 m²	冷凝压力
4	毛细管	$\Phi 5$	6 根长度每根 480 mm	未考虑
5	蒸发器风机	离心式	风量 9000 m³/h，压头 400 Pa	输入功率、电流、电压、出口风速、机外余压
6	冷凝器风机	轴流式	2 台，每台风量 12000 m³/h，压头 180 Pa	输入功率、电流、电压、出口风速、机外余压
7	空调机组	KLD29	制冷量 29 kW，通风量 4500 m³/h	制冷量、通风量、输入总功率，总电流、电压、出风温度、相对湿度、回风温度、相对湿度

表 10-8 空调机组及部件对应的运行参数

序号	部件名称	规格参数	性能参数	运行参数
1	压缩机	低压侧 33.3 bar, 温度范围 -35~55 ℃; 高压侧 4.11 MPa, 温度范围 -35~65 ℃	排气压力、吸气压力、输入功率、电流、电压	输入功率 6.9 kW、电流 7.2A、电压 381 V
2	蒸发器	翅片管式面积 3.90 m²	蒸发压力	0.68 MPa
3	冷凝器	翅片管式面积 4.80 m²	冷凝压力	1.15 MPa
4	毛细管	$\Phi 5$, 6 根长度每根 480 mm	未考虑	
5	蒸发器风机	离心式风量 9000 m³/h, 压头 400 Pa, 1 台	输入功率、电流、电压、出口风速、机外余压	输入功率 1.9 kW、电流 3.8 A、电压 381 V、出口风速 5.5 m/s
6	冷凝器风机	轴流式 2 台, 每台风量 12000 m³/h, 压头 180 Pa	输入功率、电流、电压、出口风速、机外余压	输入功率 1.1 kW、电流 1.5 A、电压 381 V、出口风速 4.3 m/s
7	空调机组 KLD29	制冷量 29 kW, 通风量 4500 m³/h	制冷量、通风量、输入总功率、总电流、电压、出风温度、相对湿度、回风温度、相对湿度	制冷量 28.4 kW、通风量 4482 m³/h、输入总功率 18.7 kW、总电流 12.1 A、电压 381 V、出风温度 20 ℃、相对湿度 88%、回风温度 28.5 ℃、相对湿度 66%

表 10-8-1 空调机组不同通风量时部分参数的连续测量值 (额定值)

时间	8:00	9:00	10:00	11:00	12:00	13:00	14:00	15:00	16:00	17:00	18:00
通风量/(m³·h⁻¹)	额定值										
室外温度/℃	26	27	28	29	30	31	32	33	34	35	34
出风温度/℃	19.1	19.2	19.6	20.1	20.4	20.8	21.0	21.6	21.9	22.1	22.0
出风相对湿度/%	88.6	88.4	88.4	87.5	86.9	85.3	84.7	83.2	82.5	81.5	81.6
回风温度/℃	27±0.5(被控制在该温度值)										
回风相对湿度/%	60±5(被控制在该值)										
通风机电流/A	1.8	1.8	1.8	1.9	1.9	1.8	1.8	1.9	1.8	1.9	1.9
压缩机电流/A	6.6	6.6	6.7	6.8	6.9	7.2	7.3	7.5	7.6	7.8	7.5
总电流/A	18.1	18.5	18.8	18.7	18.9	19.1	19.3	19.4	19.4	19.5	19.6
高压压力/MPa	1.62	1.63	1.65	1.63	1.67	1.71	1.70	1.75	1.74	1.80	1.80
低压压力/MPa	0.65	0.65	0.66	0.67	0.67	0.69	0.70	0.69	0.71	0.70	0.71

表 10-8-2　空调机组不同通风量时部分参数的连续测量值(额定值的80%)

时间	8：00	8：30	9：00	9：30	10：00	10：30	11：00	11：30	12：00	12：30	13：00
通风量/(m³·h⁻¹)	额定值的80%										
室外温度/℃	26	27	28	29	30	31	32	33	34	35	36
出风温度/℃	18.8	18.9	18.5	19.0	19.1	19.3	19.5	20.0	20.0	20.2	20.3
出风相对湿度/%	88.2	88.1	87.5	87.2	87.3	87.0	86.9	85.2	85.0	84.4	83.0
回风温度/℃	27±0.5(被控制在该温度值)										
回风相对湿度/%	60±5(被控制在该值)										
通风机电流/A	1.6	1.6	1.7	1.7	1.6	1.7	1.7	1.6	1.7	1.7	1.7
压缩机电流/A	6.7	6.8	6.8	6.9	7.0	7.0	7.1	7.1	7.2	7.3	7.2
总电流/A	18.5	18.6	18.9	18.9	19.0	19.7	19.6	19.5	19.6	19.9	19.8
高压压力/MPa	1.60	1.62	1.61	1.62	1.65	1.70	1.70	1.71	1.73	1.78	1.79
低压压力/MPa	0.61	0.62	0.62	0.63	0.63	0.63	0.64	0.64	0.65	0.65	0.65

表 10-8-3　空调机组不同通风量时部分参数的连续测量值(额定值的60%)

时间	8：00	8：30	9：00	9：30	10：00	10：30	11：00	11：30	12：00	12：30	13：00
通风量/(m³·h⁻¹)	额定值的60%										
室外温度/℃	26	27	28	29	30	31	32	33	34	35	36
出风温度/℃	17.9	17.9	17.9	18.0	18.0	18.1	17.9	18.2	18.0	18.2	18.3
出风相对湿度/%	89.8	88.0	88.2	87.9	87.4	87.0	87.8	86.2	85.7	86.0	85.5
回风温度/℃	27±0.5(被控制在该温度值)										
回风相对湿度/%	60±5(被控制在该值)										
通风机电流/A	1.4	1.5	1.5	1.5	1.4	1.5	1.6	1.5	1.5	1.5	1.5
压缩机电流/A	6.7	6.7	6.8	6.8	6.9	6.8	7.0	6.9	7.0	7.0	7.1
总电流/A	18.1	18.2	18.4	18.5	18.8	18.5	18.6	18.7	18.6	18.9	19.2
高压压力/MPa	1.60	1.60	1.61	1.61	1.62	1.65	1.64	1.68	1.69	1.68	1.70
低压压力/MPa	0.60	0.60	0.61	0.63	0.62	0.63	0.63	0.62	0.64	0.64	0.65

表 10-8-4　空调机组不同通风量时部分参数的连续测量值(额定值的40%)

时间	8：00	8：30	9：00	9：30	10：00	10：30	11：00	11：30	12：00	12：30	13：00
通风量/(m³·h⁻¹)	额定值的40%										
室外温度/℃	26	27	28	29	30	31	32	33	34	35	36
出风温度/℃	17.0	17.0	17.1	17.0	17.2	17.4	17.3	17.5	17.5	17.7	17.6

续表 10-8-4

时间	8：00	8：30	9：00	9：30	10：00	10：30	11：00	11：30	12：00	12：30	13：00
出风相对湿度/%	89.8	89.0	89.1	89.5	89.4	89.0	89.0	89.1	88.7	88.9	88.5
回风温度/℃	27±0.5（被控制在该温度值）										
回风相对湿度/%	60±5（被控制在该值）										
通风机电流/A	1.3	1.3	1.3	1.4	1.3	1.4	1.4	1.3	1.4	13	1.4
压缩机电流/A	6.5	6.4	6.5	6.3	6.4	6.5	6.6	6.5	6.5	6.7	6.7
总电流/A	17.9	17.9	18.0	18.0	18.1	18.1	17.9	18.1	17.9	18.0	18.2
高压压力/MPa	1.59	1.60	1.60	1.59	1.62	1.60	1.61	1.62	1.62	1.61	1.62
低压压力/MPa	0.50	0.49	低压保护，空调机组故障，停机								

可见，与通风量有关的故障阈值在额定风量的 40% 左右。其他参数变化导致空调机组故障的情况见表 10-9。

表 10-9　KLD29 型单元式空调机组故障信息表

序号	参数或对象	正常值范围	故障阈值	故障预警范围	故障类型
1	制冷剂充灌量/kg	3.5~7	<3	3~4	缺氟：低压偏低，送风温差偏小，压缩机电流偏小
2	压缩机电流/A	4.5~8	<4	4~5	压缩机性能衰减，缺氟
3	冷凝风机电流/A	1~3	<0.8	0.8~1.0	冷凝风机电机故障
4	通风机电流/A	1.8~5	<1.5	1.5~1.8	通风机故障
5	制冷系统高压压力（R22）/Pa	9~18	<8	8~9	制冷剂量过充，冷凝风机故障，制冷系统管路堵
6	制冷系统低压压力（R22）/Pa	5.5~8	<4.8	4.8~5.5	缺氟，通风机故障，制冷系统管路堵
7	送风处理温降（反映送风温度）/℃	2~9	<2	1.8~2	压缩机故障，缺氟
8	机组运行噪声/dB（A）	20~68	>75	68~75	压缩机、通风机等运动部件故障或安装松动

表 10-9 是针对 KLD29 型单元式空调机组的故障分析信息汇总。表 10-9 中数据需要针对具体的对象进行测试得到。所以，表 10-9 中数据仅针对特定的研究条件使用，对其他条件，表 10-9 中数据只供参考。

在空调机组的在线监测和故障诊断研究过程中，引入大量的传感器测量需要的数据不太现实。所以，存在着一对明显的矛盾，即要用有限的传感器得到足够多的诊断信息。现行空调机组信息获得通道主要有压缩机、风机的电量参数、高低压开关信号、环境温度、送风温度、回风温度信号。不能获得制冷剂的充灌量、高低压力值等信号。因此，利用有限的数据信号，对空调机组故障类型进行诊断时，必须用到专家推理或者故障模型，这是故障诊断技术的专业化、个性化特征。

在空调机组在线检测和故障诊断系统中，引入噪声测量、热成像温度测量，是非常实用的监测与诊断手段。噪声监测是一个综合监测手段，能反映、发现诸如器件松动、缺失、变形、磨损、工况明显改变等带来的运行状态改变。而热成像温度测量能综合反映运动部件摩擦副、电接触点松紧等关键部位的状况。运动件或部件的动作部位正是故障的源发地。引入这两者后，对空调机组的故障诊断及健康管理有重要价值。

10.7.4　噪声测量应用实践

以下介绍噪声测量的一个应用。

使用迅声 lab 声呐采集系统收集声音数据，如图 10-15 所示。其自带软件会显示声音的时域与频域信息。收集正常运行下空调机组的风机所产生的声音数据，模拟不同故障下风机所产生的声音数据，对不同情况下的数据进行对比分析，提取风机不同故障情况下的声音特征。

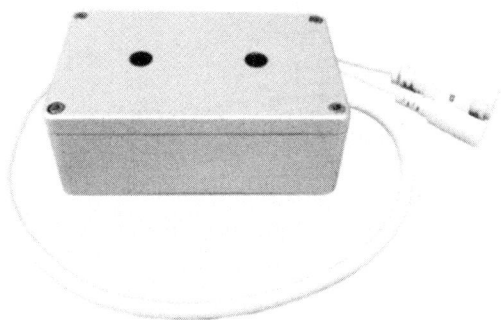

图 10-15　一种声呐采集系统

1. 转子不平衡

转子不平衡是离心风机中常见的故障之一，有将近 50% 的故障是由转子不平衡引起的。一般可表现在初始弯曲、部件脱落结垢、联轴器不平衡等方面。

转子不平衡的主要特征：频谱成分以工频为主，常伴有部分谐波成分，在时域上表现为近似正弦波，幅值相比正常状态有所增大，不平衡故障越严重，增大的幅度越明显，轴心轨迹为椭圆形。

2. 转子不对中

转子不对中可分为平行不对中和角度不对中两种类型，它是指转子的轴心线与轴承中心线不在同一直线上。风机的装配误差、转子不平衡及基础沉降均可能导致转子不对中故障现象发生。

转子不对中的主要特征：当转子发生不对中现象时，常常表现为平行不对中和角度不对中的组合形式，在频域中以一、二倍频分量为主，有时还伴随着四倍频分量和其他高倍频分量。相对正常状态，最明显的特征是出现了二倍频分量，二倍频所占的比例与转子不对中的程度有关，轴心轨迹呈香蕉形。

3. 转轴碰摩故障

转轴碰摩是一个复杂的过程，转子不对中、转轴弯曲、装配不当均有可能引起碰摩。碰摩会给运转中的转子带来冲击，这种冲击作用使得风机振动成为叠加的复杂振动，进而影响转子的正常运行。

转子和静止件的碰摩所产生的作用力是非线性的，因此在频谱图中表现出丰富的频谱成分，包含各种谐波分量，轴心轨迹不规则变化。

4. 油膜涡动与振荡故障

油膜涡动是当轴承转动时，轴承间的油膜产生的一种失稳现象。

油膜涡动与振荡的特征频率比较单一，主要为 0.42~0.48 倍频，常伴一倍频；轴心轨迹呈现一个内圈和一个外圈。

10.8　车辆空调机组健康管理

随着信息技术的迅速发展，各个领域的工程系统的复杂度、综合化、智能化程度不断提高，其研制、生产、维护和保障的成本越来越高。同时，由于组成环节和影响因素的增加，发生故障和功能失效的概率逐渐增加。因此，基于复杂系统可靠性、安全性、经济性考虑，以预测技术为核心的故障预测和健康管理系统获得了越来越多的重视和应用。

故障预测与健康管理 PHM（Prognostics and Health Management）技术利用先进的传感器技术，获取系统运行状态信息和故障信息，借助神经网络、模糊推理等算法，根据系统历史数据和环境因素，对系统进行状态监测、故障预测，同时对系统的健康状态进行评估，结合地面维修资源情况，做出维修决策。

PHM 包含故障预测和健康管理两方面的内容。其中故障预测是指根据系统现在或历史性能状态预测性地诊断部件或系统完成其功能的状态（未来的健康状态），包括确定部件或者系统的剩余寿命或正常工作的时间长度；健康管理是根据诊断/预测信息、可用维修资源和使用要求对维修活动做出适当决策的能力。

故障诊断的前提是了解设备的故障机制。例如，汽轮机、压缩机等流体机械的异常振动和噪声信号在时域和频域为故障诊断提供了重要信息；流体机械的负荷及介质温度、压力、流量的变化，对设备的运行状态具有重要影响，往往是导致设备异常和运行失稳的重要因素。因此，对旋转设备的故障诊断，只有在获取机器的稳态数据、瞬态数据、过程参数和运行工作状态等信息的基础上，通过故障征兆计算、故障灵敏参数提取和综合分析判断，才能确定故障原因，得出符合实际的诊断结论，并提出治理措施。

健康管理是指在各系统处于运行状态或工作状态时，通过各种方式检测系统的运行参数，并判断系统在当前状态下是否能正常工作。健康评估与诊断提高了设备的可靠性、可维护性和有效性。避免了某些运行过程发生故障而引起整个装备系统瘫痪。

车辆运行时，要求空调机组处于正常工作状态。空调机组的部件众多，其中一个部件出现故障,都会引起空调机组故障。在这些众多的部件中,出现故障的概率并不相同。因此,空调机组出现故障是随机事件。目前,为了尽可能预防故障的发生,通过定期检修来保障。定期维修只能用过渡维修来提高空调机组的可靠性。过渡维修的成本高,人们开始关注空调机组的健康管理,用在线检测手段和软件模型,提前获知空调机组部件的寿命状况,进而预先针对性地采取措施,这样既能保障空调机组正常运行,又能节省成本。

在线检测是健康管理的基础。生产过程和计算机测试系统直接连接,这种方式构成了在线检测。在线检测是自动测试系统(automatic testing system,ATS)的一种方式,它是根据被测试对象来分类的,具有实时、动态的特性。被测信号直接由被测对象实时提供,并进行一系列的实时处理(计算、记录、监视、控制等)。

在线测试系统主要有以下三个部分。

①实时数据采集:对来自测量变送装置的被检测量进行检测和输入。

②数据分析处理:对被检测量数据的合理性进行分析。

③故障诊断输出:运用数据分析的结果,查询专家系统,输出故障所在。

空调机组在线检测系统由硬件系统和软件系统组成。硬件系统由计算机、接口电路、A/D转换卡、温度、压力、压差、电量等传感器组成。软件系统主要由数据采集处理模块、数据分析模块、专家系统知识库、推理模块、显示模块组成。

研究空调机组健康管理的目的是提出空调机组的维护保养措施,使空调机组能长期、可控、健康运行。在轨道交通车辆应用领域,研究空调机组的健康管理,就是科学合理地安排空调机组检修,改变现行的定期检修模式。节省检修成本,避免过渡检修。针对性能衰减的部件及时维修或更换,把性能稳定的部件的使用周期合理延长,实现运行可靠、经济节省的目标。

通过对车辆空调机组状态的在线监测,借助专门的数据模型,可以进行车辆空调机组的健康管理。

对车辆空调机组的健康状态进行管理需要涉及系统和部件两个层面。健康管理的主要目的是要预测接近故障状态的程度,"通过预测达到预防"。

图 10-16 是设备某性能参数在使用寿命周期的变化曲线。该曲线分为正常、衰减两个运行状态区。

在运行衰减区,设备的工作表现没有故障,但是参数值有一定变化。如通风机的电流比额定值长时间偏离 50% 以上,但通风机仍能运行,表明通风机叶轮积灰严重,

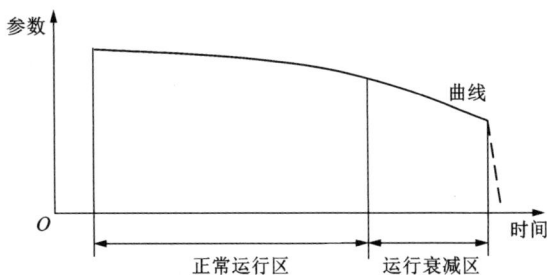

图 10-16 设备性能参数曲线

或者轴承间隙较大,或者叶轮变形等。同样,压缩机的电流比额定值长时间偏离 50% 以上,但压缩机仍能运行,表明压缩机内部磨损较大、间隙大导致泄漏增大,或者制冷剂量不足,系统泄漏,或者制冷剂量偏多,等等。参数的这些明显变化但又未出现故障的状态,已经包含潜在的故障因素,是设备健康状态出现了问题。

空调机组的健康管理除了基于在线监测手段外，重要的是研究各参数运行衰减区的表现及衰减度模型。通过实测值与模型输出值的偏差，预测空调机组的健康状况，提出管理措施。

针对上述空调机组的通风机电流参数，研究运行衰减区的表现和预测方法。将参数的运行衰减区分为若干个等级 I_i/I（若干个衰减度），对应的每个等级赋予相应的健康系数 α_i，则空调机组通风机电流参数对整个空调机组健康状态表现的健康水平 $J_{fan,i}$：

$$J_{fan,i} = (I_i/I) \cdot \alpha_i \qquad (10-24)$$

根据表 10-8-1~表 10-8-4 测试的数据，通风机在额定风量 40%~100%的变化范围内，电流在 1.9~1.3 A 变化。当通风机风量变化为额定风量的 40%时，空调机组出现低压保护故障，表明额定风量的 40%对应的通风机电流 1.3 A 是运行衰减区的最小边界值。因此，将通风机电流分为 1.9 A、1.7 A、1.5 A、1.3 A 四个健康等级，对应的健康系数分别为 1、0.75、0.5、0.25、0。则通风机电流各个衰减度出现时的健康水平分别为

$$J_{fan,1.9A} = (1.9/1.9) \times 1 = 1$$
$$J_{fan,1.7A} = (1.7/1.9) \times 0.75 = 0.67$$
$$J_{fan,1.5A} = (1.5/1.9) \times 0.5 = 0.39$$
$$J_{fan,1.5A} = (1.3/1.9) \times 0 = 0$$

首先，对于空调机组的健康预测，可以建立主要指标体系，见表 10-8 中的通风机电流、出风温度、出风相对湿度、回风温度、回风相对湿度、压缩机电流、总电流、高压压力、低压压力等；其次，通过各个参数在空调机组运行时的测试研究，得到各参数在额定值至故障边界值之间的运行范围；最后，通过一定的模型，得出这些指标体系综合健康水平值。这是本研究采取的方案。

然而，空调机组的健康管理研究尚处于起步阶段，研究的方法和手段很多，成熟的方法和手段很少，需要大量深入的研究。

参考文献

[1] 王文平.我国客车空调装置的发展历程及趋势[J].内蒙古科技与经济,2005(11):78-79.

[2] 袁琦,胡松涛.我国轨道交通车辆空调系统技术发展现状及趋势分析[J].中国铁路,2014(10):64-66.

[3] 中国城市轨道交通协会.城市轨道交通2020年统计和分析报告[R].北京:中国城市轨道交通协会信息,2021.

[4] 中国国家铁路集团有限公司.中国国家铁路集团有限公司2020年统计公报[N].人民铁道,2021-4-19(2).

[5] 中车青岛四方车辆研究所有限公司.铁道车辆空调空调机组:TB/T 1804—2017[S]北京:中国铁道出版社,2017.

[6] 中国机械工业联合会.单元式空气调节机:GB/T 17758—2010[S].北京:中国标准出版社,2010.

[7] 赵玉珍,姜宝成.湿球温度与其几何尺寸及风速的关联式研究[J].工程热物理学报,1989(3):243-245.

[8] 郝小礼,孔凡红,刘建龙,等.热质交换原理与设备[M].长沙:中南大学出版社,2019.

[9] 张祉祐.制冷原理与设备[M].北京:机械工业出版社,1987.

[10] 王补宣.工程热力学[M].北京:高等教育出版社,2011.

[11] 赵荣义,范存养,薛殿华,等.空气调节[M].4版.北京:中国建筑工业出版社,2009.

[12] 陆亚俊,马最良,邹平华.暖通空调[M].3版.北京:中国建筑工业出版社,2015.

[13] 中国标准设计研究院风阀选用与安装[M].北京:中国计划出版社,2007.

[14] 陈永平,王海桥,陈世强,等.风圈式风量调节阀阻力特性的模拟研究[J].流体机械,2017,45(8):14-18.

[15] 孟红宇.铁路客车单元式空调机组性能ANN模型及仿真研究[D].长沙:中南大学,2006.

[16] 胡益雄,李宁一.列车空调机组检修及整机性能检测的探讨[J].铁道车辆,1997(6):37-40.

[17] 胡益雄,陈焕新,罗湘涛.检修的单元式空调机组性能测试方法研究.铁道机车车辆[J].2001(3):14-16,4.

[18] 肖浩,胡益雄.在线测试在列车空调中的应用[J].制冷与空调(四川),2003(1):19-21.

[19] 姚晔,胡益雄.列车空调通风机性能检测装置的研究[J].铁道标准设计,2004(4):93-95.

[20] 聂扬，胡益雄.列车单元式空调机组制冷量显著性试验分析[J].建筑热能通风空调，2004（4）：50-52.

[21] 宣宇清，胡益雄.用于制冷机组性能分析的神经网络模型[J].节能技术，2003，21（1）：22-23.

[22] 胡益雄.单元式空调机组变工况性能试验研究[J].铁道科学与工程学报，2000（3）：52-54，66.

[23] 胡益雄，牛永明，侯晓峰.空调机组性能的神经网络模型及辨识[J].铁道机车车辆，2001（5）：16-17，4.

[24] 胡益雄.基于多维曲线拟合算法的空调装置制冷量测试方法：CN201610602567-5[P].2019-06-04.

[25] 陶贤湘，黄忠浦，欧阳承志，等.列车运行中对KLD40型空调机组的性能研究[J].建筑热能通风空调，2005，5（4）：45-48，98.

[26] 张旭光，胡益雄.基于模型仿真的热泵两器匹配研究[J].制冷与空调，2005（6）：98-101.

[27] 陈永忠.铁道客车空调机组在车辆行驶过程中的性能及试验研究[J].铁道机车车辆，2008（3）：73-75.

[28] 陈焕新，胡益雄，向献红，等.铁路客车单元式空调机组性能检测装置的研制[J].中国铁道科学，2001（3）：110-114.

[29] 陈焕新，胡益雄，牛永明，等.列车空调机组房间式综合性能试验台的研究[J].流体机械，1998（6）：54-56.

[30] 胡洛.基于红外及电力载波的轨道车辆过热监测系统应用研究[D].长沙：中南大学，2021.

[31] 王华伟.基于红外热成像的温度场测量关键技术研究[D].北京：中国科学院大学，2013.

[32] 徐振军，胡益雄.北京—拉萨客车空调系统夏季运行调节分析[J].铁道机车车辆，2004（4）：46-47.

[33] 李云红.基于红外热像仪的温度测量技术及其应用研究[D].哈尔滨：哈尔滨工业大学，2010.

[34] PU R，GONG P，MICHISHITA R，et al. Assessment of multi-resolution and multi-sensor data for urban surface temperature retrieval[J]. Remote Sensing of Environment：An Interdisciplinary Journal，2006，104（2）：211-225.

[35] MUSHKIN A，BALICK L K，GILLESPIE A R. Extending surface temperature and emissivity retrieval to the mid-infrared（3－5 μm）using the Multispectral Thermal Imager（MTI）[J]. Remote Sensing of Environment：An Interdisciplinary Journal，2005（213）：98.

[36] 卢丽榕.红外热成像技术在变电站的应用[J].长江：信息通信，2014（12）：21-22.

[37] 罗嘉玮.基于无线通信的高压开关温度在线监测系统研究[D].重庆：重庆大学，2017：74.

[38] 徐敏捷.中压开关柜内组件温度场分析及监测系统开发[D].重庆：重庆大学，2014.

[39] 时誉宁.基于红外热成像技术的配电柜故障监测与诊断[D].淮南：安徽理工大学，2017.

[40] 刘新全，邢英杰，孙鹏.基于红外热成像技术的电气设备潜在故障分析与应用[D].大连：大连理工大学，2009：47.

[41] 孙晓刚，李云红.红外热像仪测温技术发展综述[J].激光与红外，2008（2）：101-104.

[42] 徐恭勤，朱文章，阎南生，等.声表面波温度传感器的研究[J].传感技术学报，1996（2）：29-32.

[43] 秦爱华，王荣扬，罗春潇.基于ZigBee的高压开关柜温度监控系统设计[J].电气自动化，2015，37（1）：52-54.

[44] 孙一坚，沈恒根.工业通风[M].北京：中国建筑工业出版社，2010.

[45] 马大猷. 噪声与振动控制工程手册[M]. 北京：机械工业出版社，2002.

[46] 陆耀庆. 使用供热空调设计手册[M]. 北京：中国建筑工业出版社，2008.

[47] 王海桥，李锐. 空气洁净技术[M]. 北京：机械工业出版社，2017.

[48] 许钟麟. 空气洁净技术原理[M]. 北京：科学出版社，2003.

[49] 彦启森. 空气调节用制冷技术[M]. 北京：中国建筑工业出版社，2010.

[50] 马最良，姚杨，姜益强. 暖通空调热泵技术[M]. 北京：中国建筑工业出版社，2008.

[51] 陆亚俊，马最良，邹平华. 暖通空调[M]. 北京：中国建筑工业出版社，2007.

[52] 胡寿松. 自动控制原理[M]. 北京：科学出版社，2015.

[53] 王宇清. 流体力学泵与风机[M]. 北京：中国建筑工业出版社，2001.

[54] 周珂. 纯电动公交车内气流分布特性及热舒适性研究[D]. 西安：西南交通大学，2017.

[55] 王家敏. 冷藏车厢内温度场模拟及其可适用性评价体系研究[D]. 济南：山东大学，2016.

[56] 孙丽花. 南方某市地铁 B 型车客室气流组织分析[D]. 广州：华南理工大学，2016.

[57] 中华人民共和国卫生部. 公共交通工具卫生标准：GB 9673—1996[S]. 北京：中国标准出版社，1996.

[58] 中华人民共和国建设部. 地铁车辆通用技术条件：GB/T 7928—2003[S]. 北京：中国标准出版社，2003.

[59] EN 14750—1：2006-08. 铁路车辆—城市轨道车辆空调[S]. 中国标准出版社. 2007.

[60] EN 14750—2：2006-08. 铁路车辆—城市轨道车辆空调—型式试验[S]. 中国标准出版社. 2007.

[61] 铁道部四方研究所. 铁道客车空调装置运用试验方法：TB/T 2433—1993[S]. 北京：中国铁道出版社，1994.

[62] 北京城建设计研究总院有限责任公司，中国地铁工程咨询有限公司. 地铁设计规范：GB 50157—2013[S]. 北京：中国建筑工业出版社，2014.

[63] UIC 553—2004. 客车采暖、通风和空调[S].

[64] 中国有色工程设计研究总院. 采暖通风与空气调节设计规范：GB 50019—2003[S]. 北京：中国计划出版社，2004.

[65] EN 14750—1：2006. 铁路设施—城市与郊区轨道车辆空调第 1 部分：舒适度参数[S].

[66] 李超，张成方. 石家庄地铁 3 号线车厢内气流组织的数值模拟及分析[J]. 制冷与空调（四川），2016，30(2)：153-157.

图书在版编目(CIP)数据

轨道交通车辆空调系统与智能检测／胡益雄等编著.
—长沙：中南大学出版社，2024.4
ISBN 978-7-5487-5689-7

Ⅰ. ①轨… Ⅱ. ①胡… Ⅲ. ①城市铁路—铁路车辆—空气调节系统 Ⅳ. ①U270.38

中国国家版本馆 CIP 数据核字(2024)第 018320 号

轨道交通车辆空调系统与智能检测
GUIDAO JIAOTONG CHELIANG KONGTIAO XITONG YU ZHINENG JIANCE

胡益雄　黄文杰　成新明　胡洛　编著

□出 版 人	林绵优	
□责任编辑	刘锦伟	
□责任印制	唐　曦	
□出版发行	中南大学出版社	
	社址：长沙市麓山南路	邮编：410083
	发行科电话：0731-88876770	传真：0731-88710482
□印　　装	长沙印通印刷有限公司	

□开　　本	787 mm×1092 mm 1/16	□印张 15	□字数 359 千字
□版　　次	2024 年 4 月第 1 版	□印次 2024 年 4 月第 1 次印刷	
□书　　号	ISBN 978-7-5487-5689-7		
□定　　价	69.00 元		